Joseph Huber

Regionalentwicklung in der Kommunikationsgesellschaft

Joseph Huber

Regionalentwicklung in der Kommunikationsgesellschaft

Langfristige Entwicklungstrends für Schleswig-Holstein

Westdeutscher Verlag

Die Deutsche Bibliothek – CIP-Einheitsaufnahme

Huber, Joseph:
Regionalentwicklung in der Kommunikationsgesellschaft:
langfristige Entwicklungstrends für Schleswig-Holstein /
Joseph Huber. [Im Auftr. der Denkfabrik Schleswig-Holstein
erarb.]. – Opladen: Westdt. Verl., 1993

ISBN 978-3-531-12480-3 ISBN 978-3-322-93601-1 (eBook)
DOI 10.1007/978-3-322-93601-1

Das Werk wurde im Auftrag der *Denkfabrik Schleswig-Holstein* erarbeitet.

Der Westdeutsche Verlag ist ein Unternehmen der Verlagsgruppe Bertelsmann International.

Umschlaggestaltung: Horst Dieter Bürkle, Darmstadt

Gedruckt auf säurefreiem Papier

INHALT

Verzeichnis der Abbildungen und Tabellen

Vorwort

Die vorliegende Arbeit beruht auf einem Auftrag der Denkfabrik der Staatskanzlei des Landes Schleswig-Holstein, eine Studie zu Chancen der regionalen Modernisierung unter ökologischen und sozialen Vorzeichen zu erstellen. Dabei sollte besonders auch der Strukturwandel durch die neuen Informations- und Kommunikationstechnologien berücksichtigt werden. Es stellte sich die Frage, welche Merkmale eine *Kommunikationsgesellschaft* kennzeichnen und wie weit diese Merkmale in den fortgeschrittenen westlichen Industrieländern im allgemeinen sowie in Schleswig-Holstein ausgeprägt sind. Hiervon ausgehend sollten aktivierbare Entwicklungspotentiale benannt werden ebenso wie programmatische Perspektiven, Maßnahmen und Akteure, die für deren Umsetzung in Frage kommen.

Im März und April 1991 wurde eine Expertenbefragung zum Thema durchgeführt. 65 Gesprächspartner aus Wissenschaft, Technik, Wirtschaft, Verwaltung, Politik, Bildung, Medien und Kultur - davon 44 aus Schleswig-Holstein, die anderen aus den alten Bundesländern, Mecklenburg-Vorpommern und dem benachbarten europäischen Ausland - stellten in 53 Gesprächen ihr Wissen zur Verfügung und gaben ihre Meinungen und Erwartungen zu Protokoll.

Die Umfrage war nicht auf standardisierte numerische Auswertung angelegt, was aufgrund der begrenzten Teilnehmerzahl auch nicht zulässig gewesen wäre. Dennoch wurde, über die qualitative Auswertung hinaus, auch die eine oder andere Auszählung vorgenommen. Die so gewonnenen Zahlen sind zwar nicht repräsentativ, können aber als Meinungsbilder oder Testbilder doch gewisse Hinweise auf tatsächlich vorhandene Verteilungen und Größenordnungen geben.

Wir danken an dieser Stelle nochmals allen Persönlichkeiten, die freundlicherweise bereit waren, sich als Gesprächspartner zu beteiligen. Ihnen verdankt die vorliegende Studie eine Vielzahl wichtiger und wertvoller Inputs.

Der Geltungsbereich der Aussagen - Bundesrepublik, Schleswig-Holstein, Westeuropa, Triade USA-Japan-Westeuropa u.a. - wird im einzelnen jeweils spezifiziert. Leider war es im fraglichen Zeitraum noch nicht möglich, auf vergleichsfähige Daten aus den neuen Bundesländern zurückzugreifen, so daß sich die Angaben zur Bundesrepublik und zu Ländervergleichen innerhalb der Bundesrepublik nur auf die alten Bundesländer beziehen. Wir bedauern dies und bitten umständehalber um Verständnis.

Dem Projektteam zur Erarbeitung der Studie gehörten Joseph Huber, Anja Ebrecht und Stefan Longolius an. Stefan Longolius führte einen Großteil der Interviews durch und war an ihrer Auswertung beteiligt. Anja Ebrecht war für die empirische Dokumentation zuständig und erstellte einen Großteil der Tabellen und Abbildungen. Die Projektleitung lag beim Verfasser, der auch den Inhalt verantwortet. Die Studie wurde im Juni 1991 abgeschlossen.

Zusammenfassung

Der Begriff der Kommunikationsgesellschaft wird heute zunehmend anstelle des zuvor schon gebräuchlichen Ausdrucks der Informationsgesellschaft verwendet. Angesprochen wird damit zunächst der Strukturwandel im Zuge der Ausbreitung der neuen Informations- und Kommunikationstechnologien (abgekürzt IuK-Technologien).

Mit dem Innovationsschub, den die Ausbreitung der IuK-Technologien darstellt, erreicht die Gesellschaft ein sprunghaft gestiegenes Komplexitätsniveau. Die verschiedenen Teilbereiche der Gesellschaft - Kultur, Lebensformen, Wertorientierungen, Recht, Politik, Wirtschaft, Wissenschaft - sind in weiterhin zunehmender Ausdifferenzierung begriffen. Mit ihrer Verschiedenheit wachsen soziale Distanzen und das Erfordernis, diese Distanzen rückbindend wieder zu überbrücken. In dem Maße, wie mit dem IuK-technischen Fortschritt und den wirtschaftlichen Verflechtungen auch die Pluralisierung von Lebenslagen und der politische Pluralismus zunehmen, wird das Grundproblem der Kommunikationsgesellschaft deutlich: die Verbindung zwischen den sich rasant ausdifferenzierenden Teilen aufrecht zu erhalten, die Verständigung zwischen ihnen zu ermöglichen, nicht zuletzt, die Interaktionsprozesse zwischen den Akteuren und die damit ausgelösten Entwicklungen zu koordinieren und zu steuern.

Aus dieser Perspektive stellt sich die Problematik der Kommunikationsgesellschaft als eine dreifache:

- als *Schnittstellen-Problematik*, um Verbindungen zwischen Teilbereichen zu schaffen bzw. aufrecht zu erhalten,
- als *Transfer-Problematik*, um den Ressourcenaustausch zwischen den Teilen an den Schnittstellen zu gewährleisten (Personaltransfer, Wissenstransfer, Datentransfer, Technologietransfer, Kapitaltransfer u.a.),
- als *Formations-Problematik*, um die für Transfers erforderliche kommunikative Kompetenz auf persönlicher und institutioneller Ebene zu bilden.

Kommunikative Kompetenz, als die Fähigkeit, sich sinnvoll und zweckdienlich zu verständigen, stellt somit nicht nur eine kultiviert zu pflegende Freiheit dar. Die Bildung von kommunikativer Kompetenz erweist sich zugleich als Sachzwang, um persönliche Identität, gesellschaftliche Integration, ökonomische Effizienz sowie politische Stabilität und Kohärenz in einer unübersehbar komplexen Umwelt aufrecht zu erhalten.

Die empirische Analyse langfristiger Trends der modernen Gesellschaft zeigt, daß bei denjenigen unter ihnen, die am fortgeschrittensten und wohlhabendsten sind, sich auch bestimmte Merkmale am ausgeprägtesten vorfinden. Diese Merkmale korrelieren hochgradig, das heißt, sie entwickeln sich in gewissen Schwankungsbreiten Hand in Hand. Es handelt sich um ein typisches Merkmalsmuster. Seine wichtigsten Elemente sind die folgenden:

- Leistungsfähige Infrastruktur
  - Verkehr
  - Telekommunikation
  - Ausstattung mit IuK-Technik
- Hohes Bildungsniveau und hochqualifizierte Arbeitskräfte
- Hohe Lebens- und Umweltqualität
  - Wohlstand, Freizeit
  - Kulturelle Animation, Urbanität
  - Umweltqualität
- Intensive Forschung
- Innovationsdynamik und Präsenz in technologischen Schlüsselbereichen
- Hohes Investitionsniveau
- Präsenz von finanzstarken Großunternehmen und Kooperation mit florierenden Klein- und Mittelbetrieben
- Gut funktionierendes Verwaltungs- und Rechtswesen
- Kommunikative Kompetenz: Konsensfähigkeit und Diskurskultur
  - Kooperatives Führungsklima unter den Eliten in Parteien, Verbänden, Unternehmen, Verwaltung, Wissenschaft, Medien, Kultur u.a.
  - Stabile Sozialpartnerschaft
  - Öffentlicher Risikodialog
  - Freiheitlich-demokratischer Grundkonsens

Auf dem Weg zur Kommunikationsgesellschaft sind diejenigen Länder am weitesten vorangeschritten, in denen die genannten Kriterien empirisch am höchsten skalieren.

In Anlehnung an einen skandinavischen und angelsächsischen Sprachgebrauch, demzufolge man von C-Society und C-Region spricht ("C" steht dabei für communication, computer technology, competence, creativity, culture), wird hier vorgeschlagen, auf deutsch von K-Gesellschaften und K-Regionen zu sprechen. K-Gesellschaften bzw. K-Regionen sind diejenigen, in denen die obigen Kriterien hochgradig ausgeprägt sind. "K" steht dabei für Kommunikationstechnologie, Kommunikation, Kompetenz, Kenntnisse (Knowledge) und Kreativität, auch für Kunst und Kultur sowie, nicht zuletzt und weiterhin, für Kapital und Konzerne. In sinngemäßer Weise kann man bei den obigen Merkmalen auch von K-Faktoren sprechen.

In den einzelnen Kapiteln der vorliegenden Studie - so weit die verfügbaren Daten dies erlaubten und so weit Ergebnisse unserer Befragung dies ermöglichten - wird dargelegt, wie weit heute im Kontext der Bundesrepublik, gegebenenfalls auch Europas und der Welt, die Merkmale der K-Gesellschaft entwickelt sind. Daran anschließend werden die Merkmalsausprägungen jeweils für Schleswig-Holstein, häufig im Vergleich mit anderen Ländern, spezifiziert.

Es ergibt sich, daß Schleswig-Holstein in 7 von 16 unterschiedenen K-Faktoren dem hohen Niveau entspricht, das man in einem Land wie der Bundesrepublik erwarten kann, nämlich in punkto Telekommunikations-Infrastruktur, Bildungsniveau, Lebensqualität, Investitionsniveau, Verwaltungs- und Rechtswesen, Sozialpartnerschaft und freiheitlich-demokratischem Grundkonsens. Darüber hinaus besitzt das Land besondere strategische Vorteile gegenüber anderen Regionen durch seine hohe Umweltqualität sowie ein Stück weit auch unter dem Gesichtspunkt der kurzen Kommunikationswege und eines engen Kontaktes unter den Eliten. In sieben Punkten sind Defizite festzustellen, und zwar bei der Verkehrs-Infrastruktur, dem Verbreitungsgrad von IuK-Technologien, der Verfügbarkeit hochqualifizierter Arbeitskräfte, einer urbanen Agglomerationsbildung, einer intensiven Forschung, der Innovationsdynamik und dem Vorhandensein finanzstarker Großunternehmen, mit denen zusammen ein Umfeld von Mittel- und Kleinunternehmen florieren kann.

Im westeuropäischen Kontext befindet sich Schleswig-Holstein mit diesen Merkmalsausprägungen in einer teilweise subzentralen, teilweise semiperipheren Lage. Dies entspricht auch geographischen Gegebenheiten. Das Land besitzt keinen Agglomerationskern und liegt außerhalb des Einzugsbereichs der EG-Kernregionen, die sich, grob gesprochen, von Südengland über die Benelux-Staaten, West- und Süddeutschland nach Norditalien und Südostfrankreich erstrecken.

Betrachtet man die Verhältnisse nicht staatsrechtlich, sondern empirisch-handlungspraktisch, so bildet Schleswig-Holstein *mit* Hamburg einen dreigegliedert zusammenhängenden Raum:

Region I	Hamburg und das Hamburger Umland, als Agglomerationskern und Agglomerationsrand
Region II	Die Großstädte der Ostseeküste, als die Subzentren der Region. Topologisch lassen sich drei Subzentrums-Achsen unterscheiden: (1) die Achse Hamburg-Lübeck (2) die Achse Hamburg-Neumünster/Rendsburg-Kiel (3) die Verbindungsachse entlang der Ostsee Lübeck-Seengebiet-Kiel-Eckernförde-Schleswig-Flensburg
Region III	Westküste, Landesnorden und Teile Ostholsteins, als Semiperipherie

Sofern es in Schleswig-Holstein nicht gelingen sollte, die zuvor genannten Defizite zu verringern, muß damit gerechnet werden, daß sich der Entwicklungsabstand zu den EG-Zentren vergrößert. Region III würde Gefahr laufen, in eine vollperiphere Lage zu geraten, Region II würde vermehrt Zentrumsfunktionen an Region I, mehr noch aber an die EG-Kerngebiete verlieren.

Den Fakten und Trends zufolge besitzt Schleswig-Holstein eine Reihe von Chancen, die Defizite zu beheben und seine Stärken auszubauen. In den fraglichen Punkten wird es dabei auf eine gute Kooperation und eng verzahnte Koordination mit Hamburg ankommen. Je besser die Zusammenarbeit zwischen Schleswig-Holstein und Hamburg sein wird, desto erfolgreicher werden beide "Halbländer" im Europa- und Weltkontext ihre Stellung stärken, je schlechter die Zusammenarbeit wäre, umso mehr Einbußen müßten beide hinnehmen.

Die Chancen von Region II, der Städte und Ortschaften im Einzugsbereich der subzentralen Korridore, beruhen darauf, daß sie die bisherigen Industrialisierungsgebiete darstellen. Es bestehen hier, bei erfolgreicher Modernisierung der Altindustrien, aussichtsreiche Ansatzpunkte für ein innovatives High-Tech-Gewerbe. Die Gewerbechancen liegen zunächst in den Bereichen Medizintechnik, Mikroelektronik, Feinmechanik, Optik, nachrichtentechnische Geräte u.a. im hochtechnologischen Komponenten-, Werkzeug-, Geräte- und Maschinenbau. Des weiteren liegen Chancen für höherwertige und Spitzen-Produktionen auch in Zukunft im Schiffbau und überhaupt der Meerestechnologie, besonders auch der Meeresumwelttechnik, sowie nicht zuletzt im Bereich der IuK-technischen Software & Services. Ein weiterer für Schleswig-Holstein zukunftsträchtiger Gewerbezweig bietet sich in einer neu aufzubauenden biomaterialverarbeitenden Industrie mit dem Zweck der chemisch-biotechnologischen Veredelung landwirtschaftlicher Grundprodukte. Die schon bestehende Nahrungsmittelindustrie würde von einer solchen Verbindung ebenfalls profitieren können.

Ein derweise ausreichend verzweigtes High-Tech-Gewerbe wäre zu tragen von den vorhandenen größeren Unternehmen und einer wachsenden Zahl von forschungsintensiven Mittelstands- und Kleinunternehmen. Letztere können mittels gemeinsamer Netzwerk-Organisationen kooperieren, um am europäischen und Weltmarkt besser zu bestehen. Die selbständige Zusammenarbeit und Vernetzung mit deutschen und multinationalen Konzernen muß hierbei ebenfalls gesucht werden, jedoch nicht im Sinne der Ansiedlung umweltbelastender oder geringqualifizierter "ausgelagerter Werkbänke", die wenig zur Anhebung der Standortqualität beitragen.

Die agierenden Unternehmen ebenso wie die öffentliche Verwaltung müssen hinreichend mit IuK-Technik ausgestattet sein und verstehen, diese optimal einzusetzen. Sie bedürfen der Unterstützung durch Einrichtungen des Personal-, Wissens-, Technologie- und Kapitaltransfers, der Einbettung in eine weiterhin stark auszubauende Forschungslandschaft und eine weiterhin zu belebende kulturelle Animation und urbane Erschließung, die mit dem Interesse an Naturschutz einen akzeptablen Kompromiß findet. Jedenfalls sollten die Subzentren dem Leitbild folgen, attraktive urbane Kerne mittlerer Größe darzustellen, mit den entsprechenden Gewerbeflächen und Wohnmöglichkeiten, Forschungs- und Bildungseinrichtungen, entwickelten Verkehrs- und Telekommunikations-Infrastrukturen, mit vielfältigem Gewerbe, mit Handwerks- und Dienstleistungen, einer effizienten öffentlichen Verwaltung, Finanzdiensten, sozialen Diensten, einem interessanten Kulturangebot, hohem Freizeit- und Rekreationswert, dies alles bei hoher Umweltqualität.

Die maßgebliche Orientierung für die Subzentren Schleswig-Holsteins liegt im Triadengefüge Nordamerika-Japan-Westeuropa. Eine Orientierung nur an der Bundesrepublik und der EG - sozusagen ein EG-Binnenmarktprovinzialismus - wäre der Realisierung der genannten Chancen mit Sicherheit abträglich. Darüber hinaus könnte ein zielstrebiger Ausbau der Verbindungen in die nordischen Länder noch einige Perspektiven eröffnen. Eine Öffnung nach Osten wird gewiß zu verfolgen sein, aber nicht überbewertet werden dürfen.

Die Ausgangschancen von Region III liegen darin, daß sie im wesentlichen die bisher ländlichen und teilweise auch schon vom Fremdenverkehr geprägten Gebiete umfassen. Ihre Funktion sollte künftig noch stärker darin liegen, hochentwickelte "primäre" und "tertiäre" Leistungen zu erstellen. Die "primären" Leistungen bestehen in landwirtschaftlichen und landschaftspflegerischen Tätigkeiten auf fortgeschrittenem Produktionsniveau. In Verbindung mit einer biomaterialverarbeitenden Industrie kann eine nachwachsende Rohstoffe erzeugende und dabei zugleich landschaftsgestaltende Agrikultur der ländlichen Bevölkerung eine tragfähige erneuerte ökonomische Grundlage erschließen.

Eine solche Agrikultur ergänzt sich auf vorteilhafte Weise mit den "tertiären" Ansprüchen und Erfordernissen, die ein rekreativer Naherholungsraum und ein Fremdenverkehr auf mittlerem und gehobenem Niveau stellen. Zukunftsweisender als das Bild vom großen Ackerland dürfte hier die Vision vom großen grünen Park werden. Dieser wird agrikulturell bewirtschaftet und vermag dabei Dienste für Rekreations- und Wohnzwecke zu leisten, als zentrumsnahes Siedlungsgebiet, Naherholungs- und Fremdenverkehrsgebiet sowie nicht zuletzt als Standort für Freizeit-, Sport-, Bildungs- und Kultureinrichtungen.

Alle genannten Teilregionen - (I) Hamburg und das Hamburger Umland, (II) die drei high-tech-gewerblichen Subzentrums-Achsen sowie (III) die agrikulturell-rekreativ hochentwickelten semiperipheren Gebiete - benötigen eine sinnvoll aufeinander bezogene und lückenlose verkehrliche Anbindung. Dazu gehören schnelle Eisenbahnen, Autobahnen und Flugverbindungen. Diese verkehrlichen Grundbedingungen *müssen* erfüllt sein, um Schleswig-Holstein zusammen mit Hamburg zu einer blühenden K-Region zu entfalten und den Modernitätsabstand zwischen den zentralen und den peripheren Gebieten soweit zurückzuführen, daß diese zwar verschiedene, aber gleichermaßen hochentwickelte und in ihrer Art ebenbürtige Lebens- und Arbeits-Optionen zu bieten haben.

MODERNISIERUNG HEUTE: KOMMUNIKATIONSGESELLSCHAFT UND K-REGION

Kommunikationsgesellschaft

Sozialer Wandel - immer stattfindend, nicht immer wahrgenommen - wird heute als permanent und schnell erlebt. Umfangreiche Teile der Industriegesellschaft kommen buchstäblich zum alten Eisen, etwa in die Museen für Technik und Arbeit, die man den sogenannten Schornsteinindustrien samt ihren Arbeitern heute errichtet. Die Industriegesellschaft schickt sich an, zu etwas weiterem Neuartigen fortzuschreiten.

D. Bell zufolge besteht dieses nach-industriell Neuartige in einer auf wissenschaftsförmigen Kenntnissen beruhenden Professionalisierung und Technisierung. Deshalb sprach er von der *Wissensgesellschaft (Knowledge Society)*[1]. Sie werde von einer Wirtschaft getragen, in der Dienstleistungen eine wichtigere Rolle spielen als die herkömmliche Güterproduktion. Dies veranlaßte andere, von der *Dienstleistungsgesellschaft* zu sprechen[2].

Während verschiedener Epochen der Modernisierung standen verschiedene Teilbereiche der gesellschaftlichen Entwicklung im Brennpunkt der Wahrnehmung. Zu Beginn der Neuzeit waren es vor allem Fragen der Religion und Weltanschauung, die in den Vordergrund rückten (Reformation/Renaissance), später der Staat und seine Gewalten (Absolutismus). Im 19. und 20. Jahrhundert neigte man dazu, die Wirtschaft als den Dreh- und Angelpunkt aller Entwicklungen anzusehen (Kapitalismus/Sozialismus). Inzwischen ist es offenbar die Technologie, worin sich der Strukturwandel fokussiert. Die Hinwendung zum Faktor Naturwissenschaft und Technik veranlaßte J. Ellul bereits in den 50er Jahren von der *société technicienne* zu sprechen (H. Schelsky: wissen-

---

1 Bell 1973, 121ff., 165ff.; Kreibich (1986) besteht auf dem Ausdruck *Wissenschaftsgesellschaft* statt Wissensgesellschaft.

2 Gartner/Riessmann 1978, Gershuny 1978

schaftliche Zivilisation, technischer Staat)[3]. Z. Brezinski nannte sie die *technotrone Gesellschaft*[4]. Nachdem im Verlauf der 70er Jahre die Mikroelektronik und ihre Anwendungen in der Datenverarbeitung, Computertechnik, Automation und Telekommunikation zu einer der wichtigsten Schlüsseltechnologien avancierte, hat sich im Zusammenhang mit der Ausbreitung der Informations- und Kommunikationstechnologien (kurz IuK-Technologien) die Bezeichnung *Informationsgesellschaft* verbreitet[5]. Am wirkungsvollsten beschrieben wurde die Vision der Informationsgesellschaft 1980 in A. Tofflers Buch "The Third Wave".

Während der Ausdruck *Spitzentechnologie* besagt, daß es sich um die jeweils neuesten Entwicklungen handelt, kommt im Begriff *Schlüsselindustrie* - zu denen man heute außer den IuK-Techniken zum Beispiel auch die Biotechnologie und neue Werkstoffe rechnet - zum Ausdruck, daß es sich um Technikbereiche handelt, deren Produkte in praktisch alle Bereiche der Wirtschafts-, Arbeits- und Lebenswelt Eingang finden und sie insoweit auch verändern. Sie mitbeeinflussen den Strukturwandel von Wirtschaft, Wissenschaft, Politik, Recht und Gesellschaft in einem so beträchtlichen Maße, daß man solche Technikbereiche auch schon *defining technologies* genannt hat, also Technologien, denen struktur- und strukturwandelbestimmende Wirkungen zugeschrieben werden[6].

Mit der ökologischen Diskussion um die sog. Grenzen des Wachstums entfachte sich seit den frühen 70er Jahren eine neuerliche Welle von Modernisierungskritik. Diesmal geht es freilich nicht mehr um Webstühle und Eisenbahnen, sondern um Computeranwendungen und Datenbanken, um den Autoverkehr und die chemisch-pharmazeutische Industrie, um Gentechnik und Atomkraft. Es handelt sich dabei ebenso um wissenschaftliche und weltanschauliche Kontroversen wie um politi-

---

3 Ellul 1957 und 1977; Schelsky 1961
4 Brzezinski 1970
5 Nora/Minc 1978, Masuda 1980, Haefner 1982, Macrae 1984, Otto/Sonntag 1985,
6 Bolter 1984, 13f.

sche Kämpfe und ökonomische Verteilungskämpfe. Im bisher zwanzigjährigen Verlauf dieser neuerlichen Konflikte haben sich die ehedem naiven Formen des Fortschrittsglaubens und der Entfremdungskritik selbst modernisiert. Die Modernisierungs-Opposition hat sich auf das Sprachspiel der modernen Wissenschaft und das Spielfeld technologischer Optionen eingelassen, umgekehrt lernen die Bannerträger des Lichts der Aufklärung, ihre Schattenseiten anzunehmen: Die produktive Kraft des Modernen ist ohne ihr destruktives Potential nicht zu haben, die Chancen auf Glück und Gewinn sind mit den Risiken auf Verlust und Elend zu bilanzieren. Ein Zeitfenster war offen, als U. Beck 1986 mit dem Ausdruck *Risiko-Gesellschaft* diesen Nerv traf.

Gegen den Risiko-Begriff, der vorwiegend großtechnische Risiken im Auge hat, sowie gegen den Begriff der Informationsgesellschaft allgemein wird gelegentlich eingewendet, sie seien technizistisch, zu einseitig auf natur- und ingenieurwissenschaftlich sich darstellende Aspekte der Modernisierung fixiert. Dem kann, muß aber nicht so sein. Griffige Formulierungen dieser Art besitzen, wenn es sich nicht schon um Schlagworte handelt, einen Schlagzeilen-Charakter. Die Bedeutung des Textes, der darunter steht, bleibt aufgrund seiner Komplexität notwendigerweise ein Stück weit unscharf - was zugleich aber sprachökonomisch notwendig und hilfreich ist. Die Sprecher können enge und weite Horizonte damit verbinden.

Im Zuge der Erarbeitung der vorliegenden Studie wurde eine qualitative Experten-Befragung mit Führungskräften sowie anderen Meinungs- und Wortführern aus Wissenschaft, Technik, Wirtschaft, Verwaltung, Politik, Medien und Kultur durchgeführt. (Erläuterungen dazu finden sich im Vorwort). Auf die offen formulierte Frage, was sie unter Modernisierung heute vor allem verstehen, ergab sich ein Verständnisspektrum, wie es in Abb. 1 wiedergegeben ist.

Abb. 1 :	"Modernisieren" bedeutet ... (mit Mehrfachnennungen)	
Infrastruktur entwickeln	Verkehr	45 %
	Telekommunikation	20 %
	Wohnen, Städtebau	10 %
Produktion und Dienstleistungen vorantreiben	Innovation von Technologien und Produkten	30 %
	Industrie umweltverträglich gestalten (ökologisch modernisieren)	15 %
	neue Energiequellen erschließen	5 %
	Dienstleistungs-Sektor ausbauen	10 %
	öffentliche Verwaltung rationalisieren	10 %
Wissen und Bewußtsein entfalten	Bildung und Ausbildung verbessern	20 %
	Wissenschaft und Forschung ausbauen	15 %
	neues Denken, veränderte Mentalität	20 %
	Kultur und Lebensstil verändern	10 %

Wie man sieht, gliedern sich die Antworten nach drei Bereichen - Infrastruktur, Produktionsstruktur und Wissensstruktur. Ihre Gewichtung erscheint vergleichsweise ausgewogen. Ein deutlicher Schwerpunkt liegt allerdings auf der Verkehrs-Infrastruktur. Zwei Statements hierzu:

"Modernisieren bedeutet, die Verkehrswege und Kommunikationsmöglichkeiten auszubauen, damit Verlustzeiten und überhaupt Reibungsverluste geringer werden. Modernisieren bedeutet Schnelligkeit, das Tempo erhöhen, die Effektivität, die Produktivität".

"Wichtig ist, die Zugänglichkeit und Erreichbarkeit zu erhöhen, auf Straßen, Schienen usw., aber auch per Telekommunikation, also materiell und immateriell, Zugang zu Menschen, zu Gütern, zu Wissen, zu Information. Der springende Punkt liegt dann in der Verbindung von Information, Wissen und Kreativität, wobei Kreativität ganz allgemein die Fähigkeit bedeutet, welche Produkte auch immer hervorzubringen".

Bezüglich der Bedeutung des Wissens und Bewußtseins im Prozeß der Modernisierung wurden unter anderem folgende Aussagen gemacht:

" ... daß sich das Denken der Leute ändert. Modernisieren heißt, alte Denkbarrieren aufbrechen, Kreativität freisetzen, und auch, ein Gespräch, einen öffentlichen Dialog darüber in Gang setzen".

"Modernität ist eine Bewußtseinsfrage. Modernisierung beginnt in den Köpfen".

"Voraussetzung für den Strukturwandel ist ein Bewußtseinswandel bei den Menschen".

"Investitionen in neue Produkte und Herstellungsverfahren usw. sind sicherlich wichtig, aber am wichtigsten sind Investitionen in Bildung. Denn Modernisierung bedeutet eine wissenschaftlich begründete Kultur und Lebensweise".

Mehrfach wurde betont, daß es auf die Technik als solche nicht zuerst ankomme, sondern auf die Menschen und das in ihrer Bildung und Erfahrung aufgehobene Wissen. Die maschinelle Leistung beruhe auf der menschlichen Kreativität und Kompetenz, diese Leistung hervorzubringen. Technologische Spitzenleistungen sind in Wirklichkeit immer Spitzenleistungen von Menschen mit hochstehenden Fähigkeiten und Fertigkeiten. Trotz dieser berechtigten Betonung der Kenntnisse und Kompetenzen der Menschen in der Wissensgesellschaft sollte man nicht unterschätzen, wie sehr Technik und ihre Infrastrukturen ein dingliches Gedächtnis darstellen, in dem sich menschliche Kenntnisse und Kompetenzen aufbewahren und durch Betätigung wiederbeleben.

Wie man den Schwerpunkt auch legt - auf die technischen Potentiale oder die menschlichen Kompetenzen - so oder so in den Vordergrund tritt der Aspekt der *Interaktion* und *Kommunikation*, sei es unter den Menschen, oder im System, oder zwischen Mensch und System[7]. *Sowohl* in der Betonung der Verkehrs- und Telekommunikations-Infrastruktur *als auch* in der kompetenten Symbolverarbeitung durch Wissens-, Bewußtseins- und Willensbildung *sowie* nicht zuletzt in der Steuerung und Kontrolle von Systemprozessen durch kultivierten Diskurs tritt der Aspekt der Kommunikation zutage.

Dies mag, zusammen mit einem gewissen Unbehagen an einem eventuellen technizistischen Verständnis von Informationsgesellschaft, dazu geführt haben, daß in jüngster Zeit statt von der Informationsgesellschaft zunehmend von *Kommunikationsgesellschaft* gesprochen wird. In diesem Wechsel der Worte drückt sich, wenn schon kein Paradigmenwechsel, so doch eine paradigmatische Erweiterung und Vertiefung aus,

7 Ein solcher systemisch-evolutiver Kommunikationsbegriff ist besonders von N. Luhmann (1984 und 1986) vorgetragen worden.

die sich seit Jahren ankündigt. So werden heute beispielsweise Management-Informations-Systeme, Führung entlang der Command-and-Control-Linie, Personalpolitik, betriebliche Schulung u.a. eingebettet in den Kontext einer sogenannten *Kommunikationskultur* im Unternehmen. Beim Regieren wird das Anordnen von Maßnahmen zunehmend überlagert durch *Moderieren* von Prozessen. Ch. Lutz nennt dies die "Koordination durch Kommunikation", ein Prinzip, das aus biologischen Prozessen der Selbstorganisation bekannt ist und nun zunehmend auch auf sozialem Gebiet angewendet wird[8]. Werbung und Verbraucherinformation nennen sich jetzt *Produktkommunikation.* Aktiengesellschaften pflegen mit ihren Anteilseignern und sonstigen Anlegern eine *Finanzkommunikation.* Öffentlichkeitsarbeit heißt *Unternehmenskommunikation.* Aufklärung über wissenschaftlich-technische Probleme erfolgt im Rahmen der *Risikokommunikation.* Unterhaltung, Propaganda und Masseninformation durch Medien heißen schon länger *Massenkommunikation.* Die Seelsorger predigen nicht mehr, sie animieren eine *Wertekommunikation,* und die Politik propagiert keine Manifeste mehr, sondern ihre Programme sind Teil einer umfassenderen *politischen Kommunikation (policy communication).* Im Verhältnis zwischen Menschen und Apparaturen ist gar von einer *Mensch-Maschine-Kommunikation* die Rede, die nicht nur funktional sein soll, sondern auch kreativ und ästhetisch ansprechend, eben auf ihre Weise kultiviert. Für die Menschen selbst genügt es nicht mehr, gescheit und verständnisvoll zu sein. Sie haben nur noch etwas zu melden, wenn sie *kommunikative Kompetenz* erwerben.

Es sollte deutlich bleiben, daß der Begriff der Kommunikationsgesellschaft nicht etwas anderes meint als Informationsgesellschaft, sondern diesen Begiff vervollständigt, erweitert und vertieft. L.A. Nefiodow vermerkt, die japanische Offensive im Bereich der Mikroelektronik und Informationstechnik wurde seitens des Regierungskabinetts in Tokio

---

8 Lutz 1986, 50

1969 mit dem Leitbild einer *kommunikativen Gesellschaft* (Joho-Ka-Shakai) begründet[9].

Im folgenden sei Kommunikationsgesellschaft mit K-Gesellschaft abgekürzt. "K" steht dabei für Kommunikation, für Kommunikationstechnologie und andere Key Technologies, für Kenntnisse (Knowledge) und kybernetisch vernetztes Denken, für Kompetenz und Kreativität, für Kultur und Kunst, nicht zuletzt auch, wie noch zu sehen sein wird, für Kapital und Konzerne.

Ch. Lutz vom gottlieb-duttweiler-institut in Zürich hat schon 1986 ein Leitbild der K-Gesellschaft ausgearbeitet:

> "Die nächste Stufe der Rationalität ist eng verbunden mit einer spezifischen Ausprägung der Informationsgesellschaft, der Kommunikationsgesellschaft. Auf der Grundlage eines dialogisch-dynamischen, ganzheitlichen Welt- und Menschenbildes rücken vielfältige Kommunikationsprozesse ins Zentrum der Wertschöpfung. Andernfalls wird die Gesellschaft ersticken im Informationsmüll, den ihre explosionsartig wachsenden Informationsverarbeitungskapazitäten produzieren. Diese Entwicklung bedingt kommunikationsfreundliche Strukturen. Hierarchien werden durch Netze ersetzt. Kommunikationstätigkeiten aller Art repräsentieren nach dem Dienstleistungs- und Informationssektor die nächste Welle des Beschäftigungswachstums"[10].

Die letztere Bemerkung zielt auf das Fourastié/Clark'sche Drei-Sektoren-Modell. Diesem Modell zufolge wandert im Zuge der Modernisierung das Gros der Beschäftigten aus dem primären Landwirtschafts-Sektor über die sekundäre Industrie in die tertiären Dienstleistungen. Was die Verteilung der Erwerbstätigen anbelangt, trifft dies gewiß zu (vgl. Abb. 2). Dennoch wird dieses Modell irreführend benutzt. Zum einen werden Informations- und Kommunikationstätigkeiten als vierter und fünfter Sektor gedacht. Zum anderen suggeriert das Modell, Landwirtschaft und Industrie seien in der Dienstleistungs- und Informationsgesellschaft nicht mehr so wichtig, nicht mehr "defining". Daraus folgt die Perspektive einer vermeintlichen De-Industrialisierung. In dieser Perspektive einer vermeintlichen De-Industrialisierung liegt ein strategischer Kardinalirrtum.

---

9 Nefiodow 1991, 162f.
10 Lutz 1986, 47, auch 1989 und 1990

Abb. 2 : Beschäftigte nach dem Drei-Sektoren-Modell

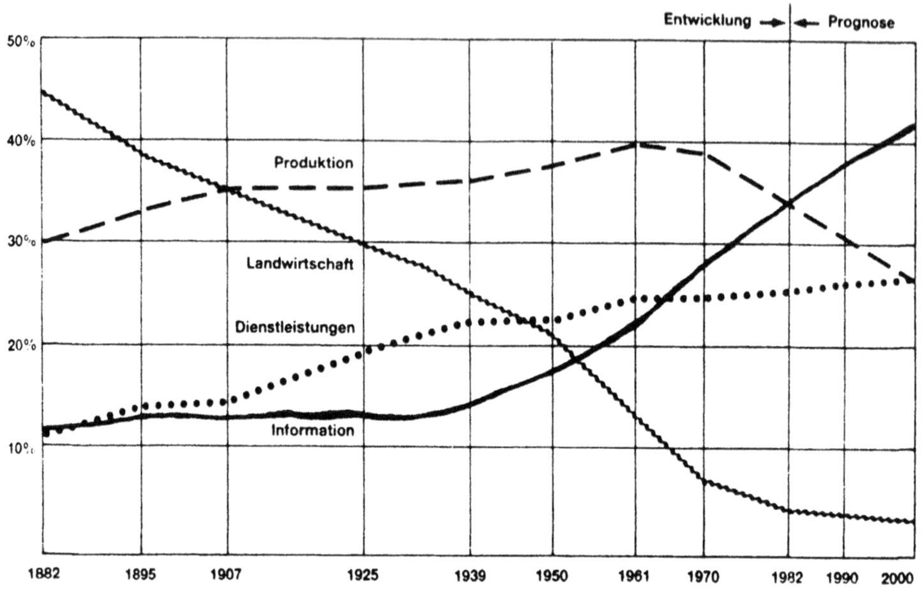

Quelle: Materialien aus der Arbeitsmarkt- und Berufsforschung, Heft 4/1986, 3

Um sich in der K-Gesellschaft erfolgreich zu orientieren, ist es eher hinderlich, weiterhin in den Kategorien des Drei-Sektoren-Modells zu denken. Die Landwirtschaft oder die Fischerei bilden heute industrialisierte Sektoren wie die Eisenerzeugung oder der Maschinenbau auch. Dienstleistungen zum Beispiel im Bereich der Medien werden zu Recht "Medienindustrie" genannt, das Gesundheitswesen auch "Gesundheitsindustrie", ebenso wie man von einer "Freizeitindustrie" oder "Unterhaltungsindustrie" spricht oder den Fremdenverkehr als "weiße Industrie" apostrophiert. Im angelsächsischen Sprachgebrauch gelten Güter und Dienstleistungen gleichermaßen als "products". Vor allem aber liegen Informations- und Kommunikationstätigkeiten "quer" im Drei-Sektoren-Modell der Wirtschaft. Sie spielen in Landwirtschaft, Grundstoff-, Investitions- und Konsumgüterproduktion, in Handwerk, Handel, Transport, Medien, Politik, Behörden, Bildung, Medizin, sozialen Diensten, Freizeitindustrie und anderen Dienstleistungen gleichermaßen eine immer bedeutendere Rolle. Die "materiellen" Anteile aller dieser Tätigkeitsfelder werden weiter rationalisiert, werden effizienter, produktiver, rentabler, und schrumpfen daher im Spiegel der Arbeitszeit, der Erwerbstätigkeit und der Erwerbseinkommen. Bewirkt wird dies jedoch gerade durch die noch wenig rationalisierten informationellen und kommunikativen Anteile in *allen* Sektoren, die eben deshalb überall zunehmen[11].

Folglich wäre es - wollte man es ganz genau nehmen - auch unzutreffend, von einer post-industriellen Gesellschaft zu sprechen. Auch die K-Gesellschaft bleibt eine Industriegesellschaft, wenngleich es sich um eine qualitativ beträchtlich veränderte Industrie handelt. Die Metamorphose der "rust belt industries" mag zu "sunrise industries" führen, aus qualmenden Schornsteinindustrien mögen saubere Industrien werden. Aber auch hierbei handelt es sich immer noch um ein *industrielles* Leitbild. Der Strukturwandel ersetzt alte durch neue Industrien. Richtiger gesagt, werden in den meisten Fällen bestehende Industrien fortwährend erneuert. Ein Land, das auf industrielle Kernfunktionen verzichtet, gibt sich der Rückständigkeit und Verarmung, der Abhängigkeit und Unterwerfung unter fremde Mächte preis.

Die Wirkung des technischen Fortschritts besteht darin, Prozesse zu beschleunigen und Potentiale - ihre Chancen ebenso wie Risiken - zu erweitern und zu verstärken. Die Bedeutung der IuK-Techniken liegt darin, daß sie Interaktionen, Kommunikationen und Energieumsätze welcher Art auch immer zu beschleunigen und zu potenzieren vermögen. Sie wirken umsatzsteigernd in jeglichem Sinne, betreffe dies den ökonomischen Umsatz, den ökologischen Stoffwechsel und die Energiedissipation, politisch-soziale Umsetzungsleistungen oder die symbolisch vermittelte Interaktion, die Kommuniktion im engeren Sinne - mündlich oder schriftlich, in Wort oder Bild, in-situ oder telekommuniziert, via Print-, Audio- oder Videomedien.

---

11 Vgl. Nefiodow 1991, 119ff.

In der K-Gesellschaft wird nicht weniger, sondern mehr umgesetzt. Im elektronischen "Büro der Zukunft" wird nicht weniger, sondern mehr Papier verbraucht. Das fortgesetzte Produktions- und Produktivitätswachstum bei fortgesetzt spezialisierter Arbeitsteilung hat zugleich als Ergebnis und Bedingung

- eine erhöhte Interaktion von Menschen und Sachen ("Verkehr" in welcher Form auch immer),
- einen erhöhten Informationsaustausch und Verständigungsbedarf ("Kommunikation" in welcher Form auch immer),
- eine erhöhte Energiedissipation (denn sowohl Produktion und Konsum wie auch Verkehr und Kommunikation benötigen "Treibstoff" in welcher Form auch immer).

In allen Bereichen sind heute erneut potenzierende Quantensprünge eingetreten. Mißt man zum Beispiel die Mobilität im Verkehr daran, wieviele Kilometer pro Person pro Jahr mit bestimmten Verkehrsmitteln zurückgelegt werden, so ist die Mobilität von 10 km in 1850 auf 10 000 km in 1980 gesprungen[12]. Eine solche Vertausendfachung zeigt sich bei vielen technischen Sachverhalten. Bekannt sind die Quantensprünge in der Miniaturisierung (und damit Rechenleistung) elektronischer Schaltkreise: von den Transistoren der 60er Jahre bis zum vorläufigen 32- und 64-bit-Mikroprozessor wurde hier ein Leistungssprung von etwa 10 auf 10^7 Transistorfunktionen je Chip realisiert. In der mechanischen Stückefertigung durch automatische CNC-Maschinen zum Drehen, Fräsen und Bohren wurde im Vergleich zu Anlagen am Beginn des Jahrhunderts die Produktivität um den Faktor 1000 gesteigert[13]. In der Energiebereitstellung pro Zeiteinheit schließlich kommen heute von den Dezi-, Deka- und Hekto-Maßen der Vergangenheit über die Kilo- und Mega-Watt der Gegenwart schon die Giga- und Tera-Watt

---

[12] Cerwenka 1984, nach Mettler-Meibom 1990, 79. Leider ist die empirische Grundlage der Zahlen nicht angegeben (zu Fuß, zu Pferd, in der Kutsche oder Bahn, im Auto etc.) Mit Sicherheit haben auch 1850 die Menschen pro Jahr sehr viel mehr als 10 km zurückgelegt, ebenso wie wir heute erheblich mehr als nur 10000 km pro Jahr zurücklegen.

[13] Gelowizc 1990, 21

der Zukunft in Betracht. Der heutige Schritt vom Megawatt zum Gigawatt stellt selbst den Sprung um eine Potenz dar. Diese Steigerung beruht nicht zuletzt auf IuK-gestützem Messen, Regeln und Steuern in der Energieproduktion[14].

Unter ökologischen Gesichtspunkten können aus diesem Zusammenhang gravierende Probleme erwachsen, müssen es aber nicht. Die Frage zu den Grenzen des Wachstums ("*Wieviel* ist genug?") war unvollständig, weil rein quantitativ formuliert. Die vollständige Frage lautet: "*Was* ist ökologisch optimal angepaßt"? Die Menschheit empfängt Tag für Tag mehr Sonnenenergie als sie jemals verschwenden kann. Die Natur transformiert Tag für Tag mehr Stoffe als die Menschheit jemals wird transformieren können - und natürlich auf völlig naturverträgliche Weise: energieeffizient, stoffeffizient, nachhaltig[15]. Das Problem liegt nicht darin, daß die menschliche Technik zu weit gegangen sei, eher, daß sie teilweise möglicherweise fehlgegangen, in jedem Fall aber noch lange nicht weit genug gegangen ist, um jene systemischen Optima künstlich auch nur annähernd nachzustellen, welche die Natur als Vorbild beständig herstellt.

Das Leitbild der K-Gesellschaft sollte von Mystifikationen möglichst frei gehalten werden. In welchen Ausprägungen sie realisiert wird, ist durch kein Gesetz determiniert. Es gehört zum Konzept der K-Gesellschaft, daß, was aus ihr wird, aus selbstorganisierenden Prozessen der Interaktion und Kommunikation hervorgeht. Der Ausgang bleibt in Grenzen offen, wobei die Grenzen - Grenzen des Möglichen und Unmöglichen, des mehr und weniger Wahrscheinlichen - selbst einer Entwicklungsdynamik unterliegen. Auch verweist die K-Gesellschaft nicht in ein utopisches Reich der Empfindsamen und Unbefleckten. Sie ist nur der naheliegende nächste Schritt im Gang der modernen Zivilisation. Sie ist verheißungsvoll und riskant, sie sichert und gefährdet, sie gewährt und versagt, sie ist ebenso trivial wie zugleich

[14] Ulmer/Häfele/Stegmaier 1987, 133, 208 u.a., Häfele 1990
[15] Näheres dazu in Huber 1991

unerhört. Sie hat ihre Vorzüge und Schwächen. Sie ist wie die Menschen sind.

Die K-Gesellschaft wird noch differenzierter und komplexer als die alte Industriegesellschaft es war. Die vertieften Differenzen zeigen sich in

- Phänomenen der Pluralisierung von Lebenslagen, von Erfahrungen, Weltbildern und Wertorientierungen mit Folgeproblemen der Verständigung, Legitimation, Konsensfindung und Willensbildung,

- Phänomenen der Individualisierung, der Entfremdung und Fremdheit mit Folgeproblemen der Integration und Kohärenz,

- Phänomenen hochdynamischer, turbulenter und chaotischer Entwicklungen mit Folgeproblemen der Führung und Lenkung, der Steuerung, Kontrolle, Regierbarkeit u.ä.

Mit anderen Worten, in der K-Gesellschaft zu leben, wird gewiß anregend und interessant sein, aber ebenso anstrengend, weil voller Widersprüche, Konflikte und Probleme. R. Münch schreibt in seinem Buch zur "Dialektik der Kommunikationsgesellschaft":

> "Die Moderne hat endgültig die Weltherrschaft angetreten. Mit dieser globalen Entfaltung der Moderne geht ein fundamentaler Wandel von der Industriegesellschaft zur Kommunikationsgesellschaft einher. ... Die Entwicklung der Kommunikationsgesellschaft bringt eine ungeheure Vermehrung, Beschleunigung, Verdichtung und Globalisierung von Kommunikation mit sich. ... Der permanente Umbau der Gesellschaft ist die Konsequenz der gesteigerten Kommunikation. In einer Gesellschaft, in der alles durch Kommunikation bewegt wird, kann sich niemand mehr dem Zwang zur Erzielung von öffentlicher Aufmerksamkeit entziehen. Andernfalls ist man vergessen und verloren. Wer sich nicht gut darstellen kann, hat in dieser Gesellschaft keine Chance. ...
>
> Mit der Entwicklung der Kommunikation geht auch eine Steigerung der Risiken der Kommunikation einher. ... Mit der Kommunikationsflut in unserer Kultur nimmt auch das Neinsagen und Widersprechen, der Streit mit Argumenten zu. Wir leben dementsprechend in einer zunehmend konfliktvolleren Welt, und wir müssen noch besser lernen, damit zu leben, daß einem die anderen zunächst einmal nicht zustimmen. Es gibt vermehrt Zusammenbrüche der Kommunikation, die von den inflationären Tendenzen der Kommunikationsflut erzeugt werden. Worte bedeuten zunehmend weniger als das, was sie sagen. Mißtrauen in Kommunikation macht sich breit. Kommunikation bringt dann ihr Gegenteil hervor: Weghören, Kommunikationsverweigerung und Gewaltanwendung. Dies ist die Dialektik von Kommunikation und Kommunikationszusammenbrüchen"[16].

---

[16] Münch 1991, 13, 17, 22.

Hier klingt an, daß auch das Konzept einer kommunikativen Kompetenz nicht idealistisch mißverstanden werden sollte. Man mag der Vision eines herrschaftsfreien Dialoges anhängen oder der Idee des Verstehens und der Verständigung aus lauter Tugend und purer Vernunft. Man sollte dennoch vor der Tatsache standhalten, daß die gesteigerte Informations- und Kommunikationstätigkeit in der K-Gesellschaft auf eigentlich unschönen Sachzwängen beruht: auf der Tatsache weitgehender Differenzen und für den einzelnen unfaßbarer System- und Umwelt-Komplexität, auf mangelndem Informiertsein, auf relativer Kenntnis- und Ahnungslosigkeit, auf Tatsachen des Verschieden- und Getrenntseins, des Unverstehens und Problemen der Verständigung, auf der ungleichen Verteilung von Macht, Geld, Ansehen, Wissen und Werten. Die Tugenden der Kommunikation, so es sie gibt, erwachsen der Not, alle diese Klüfte überbrücken zu müssen, um so das permanent bedrohte Ganze zusammen und auf einem Kurs zu halten. Kommunikative Kompetenz - sozialpsychologisch gesprochen - ist keine Hervorbringung des Lustprinzips, sondern des Realitäts- oder Machtprinzips.

Ch. Lutz spricht in diesem Zusammenhang von der *Schnittstellenproblematik* der K-Gesellschaft. Schnittstelle - ein der IuK-Technik entlehnter Ausdruck - ist die Stelle, an der Maschinen oder sonstige Systeme Verbindungskanäle zu anderen besitzen. Sinnfällig: Stecker mit Kabel. Zur Schnittstelle gehört die Übertragung. Man kann diese dann als *Transferproblematik* der K-Gesellschaft bezeichnen, sei es als Technologietransfer, Wissenstransfer, Kapitaltransfer, sonstigem Ressourcentransfer o.a.

K-Regionen in Westeuropa

Bezieht man die K-Gesellschaft auf das Territorium, auf dem ihre Mitglieder leben, so gelangt man zum Konzept der K-Region. Der Begriff wurde von A. Andersson vom Schwedischen Institut für Zukunftsstudien geprägt. Im englischen Original heißt es C-Society und C-Region. Zugrunde liegen empirisch vergleichende Studien zwischen Regionen in Schweden und sonst in Europa im Hinblick auf ihr Modernitäts- und Wohlstandsgefälle. Dabei ergibt sich empirisch:

"The most important infrastructural element for the growth of income of regions are:
- simultaneous expansion of airport and university activity levels,
- interregional road capacity, and
- general level of investment activity. ...

Air transport capacity and higher education and research interact with each other, synergetically. A region, specializing in cognitive and creative activities requires a complementary strategy for expansion of its modern communication and transportation system. Cognitive and creative activities are network activities. ... There is a strong tendency of decreasing production and distribution unit size simultaneously with an increasing size of corporations. ...

The choice of location of high technology and other knowledge oriented firms is determined by the availability of skilled labour. This implies that the choice of location of skilled labour determines the location of knowledge intensive firms. Other studies have shown that skilled labour are mobile and prefer locations where there is a good accessibility to higher education, cultural and other qualified services, and environmental qualities in terms of accessibility to golf and other outdoor recreation.

The C-regions are thus regions which provide education of **cognitive** skills, **creative** organizations (i.e. R&D-activities, scientific institutions, libraries etc.) and **cultural** capacities. Such regions are also, almost invariably, regions that provide modern **communications**"[17].

Hinzufügen könnte man die Verbreitung sogenannter C-Systeme, der computergestützten Anlagen und Verfahren wie CNC (computerized numerical control), CAD (computer aided design), CAM (computer aided manufacturing), und CIM (computer integrated manufacturing). C-Regionen entwickeln sich heute auf der ganzen Welt. Zu den wichtigeren in Europa zählt Andersson folgende:

---

[17] Andersson 1990a, 20ff., auch 1986 und 1990b

- London-Cambridge-Oxford
- Paris
- Amsterdam-Utrecht-Leiden
- Rhein-Ruhr (Köln, Düsseldorf u.a.)
- Kopenhagen
- Stockholm-Uppsala
- Brüssel-Löwen
- Rhein-Main (Frankfurt u.a.)
- Rhein-Neckar-Stuttgart

Daß diese Liste noch nicht vollständig ist, mag man sich anhand der von DATAR[18] erstellten Karte von Zentralregionen und Agglomerationen in Westeuropa[19] vergegenwärtigen (vgl. Abb. 3). Diese Regionen bilden, nach innen und untereinander, Netzwerke der Interaktion und Kommunikation. Folgt man ihren Wegen, zeigt sich das Bild einer bogenartigen Formation von hochentwickelten Regionen, die sich von Südengland über die Benelux-Staaten, Westdeutschland und Süddeutschland, die Schweiz und Norditalien nach Südost- und Südfrankreich mit Verlängerungen bis Katalanien aneinanderreihen. Man nennt diesen Bogen inzwischen auch "Euro-Banana". Nicht alle hochentwickelten Agglomerationen Westeuropas liegen innerhalb der "Banana", wie man sich an Paris, Rom, Kopenhagen oder Wien vergegenwärtigen kann, aber praktisch alle Regionen und Agglomerationen, die im Einzugsbereich der "Banana" liegen, gehören zu den hochentwickelten K-Regionen Westeuropas.

18 DATAR (Délégation à l'Amenagement du Territoire et à l'Action Regionale): Les villes européennes, Paris 1989

19 "Westeuropa" steht hier als Kürzel für Westeuropa, Nordeuropa, das westliche Mitteleuropa und die mediterranen EG-Staaten zusammen, in Abgrenzung zu den bisherigen Ostblock-Ländern. Die Bezeichnung mag der Kürze halber angehen, zumal gegenwärtig in allen diesen Ländern politisch und ökonomisch angelsächsische und gallische Philosophie- und Weltanschauungselemente vorherrschen.

Abb. 3 : K-Regionen in Westeuropa (Die "Euro-Banana")

angelehnt an: DATAR 1989

Eine von S. Conti und G. Spriano durchgeführte Studie im Auftrag der Agnelli-Stiftung in Turin kommt zu faktisch gleichen Ergebnissen. Sie gelangen zu elf interdependenten Faktoren für regionale Synergien im Sinne einer K-Region. Diese Faktoren lassen sich in freier Übersetzung wie folgt charakterisieren[20]:

[20] Conti/Spriano 1989, 58f.

(1) Präsenz von Großindustrie bzw. von Holdingmacht mit großem Volumen
(2) ein gut diversifiziertes Umfeld gewerblicher Produktion (keine Monostruktur)
(3) Präsenz von Universitäten und bedeutenden Forschungseinrichtungen
(4) unternehmensorientierte Dienstleistungen als technische Forschungs- und Beratungskapazität
(5) Transport- und TK-Infrastruktur: Flughäfen, schnelle Bahnverbindungen, Autobahnen; leistungsfähige TK-Netze
(6) formelle und informelle Kontaktgelegenheiten, Kommunkations-Infrastrukturen, Gaststätten, Hotels und andere öffentlich zugängliche Räumlichkeiten, Einrichtungen für Seminare, Workshops, Kongresse usw.
(7) verfügbare finanzielle Ressourcen
(8) unternehmensorientierte Dienstleistungen als kaufmännische, juristische, sozialwissenschaftliche Forschungs- und Beratungskapazität
(9) gut funktionierende öffentliche Verwaltung mit staatlichen Schnittstellen- und Transfer-Aktivitäten
(10) gut ausgestattete Schulen, Kultureinrichtungen, Sport- und sonstige Freizeiteinrichtungen
(11) urbanes Klima und Wohngelegenheiten auf gehobenem Niveau

Bei Conti/Spriano ist eine teilweise andere Gewichtung als bei Andersson erfolgt. Während Schulen, Kultur- und Sporteinrichtungen erst auf Platz zehn rangieren, stehen Großindustrie, gewerbliche Produktion und Finanzen obenan. Huhn-Ei-Fragen zu stellen (ob Wissen, Forschung und Kultur der Industrie und Finanzkraft folgen oder umgekehrt), dürfte an dieser Stelle allerdings müßig sein Jedenfalls wird der Merkmalskranz einer K-Region um die Faktoren Kapital und Konzerne zu ergänzen sein.

Als westeuropäische Agglomerationen, die nach diesen Kriterien am weitesten fortgeschritten sind, weist die Agnelli-Studie die in Abb. 4 aufgelisteten aus. Hierbei ist anzumerken, daß die Untersuchung nicht flächendeckend erfolgte. Es wurden 47 ausgewählte Agglomerationen nur aus den Ländern Großbritannien, Irland, Dänemark, Deutschland, Holland, Belgien, Frankreich und Italien einbezogen. Die Zahl in Klammern stellt zusammengefaßte faktoranalytische Koeffizienten dar. Je höher die Zahl, umso ausgeprägter sind Vorhandensein und Zusammenhang der oben aufgelisteten elf Kriterien.

Abb. 4 : Westeuropäische Städte im Vergleich (Erläuterungen im Text)

(1)	Paris	4.93
(2)	London	4.05
(3)	Frankfurt	2.52
(4)	Stuttgart	1.80
(5)	München	1.56
(6)	Mailand	1.47
(7)	Brüssel	0.83
(8)	Düsseldorf	0.74
(9)	Nürnberg	0.73
(10)	Hamburg	0.58
(11)	Turin	0.53
(12)	Hannover	0.48
(13)	Amsterdam	0.47
(14)	Kopenhagen	0.20

zusammengestellt nach Angaben in Conti/Spriano 1989, 63

Eine ähnliche Untersuchung wurde vom Münchener Ifo-Institut für Wirtschaftsforschung zusammen mit der Zeitschrift Manager-Magazin durchgeführt. Diese Studie gelangte zu teilweise gleichgerichteten, teilweise jedoch auch recht verschiedenen Ergebnissen. Es wurde nach einem Kriterien-Raster vorgegangen, in dem traditionelle Standortfaktoren stark gewichtet wurden[21]:

21 ifo-schnelldienst 9/1990, 10-21

(1) Nähe zu Kunden
(2) Nähe zu Lieferanten und Material
(3) Nähe zu Unternehmen gleicher Branche
(4) Verfügbarkeit von Dienstleistungen: Banken, Rechtsanwälte, Werbe-, Consultingagenturen, technische Dienste
(5) Verkehrsanbindung Bahn, Wasser, Straße, Luft
(6) Energie, ihre Verfügbarkeit und Kosten
(7) Telekommunikations-Infrastruktur
(8) Entsorgungseinrichtungen, ihre Verfügbarkeit und Kosten
(9) Gewerbeflächen, ihre Verfügbarkeit und Kosten
(10) kulturelle und soziale Einrichtungen
(11) Freizeiteinrichtungen
(12) Soziales Klima (z.B. Verhältnis der Sozialpartner)
(13) Wohnungen, ihre Verfügbarkeit und Kosten
(14) Schulen, Einrichtungen der Fort- und Weiterbildung
(14) Arbeitskräfte, ihre Verfügbarkeit und Kosten
(15) Berufsbildung und Weiterbildung für Führungskräfte
(16) Nähe von Fachhochschulen, Universitäten, Forschungseinrichtungen
(17) Wirtschaftsförderung (Subventionen, Zulagen, Beihilfen)
(18) Zusammenarbeit mit Behörden, behördliche Planungsflexibilität
(19) Steuern und Gebühren

Insgesamt wurden nach diesen Kriterien maximal 100 Punkte vergeben, das heißt, würde eine Region nach allen diesen Kriterien an der Spitze liegen, hätte sie insgesamt 100 Punkte auf sich vereint. Es wurde nach bereits etablierten und neu oder erneut aufsteigenden Wirtschaftszentren unterschieden. Beide Gruppen wurden getrennt behandelt. Die in die Untersuchung einbezogenen Regionen stammen nur aus der EG. Das Ergebnis ist in Abb. 5 wiedergegeben.

Abb. 5: Westeuropäische Regionen im Vergleich (Erläuterungen im Text)

Etablierte Wirtschaftszentren	*Punkte*
Oberbayern (München)	82,5
Mittlerer Neckar (Stuttgart)	81
Ile-de-France (Paris)	79
Lombardei (Mailand)	78
Rhein-Main (Frankfurt)	76
Greater London	75
Rhein-Neckar (KA,HD,MA,LU)	74
Brüssel	74
Rhone-Alpes (Lyon, Grenoble)	73,5
Berlin	72,5

Neu oder erneut aufsteigende Wirtschaftszentren	*Punkte*
Hamburg mit Umland	82
Ruhrgebiet	81,5
Groningen/Drenthe	76
Limburg	69
Schwaben	68,5
Worcester/Warwickshire	66,5
Niederb./Franken (Nürnberg)	65,5
Leicester/Northhampton	65,5
Provence-Alpes-Cote d'Azur	65,5
Edinburgh/Glasgow	64
Emilia-Romagna	64

Quelle: ifo-schnelldienst 9/1990, 17, 19

Aufgrund der Vorarbeiten von Andersson, von Conti und Spriano, der ifo-Studie, der Auswertung der von uns durchgeführten Expertenbefragung und anderweitiger eigener Forschungen, schälen sich eine Reihe von Faktoren bzw. Faktoren-Bündeln heraus, die einer Region K-gesellschaftliche Dynamik verleihen. Sie bewirken ein vergleichsweise hohes Maß an Fortgeschrittenheit im Strukturwandel. Je weniger ausgeprägt diese Faktoren sind, desto weiter bewegt sich ein Land noch in einer herkömmlich industriellen, frühindustriellen oder vorindustriellen Phase. Je ausgeprägter sich die Faktoren vorfinden, desto fortgeschrittener ist ein Land auf dem Weg zur K-Gesellschaft. Man kann diese Faktoren deshalb auch K-Faktoren nennen. K-Faktoren in diesem Sinne sind:

- Leistungsfähige Infrastruktur
  - Verkehr
  - Telekommunikation
  - Ausstattung mit IuK-Technik
- Hohes Bildungsniveau und hochqualifizierte Arbeitskräfte
- Hohe Lebens- und Umweltqualität
  - Wohlstand, Freizeit
  - Kulturelle Animation, Urbanität
  - Umweltqualität
- Intensive Forschung
- Innovationsdynamik und Präsenz in technologischen Schlüsselbereichen
- Hohes Investitionsniveau
- Präsenz von finanzstarken Großunternehmen und Kooperation mit florierenden Klein- und Mittelbetrieben
- Hochstehendes Verwaltungs- und Rechtswesen
- Kommunikative Kompetenz: Konsensfähigkeit und Diskurskultur
  - Kooperatives Führungsklima unter den Eliten in Parteien, Verbänden, Unternehmen, Verwaltung, Wissenschaft, Medien, Kultur u.a.
  - Stabile Sozialpartnerschaft
  - Freiheitlich-demokratischer Grundkonsens

Diese Faktoren bzw. Faktoren-Bündel liegen der Untersuchung im weiteren zugrunde. Bevor sie in den nachfolgenden Kapiteln im einzelnen erläutert und jeweils für Schleswig-Holstein spezifiziert werden, sei im folgenden Abschnitt noch auf ihre weltwirtschaftliche Dimension eingegangen.

Zentren und Peripherien im weltregionalen Gefüge

Das oben gezeigte Bild Westeuropas ("Euro-Banana") stellt selbst nur einen Ausschnitt aus einer sinngemäß gleichartigen Weltkarte dar. Diese ist insgesamt überzogen von einem weitverzweigten Geflecht von K-regionalen Zentren, Subzentren, Sub-Subzentren und ihnen zugeordneten Randgebieten oder Peripherien. Man kann davon ausgehen, daß die oben genannten K-Faktoren konstitutiv am Zustandekommen des weltregionalen Gefüges beteiligt sind, auch wenn darüber hinaus noch weitere Faktoren eine durchaus beträchtliche Rolle spielen mögen, etwa militärische Gewaltpotentiale oder kulturelle Bedingungen. Hohe, mittlere und niedrige Ausprägungen der K-Faktoren können als geeigneter Maßstab dienen, um den Grad an Modernität und industrieller Entwicklung bzw. "Unterentwicklung" abzubilden[22].

Im Gefolge der Arbeiten von Wallerstein, Braudel, Rostow, Galtung, Amin und anderen spricht man vom "world system"[23]. Diesen Autoren zufolge stellt das Weltsystem nicht nur einen zunehmend integrierten Welt*markt* dar, sondern es beruht ebenso auf politischen, kulturellen und demographischen Macht- und Einflußfaktoren. Gleichwohl bildet die vernetzte Hierarchie von arbeitsteiliger Produktion im Weltmaßstab verbunden mit typischen Handelsströmen innerhalb und zwischen den Weltregionen ein wesentliches Strukturmerkmal dieses Gefüges.

Die Hegemonie der Zentren beruht auf einer Überlegenheit in der Entfaltung und Anwendung der oben genannten Entwicklungsfaktoren (K-Faktoren). Die Hegemonie wird reproduziert durch ein Muster von Arbeitsteilung, das im wesentlichen darin besteht, daß die Zentren von den Peripherien Rohstoffe, Grundprodukte, einfache Massenprodukte, Produkte geringer Verarbeitungstiefe oder auch touristische Dienstleistungen beziehen, während im Gegenzug die Zentren die Peripherien mit verarbeitungstiefen Produkten und anderen hochwertigen Erzeug-

---

[22] Zur "Unterentwicklung" vgl. u.v.a. Strahm 1981, Senghaas 1981

[23] Zu einer Einleitung und Übersicht zur Thematik des world system vgl. Unesco 1986 oder Datta 1982

nissen beliefern. Die verarbeitungstiefen hochwertigen Produkte werden auch technologieintensive Güter genannt, ebenso kapitalintensive Güter, seltener auch, obschon genau so zutreffend, "skill-intensive goods", also qualifikationsintensive Güter, das heißt Produkte, zu deren Erzeugung ein hohes Maß an wissenschaftsförmiger Ausbildung und Know-How erforderlich ist[24].

Die einzelnen Akteure können in der Zentrum-Peripherie-Hierarchie aufsteigen und absteigen. Die Zentrum-Peripherie-Hierarchie als solche jedoch bleibt, wobei sie im Zuge ihrer eigenen Entwicklung selbstverständlich Restrukturierungen, qualitativen Gestaltveränderungen unterliegt. So ist zum Beispiel England aus der Stellung der führenden Weltmacht und Industrienation in eine Stellung von mittlerer Bedeutung in der Ersten Welt abgestiegen, während Japan im gleichen Zeitraum auf immer mehr Gebieten in Spitzenpositionen vorgerückt ist. Gleiche Vorgänge spielen sich auch innerhalb der Weltregionen ab. So stieg beispielsweise München-Oberbayern von einem industriell rückständigen und fast noch feudal geprägten Agrargebiet zu einer der führenden High-Tech-Regionen Europas auf. Umgekehrt sind ehedem bereits weit entwickelte Industrieregionen wie die Tschechoslowakei, Mitteldeutschland und Teile Polens durch den Kommunismus auf Schwellenlandniveau heruntergewirtschaftet worden. Jugoslawien, das bereits das Niveau eines voll entwickelten Industrielandes erreicht zu haben schien, droht durch seinen völligen Kommunikationszusammenbruch in Teilen auf Entwicklungslandniveau zurückzufallen. Bei all diesen Auf- und Abstiegsbewegungen bleibt die Zentrum-Peripherie-Bildung als solche im Prinzip erhalten, wobei sich ihre konkret-historische Gestalt mit der Weiterentwicklung der K-Faktoren mitentwickelt.

Die Verteilung der Länder und Weltregionen nach der Höhe ihres BSP zeigt keine Normalverteilung und auch sonst kein kontinuierliches Bild. Vielmehr zeigen sich *Häufungen* innerhalb gewisser Bandbreiten. Zwischen diesen Bandbreiten liegen deutlich weniger Länder (sie stel-

---

[24] Vgl. Grabher 1988, 27ff.

len "Ausreißer" der nächst höheren oder niedrigeren Bandbreite dar). In Abb. 7 sind diese Kategorien sowie die Größenordnungen der BSP-Abstände zwischen ihnen dargestellt.

Den Abstands-Größenordnungen in Abb. 7 zufolge ergeben sich vier Kategorien von Ländern, anders gesagt, eine dreifache Abstufung des Zentrum-Peripherie-Gefüges. Dies bestätigt die grundsätzliche Brauchbarkeit des Vier-Welten-Modells. Mit dem Ende des Ost-West-Systemwettlaufs ist jedoch die Unterscheidung von Erster und Zweiter Welt obsolet geworden. Wir schlagen deshalb vor, in veränderter Fortführung des Vier-Welten-Modells von Ländern A, B, C und D zu sprechen:

Abb. 6: Das Vier-Welten-Modell von A-,B-,C- und D-Ländern

A-Länder:	die Triadenmächte Amerika Japan Inc. Westeuropa
Übergangsbereich:	OECD-Restländer (z.B. Australien, Neuseeland, Israel, Südafrika)
B-Länder:	Osteuropa Sowjetunion OPEC-Länder
C-Länder:	Lateinamerika Mittlerer Osten und Nordafrika ohne OPEC Südostasien
D-Länder:	China Indien (Zentralafrika)
evtl. E-Länder:	Zentralafrika

Die Positionierung im mondialen Zentrum-Peripherie-Gefüge ist für ein Land und seine Menschen von schicksalhafter Bedeutung. Es ist leichter, den höchstmöglichen Anschluß im Gefüge zu verlieren als ihn aufrecht zu erhalten oder womöglich, ihn zu verbessern bzw. erst herzustellen.

Abb. 7: Abstände zwischen A-B-C-D-Ländern in Größenordnungen des BSP per Kapita in US-Dollar 1988

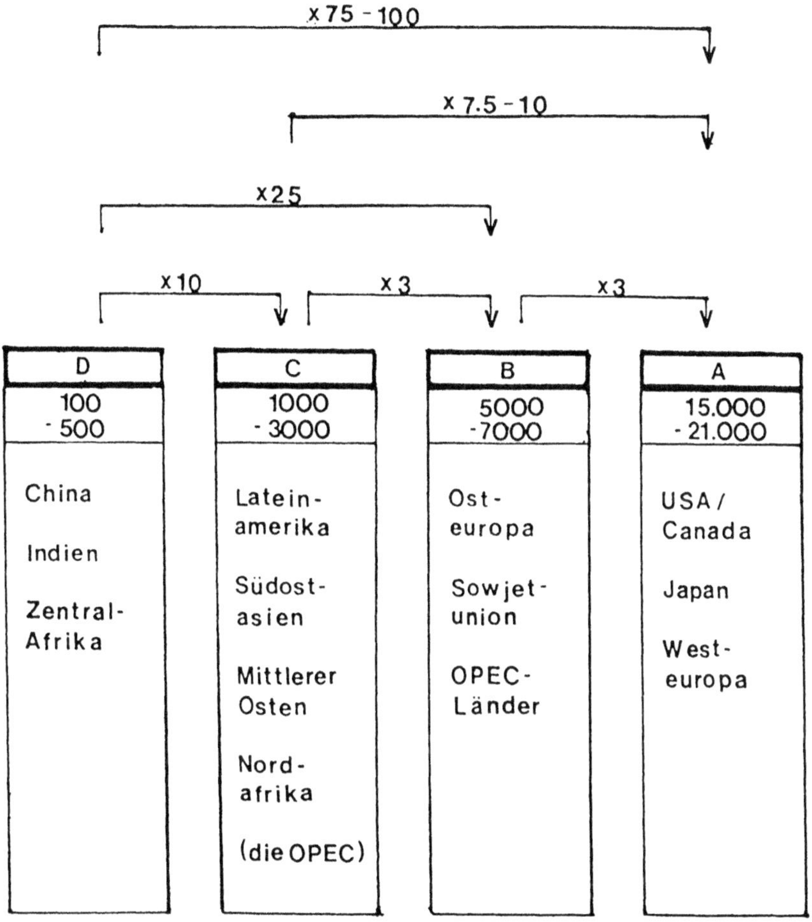

Eigene Zusammenstellungen

A-Länder sind die am weitesten modernisierten. Sie verfügen über eine Wissenschaft und Technik auf neuestem Stand, eine intakte Kredit- und Marktwirtschaft, ein ebensolches Rechts- und Staatswesen - freilich nicht ohne teilweise sehr heftige Konjunktur- und Strukturkrisen, die Wirtschaft, Staat und Gesellschaft periodisch in Krisen führen. Nicht zuletzt aufgrund dieser langen Geschichte von Modernisierungskrisen haben A-Länder in ihrer institutionellen Struktur viele Schnittstellen und Transfermodalitäten geschaffen. Auch die kommunikative Kompetenz des öffentlichen Lebens wurde dadurch vielfältig und elaboriert. Nicht nur steht eine Vielfalt von Kommunikations-Medien zur Verfügung, sondern es herrschen auch ein relativ freies Geistesleben, relativ tolerante Glaubens-Ökumene, eine praktisch kaum behinderte pluralistische Interessenartikulation und eingespielte rechtsstaatliche Verfahren des Interessenausgleichs und der sonstigen Entscheidungsfindung. Aufgrund dieser Gegebenheiten sind die Chancen der A-Länder zur Bildung von Wissen und Bewußtsein, professionellem Know-How und Kapital überdurchschnittlich.

Die Wertschöpfung dieser Länder beruht auf hochspezialisierten Leistungen. Diese sind wissens- und kapitalintensiv und beinhalten einen hohen Aufwand an Planung, Organisation, Forschung und Entwicklung, Finanzierung und Marketing, rechtsstaatlichen Regularien, allgemein zugänglichen Infrastrukturen sowie Bildung und Qualifikation. Aus diesen Gründen sind A-Angebote exportorientiert, also weltmarktorientiert, insbesondere triadeorientiert. Anders sind Menge und Qualität der erforderlichen Ressourcen kaum zu gewährleisten, ebenso wenig wie der zur Amortisation erforderliche Mindestumsatz der mit hohem Aufwand erstellten Leistungen in begrenzter Zeit, bei fortgesetzter Beschleunigung der Umsatz- und Zeithorizonte. Dies gehört zu den Hintergründen dafür, daß A-Länder, obschon sie weiterhin selbstbewußte Nationen bilden mögen, über den herkömmlichen Nationalismus hinauswachsen und zum Zusammenschluß in transnationalen Institutionen tendieren. Standorte für Weltkonzerne sind idealerweise Orte eines metropolitanen Weltbürgertums, keinesfalls Austragungsorte für nationalistische Auswüchse mit beschränktem Horizont.

Zu den B-Ländern gehören die weitgehend industrialisierten Länder im bisherigen kommunistischen Ordnungsbereich Osteuropas und der Sowjetunion. Auch OPEC-Länder gehören teilweise bereits in diese Kategorie, sofern sie ihre Finanzkraft nicht nur für Geldanlagen im Ausland sowie für Rüstungskäufe und Konsum-Importe genutzt haben, sondern auch dazu, flächendeckend Schulen und Universitäten einzurichten und ihre gesamte Bevölkerung gut auszubilden, Verkehrs- und Kommunikationswege zu schaffen, höherwertige Produktionen aufzubauen usw. B-Länder können punktuell A-Länder-Niveau erreichen (z.B. die sowjetische Raumfahrt), weisen ansonsten jedoch im Hinblick auf alle genannten Aspekte Mängel auf.

Die Elaborationschancen von B-Ländern, wie auch die von C- und D-Ländern, sind durch politische oder kulturelle Restriktionen beeinträchtigt. Im bisherigen Ostblock bestand eine dieser Restriktionen zum Beispiel in der fast völligen Verstaatlichung und Devisenbewirtschaftung unter dem Kommando einer totalitären Einheitspartei. In anderen Weltregionen läuft eine faktisch immer noch feudalistische Vetternwirtschaft auf ähnliches hinaus. Beides pflegt mit einem hohen Maß an Bürokratie und Korruption einherzugehen. Damit verbindet sich als weiterer Hauptmangel von B-Ländern, auch von C- und D-Ländern, eine restringierte kommunikative Kompetenz des öffentlichen Lebens. Das Geistesleben und die Artikulation von Ideen und Interessen sind durch doktrinäre Ideologien entstellt, seien diese nun politisch oder religiös verbrämt (Faschismus, Kommunismus, Fundamentalismus). In anderen Fällen mag die pluralistische Artikulation zwar möglich sein (z.B. in Indien), wird aber durch Extremismus und Gewalt, durch Illoyalität gegen das Recht, durch mangelnde Kooperationsfähigkeit der Eliten und durch mangelnde sozio-kulturelle Kohärenz zunichte gemacht.

Praktisch alle Länder Osteuropas und der Sowjetunion sind unter kommunistischer Vorherrschaft von ihrem früheren Entwicklungsrang so weit abgefallen, daß wohl auszuschließen ist, sie könnten in naher Zukunft schon wieder A-Länder-Niveau erreichen. Zwar haben gerade die osteuropäischen Länder aufgrund ihres geschichtlichen Erbes große Chancen, die bisherigen politischen und kulturellen Restriktionen bald wieder überwunden zu haben. Dennoch zeigt sich im Aufkeimen herkömmlicher nationalistischer Bewegungen und im nicht geringfügigen Zulauf zu sonstigen doktrinären Strömungen, daß der öffentliche Diskurs und die koordinierte Strategiefähigkeit in den B-Ländern zunächst weiterhin gestört bleibt. Damit fehlt jedoch eine der Grundbedingungen auf dem Weg zur K-Gesellschaft, nämlich die Elaboration von kommunikativer Kompetenz auf allen Ebenen.

Für C-Länder gilt ähnliches wie für B-Länder. Es handelt sich um die bisherigen Schwellen- und Entwicklungsländer Lateinamerikas, des mittleren Ostens und Südostasiens. Das Angebot der C-Länder besteht im wesentlichen in landwirtschaftlichen und industriellen Grund- und Massenprodukten mit relativ geringer Verarbeitungstiefe bzw. auf relativ geringer Veredelungsstufe.

In D-Ländern schließlich gilt, was für B- und C-Länder zutrifft, in besonders ausgeprägter Weise. Sie sind die sehr armen, industriell rückständigen Länder. Ihr marktfähiges Angebot besteht in wenigen Grund- oder Massenprodukten, manchmal sogar nur ein bis drei Produkten wie etwa Tee, Erdnüssen oder Kupfer. Dadurch besteht eine hochgradig anfällige und Abhängigkeit begründende Monostruktur.

Daß nicht nur die meisten Länder Zentralafrikas und einige Südostasiens zu den D-Ländern gezählt werden, sondern wegen ihres sehr geringen BSP pro Kopf auch Indien und China, kann insofern als problematisch empfunden werden, als diese Länder intern ein Spektrum aufweisen, das tatsächlich von B bis D reicht. Die D-Metropolen

Peking und Shanghai können sich mit der B-Metropole Moskau in mancher Hinsicht durchaus vergleichen. Aber ebenso können sich die C-Metropolen Mexico-City, Rio de Janeiro, Sao Paulo und Buenos Aires in mancher Hinsicht mit den A-Metropolen Madrid oder Helsinki vergleichen. Und eben doch nur in mancher Hinsicht. Im Gesamtbild bleibt der Entwicklungsabstand unüberbrückt.

Dies führt zu der allgemeinen Feststellung, daß die Heterogenität eines Landes aufgrund ungleichzeitiger Entwicklung mit absteigendem Rang in der Welthierarchie zunimmt. In der umgekehrten Richtung betrachtet nimmt mit aufsteigendem Rang die Integration und Kohärenz eines Landes aufgrund zunehmend zeitgleicher Entwicklung zu: je weniger modernisiert, desto mehr Ungleichzeitigkeit und Heterogenität bei geringer System- und Lebensweltdifferenzierung; dagegen: je weiter modernisiert, desto mehr Gleichzeitigkeit und Kohärenz bei hohem Maß an Systemdifferenzierung und Pluralisierung der Lebenslagen.

Man kann dieses Phänomen als zunehmende (in umgekehrter Richtung abnehmende) Modernitätsvarianz bezeichnen, als Ausdruck für relativ große und hierarchisch mehrfach abgestufte Entwicklungsabstände in ein und demselben Land. In A-Ländern ist die Modernitätsvarianz relativ niedrig, das heißt, der Entwicklungsgrad der Zentren und der Peripherien liegt nicht weit auseinander. In D-Ländern dagegen ist die Modernitätsvarianz sehr hoch. Zwischen den wenigen urbanen Zentren und der tiefen Provinz bestehen mehrfache Abgründe. Man muß allerdings einräumen, daß in vielen Ländern Zentralafrikas und einigen Ländern Südostasiens diese Varianz wiederum gering wird, weil die Inseln der Modernität im Land, so es sie überhaupt gibt, nur in sehr geringem Maß ausgebildet sind. Man müßte diese Länder so gesehen als weitere eigene Kategorie, als E-Länder, betrachten.

Wie aus Abb. 8 hervorgeht, machen die A-Länder den Löwenanteil des Welthandels in der Triade unter sich ab. Zugleich bilden die triadischen Weltregionen großvolumige Binnenmärkte. Diese können intensiven Außenhandels-Wettbewerb ebenso begünstigen wie behindern.

Abb. 8 :	Welthandels-Anteile nach Triade und übrigen Weltregionen Gesamtvolumen 1989 2.990 Mrd. US-Dollar			
	Weltregionaler Binnenhandel	**47 %**	23 %	Westeuropa
			10 %	Japan Inc.(mit'vier kleinen Tigern')
			9 %	Amerika
			5 %	übrige Welt
	Triadenhandel	**27 %**	8 %	Amerika-Westeuropa
			12 %	Amerika-Japan Inc.
			7 %	Japan Inc.-Westeuropa
	Handel zwischen Triade und übrigen Weltregionen	**26 %**	26 %	Handel zwischen Triade und übrigen Weltregionen
		100 %	100 %	

Zusammengestellt nach Angaben in: Direction of Trade Statistics, Yearbook 1990, International Monetary Fund; UNCTAD-Handbook of International Trade and Development Statistics 1989

Die Handelsproportionen in Abb. 8 lassen es doch weit hergeholt erscheinen, der bisherigen Ersten Welt zu unterstellen, sie würde von der Ausbeutung der Dritten Welt leben (zumal im Handel zwischen den Triade-Ländern und den übrigen Weltregionen der Ölhandel mit der OPEC enthalten ist). Ausbeutungsartige Verhältnisse zwischen A-Ländern und anderen kommen vor und sollen nicht geleugnet werden. Ihr Anteil ist aus der Sicht der A-Länder jedoch nicht bedeutend. Die Triadenmächte leben weitgehend durch eigene Arbeitsleistung. Sie steigern ihren Effekt durch Austausch untereinander.

Alle Weltregionen bzw. Länderkategorien bilden in sich differenzierte Zentrum-Peripherie-Gefüge. Neben den Zentren bestehen Subzentren, die Peripherien stellen sich teils als semiperipher, teil als vollperipher dar. Aufgrund der abnehmenden Modernitätsvarianz jedoch, bedeutet Zentrum oder Peripherie in einem A-Land zu sein, qualitativ etwas völlig anderes als dies in B, C oder D zu sein. In B-C-D-Ländern fungieren die Peripherien als Ausbeutungsgebiet der Zentren (und über diese können, obgleich in unterschiedlichem Maß, die A-Länder mitprofitieren und dadurch zu Mitausbeutern werden). Durch Entscheid der Bürokratien bzw. Führungseliten in den B-C-D-Zentren werden den B-C-D-Peripherien Ressourcen ohne angemessene Gegenleistung abgezogen bzw. vorenthalten. Die Peripherie hat vieles zu liefern, wird selbst aber schlecht versorgt, von Weißrussland bis zum Amazonas, vom Kongo über Punjab bis Sechuan.

Eine A-Peripherie dagegen ist in der Regel immer noch ungleich besser gestellt als ein B-Zentrum. Zwar steht auch eine B-Peripherie weitgehend besser da als das Gros der Menschen in C-Zentren usw. Jedoch treten hier, aufgrund der zunehmenden Modernitätsvarianz, mit abnehmendem Entwicklungsgrad immer mehr Überschneidungen und Disparitäten auf. Insbesondere stellt eine A-Peripherie für A-Zentren nicht "Ausbeutungsgebiet" dar, sondern ein interessantes Umfeld, das Möglichkeiten der gewerblichen und Siedlungs-Entlastung, der hochtechnologischen Zulieferung, der Dienstleistung und Rekreation zu bieten hat.

Wenn man davon ausgeht, daß mit der Entfaltung der K-Gesellschaft die Modernitätsvarianz in den A-Ländern noch weiter abnimmt als bisher schon, so nähert sich der Punkt, ab dem Zentren und Peripherien in den A-Ländern nurmehr ein reines Funktionsgeflecht darstellen, dessen Teile qualitativ verschieden und verschiedengestaltig, aber quantitativ gleichwertig dastehen. Mit zunehmender Herausbildung der K-Gesellschaft in den A-Ländern stellt die Situierung als Zentrum oder Peripherie somit keinen Entwicklungsunterschied mehr dar, sondern unterschiedliche Modernitätsmodi auf gleicher Entwicklungsstufe. Für die Menschen werden sie wählbar im Sinne einer Lebensstil-Präferenz. Je nach Beruf, Lebensphase oder Temperament mag man die ebenso anregende wie anstrengende Reizflut der hektischen Metropolen vorziehen, oder aber die reizvolle Umgebung und gesammeltere Gangart der Peripherie. Entwicklungsgrad und Lebensstandard sind gleich, nur ist im einen Fall die Urbanität, im anderen Fall die Umweltqualität die bessere.

Dies eröffnet einen Horizont der Hoffnung auch für B-C-D-Länder. Gewiß wird die A-B-C-D-Struktur durch die neuen Technologien auf absehbare Zeit zunächst weiter verfestigt. Denn auch diese neuen Technologien, wie alle bisherigen, gehen von den Triademächten aus. Über Subzentren und Sub-Subzentren erreichen sie, mit Verzögerungen und vorerst nur teilweise, im Laufe der Zeit auch C-Länder und D-Länder. Die neuen Technologien wirken also auch in dieser Hinsicht als Potenzierungsmittel. Als Potenzierungsmittel ändern die IuK-Technologien die Grundzüge des A-B-C-D-Weltsystems von sich aus nicht. Ceteris paribus verfestigen und beschleunigen sie in Gang befindliche Prozesse. Entwicklungsvorsprünge bzw. -rückständigkeiten nehmen zu. Während B-Länder sich weiter modernisieren und auch C-Länder sich industriell immer vollständiger entwickeln, wandeln sich die A-Länder, als die bisherigen Industrienationen, immer mehr zu den "postindustriellen" K-Regionen der Welt.

Leistungsfähige Infrastruktur: Verkehr

Die Teilnehmer an der von uns durchgeführten Umfrage räumten einer leistungsfähigen Verkehrs-Infrastruktur im Vergleich zu anderen Faktoren, die von den Teilnehmern genannt wurden, einen besonders hohen Stellenwert ein (vgl. Abb. 9). Dies entspricht den Befunden vergleichbarer Studien[25].

Abb. 9 : Entwicklungsfaktoren, die als wichtig gelten (Mehrfachnennungen)

(1) Infrastruktur Verkehr und Telekommunikation	90 %
(2) Verfügbarkeit von qualifizierten Kräften	75 %
(3) Nähe zu Universitäten, Forschungseinrichtungen	70 %
(4) Lebensqualität, Umweltqualität, Freizeitwert, Image	70 %
(4a) speziell Kulturangebot	65 %
(5) Verfügbarkeit von preiswertem Grund und Boden	20 %
(6) Marktnähe	nur vereinzelt
(7) sichere und preiswerte Energieversorgung	nur vereinzelt

Die Bedeutung einer leistungsfähigen materiellen Infrastruktur dürfte unstrittig sein und war auch schon immer anerkannt[26]. Zu überraschen vermag allenfalls der durch alle Zeiten unverändert hohe Stellenwert dieses Entwicklungsfaktors. Tatsächlich lautete der Initialcode der modernen Wirtschaft, die Parole, welche die französischen Physiokraten ihren absolutistischen Herrschern vorhielten: "Laissez faire! Laissez passer!" - Gewerbefreiheit! Verkehrsfreiheit! Verkehr steht so sehr im Mittelpunkt der modernen Wirtschaft, daß diese in Lehrbüchern nicht nur als Marktwirtschaft, sondern vielfach als Verkehrswirtschaft angesprochen wird.

25 Z.B. Henckel et al 1986, 144ff.
26 Vgl. Simonis (Hg) 1977

Einem französischen Sprachgebrauch zufolge, der inzwischen auch in die EG-Sprache Eingang gefunden hat, unterscheiden sich fortgeschrittene und rückständige Regionen durch ihre Geschwindigkeit. Sie bewegen sich "à deux vitesses", in einer schnelleren und einer langsameren Gangart[27]. *Schnelleres* Wachstum und *größeres* Wachstum sind zwei Seiten einer Medaille. Da ein Tag nur 24 Stunden und ein Jahr nur 365 Tage hat, muß ein Mehr an arbeitsteiliger Differenzierung und Produktion in mehr Interaktion und Kommunikation, insbesondere in mehr Verkehr pro Zeiteinheit, also schnellerem Verkehr resultieren. Umgekehrt: Je mehr Güter, Menschen und Informationen pro Zeiteinheit transportierbar sind, umso mehr kann erzeugt, ausgetauscht und verbraucht werden. Wieder anders gesagt: Je kreativer und produktiver ein System ist, desto mehr Schnittstellen und umso schnellere Transferleistungen benötigt es. Nochmals umgekehrt: Über je mehr Schnittstellen und schnelle Transferleistungen ein System verfügt, desto kreativer und produktiver kann es werden. Die Konferenz für Wirtschaftliche Zusammenarbeit im Pazifik hat eine hochrangig beschickte Kommission eingesetzt, um ein Konzept zu erstellen, wie dem pazifischen Raum im Wettbewerb mit dem atlantischen der Vorsprung zu sichern sei, und zwar durch Realisierung der "Drei T's": Telekommunikation, Transport und Tourismus[28]. (Daß der Tourismus die weltweit umsatz- und wachstumsstärkste Branche bildet, ist vielen nicht gewärtig).

Andersson geht so weit, die gesamte westliche Modernisierungsentwicklung als Aufeinanderfolge von vier "logistischen Revolutionen" zu erklären. Die erste spielte sich vom 11.-16. Jahrhundert ab und beruhte vor allem auf der Erschließung neuer Handelswege durch die Kreuzzüge, in deren Gefolge alte soziale Barrieren niedergerissen und Wegzoll-Privilegien aufgehoben wurden. Venedig und die nordischen Hansestädte wurden zu den damaligen Metropolen. Die zweite logistische Revolution vom 16.-19. Jahrhundert brachte nach Andersson neben der Mo-

---

[27] Stoleru 1982
[28] Toffler 1990, 487

dernisierung der Verkehrswege (u.a. bessere Straßen, regelmäßiger Postkutschenverkehr) vor allem auch Währungs- und Kreditinnovationen für finanzielle Transaktionen, also Wege zum beschleunigten Kapital-Transfer. Mit der Entstehung der Handels- und Kreditbanken wurden London, Paris und Amsterdam zu den neuen Zentren. Die dritte logistische Revolution vom 18.-20. Jahrhundert läuft faktisch parallel zur Industrialisierung. Zunehmende regional arbeitsteilige Massenproduktion implizierte zunehmenden Massentransport über weite Entfernungen: zunächst Dampfschiff-Binnen- und Überseeverkehr, Eisenbahnen, später dann zunehmend massenhafter Auto- und Flugverkehr. Die vierte logistische Revolution schließlich hat vielfach bereits eingesetzt. Sie kreist um die Innovationen der K-Gesellschaft. Ihr liegen insbesondere die quantensprunghaft angestiegenen Telekommunikations-Kapazitäten zugrunde[29]. Heute ist es insbesondere die rasant beschleunigte und ebenso rasant verbilligte Kapazität des Informationsaustauschs und der Informationsverarbeitung, die weitere Entwicklungen antreibt.

Die neuerliche Beschleunigung wird heute als so überragend erlebt, daß die "Wiederentdeckung der Langsamkeit" zu einer Hauptmetapher der neueren Modernisierungskritik wurde. Die Sozialromantik hielt den schubweise auftretenden Anfällen von gesteigerter industrieller Arbeitswut immer wieder das Lob der Faulheit entgegen - von Fr. Schlegel, Schleiermacher und anderen, die fromme Taugenichtse lobten, über J.St. Mill und Marx' Schwiegersohn Lafargue bis zur heutigen alternativen "Tunix"-Bewegung und dem ihr nachfolgenden mittelständisch milden Tadel an den ihr Seelenheil gefährdenden "worcaholics".

Heute ist es nicht mehr die Schwernis, sondern vor allem die Geschwindigkeit und Komplexität der Arbeit, die Streß erzeugt. Kritisierte K. Marx im 19. Jahrhundert noch die "politische Ökonomie", so kritisiert P. Sloterdijk heute die "politische Kinetik":

---

[29] Andersson 1986 und 1990b

"Fortschrittlich ist seinem Wesen nach nur derjenige Schritt, der zur Steigerung der Schrittfähigkeit führt. Dies gibt uns die Formel der Modernisierungsprozese an die Hand: Fortschritt ist Bewegung zur Bewegung, Bewegung zur Mehrbewegung, Bewegung zur gesteigerten Bewegungsfähigkeit. ...

Weil in der Moderne das Selbst ohne seine Bewegung gar nicht gedacht werden kann, gehören das Ich und sein Automobil metaphysisch wie Seele und Körper derselben Bewegungseinheit zusammen. Darum ist das Automobil das Allerheiligste der Moderne, es ist die kultische Mitte einer kinetischen Weltreligion ...
Aber der Widersacher hatte seine Hand im Spiel und sorgte dafür, daß aus der allgemeinen Selbstbewegung gelegentlich die allgemeine Unbeweglichkeit wurde. In solchen Augenblicken wird uns klar, daß wir ... künftig im Schweiße unseres Angesichts das postmoderne Stop-and-Go werden lernen müssen. In den großen Staus auf den sommerlichen Autobahnen Mitteleuropas begegnet uns der kinetische Karfreitag, an dem die Hoffnung auf Erlösung durch Beschleunigung zugrunde geht"[30].

Angesichts der immer häufigeren Überlastung der Verkehrswege werden allenthalben große Hoffnungen auf Entlastung durch Telekommunikation gesetzt. Transport von Menschen und Sachen können nicht nur durch Telefonieren, sondern auch durch neue Möglichkeiten wie elektronische Fernarbeit (Telearbeit), Videokonferenzen, Teleshopping, Telebanking u.a. ersetzt werden. Auch viele unserer Gesprächspartner äußerten Hoffnungen dieser Art. Man muß jedoch sehen, daß der Ausbau der Telefonverbindungen und der anderen Telekommunikations-Netze, der Autobahnnetze, des interkontinentalen Jetverkehrs und der Intercity-Hochgeschwindigkeitsverbindungen Hand in Hand erfolgen. Sie markieren das Ende der bisherigen Industriegesellschaft ebenso wie den Beginn der K-Gesellschaft, und sie tun dies komplementär und relativ synchron, einschließlich der finanziellen Transaktionswege, wie man an der Entwicklung des Börsenhandels ablesen kann, der heute schon voll computerisiert on-line und real-time 24 Stunden ohne Unterbruch um die Erdachse rotiert.

Abb. 10 zeigt die Entwicklung von Transport und Telekommunikation am Beispiel Frankreichs während der letzten 150 Jahre. Wie man sieht, verläuft die Entwicklung beider völlig parallel zueinander. Dies entspricht dem Expertenwissen, daß Substitutionseffekte im Verkehr durch Kompensationseffekte und Verstärkungseffekte bei weitem überwogen

---

30 Sloterdijk 1989, 36, 42f.

Abb. 10 : Transport und Telekommunikation in Frankreich 1830-1985

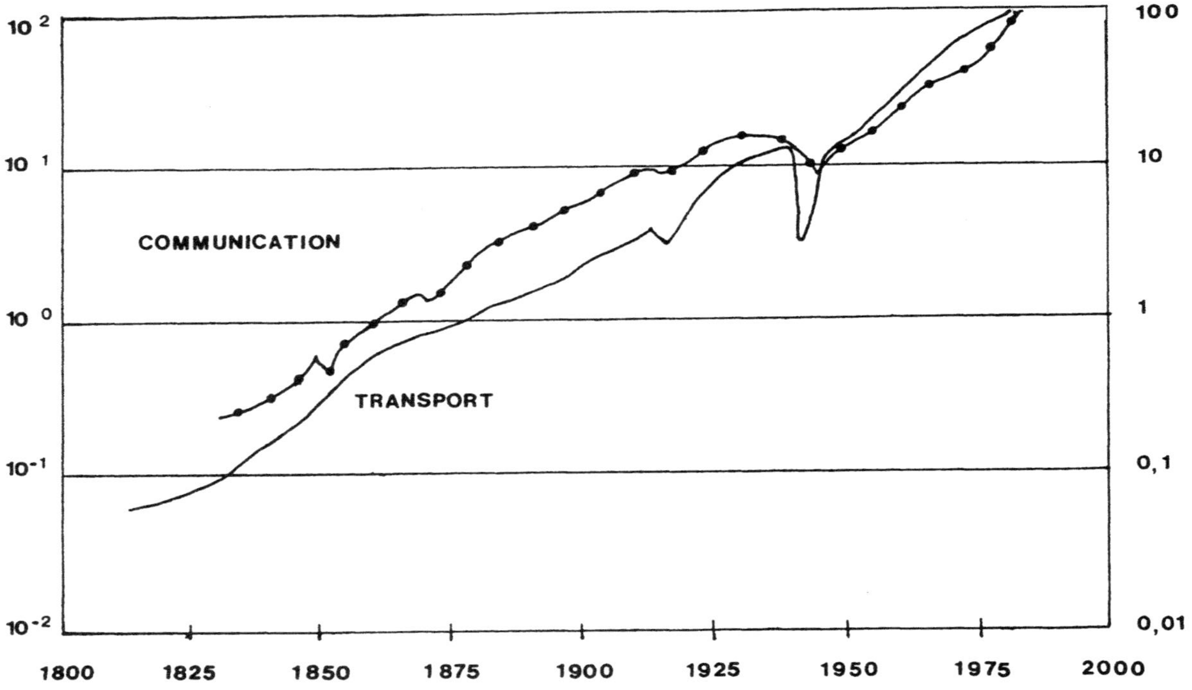

Quelle: Schwedisches Institut für Zukunftsforschung, Stockholm, A.Andersson werden. Mit anderen Worten: Es kann sein, daß viele Reisen durch Telefongespräche ersetzt werden, aber viel mehr Reisen finden statt, weil man nicht immer Telefonieren kann oder will (außer der Zweckmobilität gibt es auch eine nicht minder bedeutende Erlebnismobilität[31]), und weil sich gerade durch die Telekommunikation Aktivitäten beschleunigen und damit vermehrt Transportbedarf auslösen. Einer der befragten Experten sagte hierzu:

> "Verkehr und Telekommunikation entwickeln sich Hand in Hand. Subsitutionseffekte bestehen nur teilweise und werden so gut wie immer von gegenseitigen Anreiz- und Verstärkungseffekten überwogen. Verkehr, z.B. Flugverkehr, aber auch der heutige Güterverkehr, sind ohne Telekommunikation und elektronische Logistik überhaupt nicht denkbar, und die verbesserte Telekommunikation und Logistik treibt den Verkehr an.
> Für einen Standort in Deutschland heute, der ein Wissenszentrum sein oder werden will, scheint mir die Anbindung an das Schnellbahnnetz sowie die Anbindung an das internationale Flugnetz essentiell. Im nationalen Rahmen dürfte die Bedeutung des Flugverkehrs zugunsten der Hochgeschwindigkeits-Bahnverbindungen zurückgehen, aber international nimmt der Flugverkehr weiter zu, weil die internationale Verflechtung weiter zunimmt, und das gilt für wissensintensive Tätigkeiten umso mehr".

Untersuchungen zum Beispiel zur Telearbeit (elektronische Fernarbeit per Computer und TK-Verbindung) in den USA und Westeuropa haben inzwischen zur Erkenntnis geführt, daß durch sie der Verkehr, Flächenbedarf und Raumbedarf keineswegs gemindert, sondern gesteigert wird[32]. Im Grunde ist der Zusammenhang eher trivial als paradox: Dezentralisierung bedeutet Differenzierung, Verselbständigung, Spezialisierung, räumliche Streuung. Eben dies erhöht den Bedarf an Schnittstellen und Transferleistungen aller Art. Praktisch und handgreiflich läuft dies in etwa darauf hinaus, daß der moderne Wissensarbeiter nicht mehr nur eine Wohnung, ein Büro, einen Wagen und ein Telefon gebraucht, sondern darüber hinaus Zweit- und Ferien-Wohnsitze, außer dem Geschäftsbüro noch ein Heimbüro und Mietbüros unterwegs, Zweitwagen im Haushalt, eine Mehrzahl von standortfesten und mobilen Telefonanschlüssen, sowie gleichfalls mehrere Fernseher und Computer, beides wiederum desktop und portable,

---

[31] Weich et al nach Opaschowski 1991, 29ff.
[32] Vgl. Huws 1984; Huber 1986 und 1987

damit der oder die Betreffende bei ihren ständigen Reisen zwischen all den Orten jederzeit erreichbar und einsatzbereit ist, im Flugzeug, in der Bahn, im eigenen Wagen und im Mietwagen.

Eine episodische Verkehrszurückhaltung wie während des Golfkrieges aus Angst vor Terroranschlägen kann der Anlaß sein, der einem Medium wie den Videokonferenzen zum lange Jahre unterbliebenen Durchbruch verhilft. Zweifellos werden Videokonferenzen zum festen Repertoire der K-Gesellschaft gehören. Auch die Telearbeit wird sich langsam und sicher verbreiten. Jedoch: Sie werden Face-to-face-Konferenzen und In-situ-Arbeit nicht ersetzen, sondern im Wechselspiel mit diesen das Ausmaß an Konferenz- und Arbeitstätigkeit in einem Maße potenzieren, daß der Streß, unter dem wir heute zu leiden glauben, aus der Sicht unserer Nachfahren als recht komfortabel und gemütlich erscheinen dürfte.

Der Substitution von Verkehr durch Telekommunikation sind, wie vielerlei Telearbeits-Studien erbracht haben, vor allem auch soziale Schranken und Kostengrenzen gesetzt:

> "Nicht nur Transport, auch Informationsübertragung kostet schließlich Geld".
>
> "Die soziale Hierarchie im Unternehmen beinhaltet ein abgestuftes Recht, sich frei zu bewegen, Kommunikationen frei zu wählen und wahrzunehmen, zu reisen usw. Das steigt mit dem Rang in der Hierarchie. Der Status zählt, nicht die Funktion, wie man vielleicht meinen könnte. ... Das hat dann auch zur Folge, daß Möglichkeiten der Technik nicht voll realisiert werden, zum Beispiel Videokonferenzen, weil Reisen so ein Status- und Prestige-Vorgang ist. Das verstärkt zugleich den Wunsch zu reisen, bei denen, die es nicht dürfen, je weiter unten in der Hierarchie sie sind, umso mehr. So wollen weder die oben noch die unten Reisen durch Telekommunikation ersetzen".

Daß auch der Güterverkehr weiter zunimmt, versteht sich bei weiterem Wirtschaftswachstum eigentlich von selbst, zumal bei den heutigen feinabgestimmten Zuliefer-Verkettungen in Produktion und Handel (Just-in-time):

> "Im Lieferverkehr ist mit einer Zunahme des Verkehrsaufkommens zu rechnen. Logistisch optimierte und hochautomatisierte Produktionen erfordern bei redu-

zierter Lagerhaltung fertigungssynchrone An- und Ablieferung, wodurch die Frequenz des Lieferverkehrs bei sinkendem Einzelvolumen steigt"[33].

Was für die Substitution von Verkehr und Telekommunikation gilt, kann in ähnlicher Weise auch von der Substitution diverser Verkehrsträger untereinander gesagt werden: Die Verlagerung von der Luft oder der Straße auf die Schiene wird nur in Grenzen möglich sein, und auch dann wird das eine das andere eher potenzieren als minimieren. Der Verkehr verteilt sich heute auf die verschiedenen Verkehrsträger in folgenden Proportionen[34]:

im Personenverkehr			
80 % PKW	7 % Bahn	9 % ÖPNV	4 % Fahrrad/zu Fuß
im Güterverkehr			
55-60 % LKW	25-30% Bahn	15-20% Schiff	

Nicht berücksichtigt in dieser Verteilung ist der Flugverkehr, der weltweit seine Quantensprünge macht, und der vor allem im schnellen Personen-Fernverkehr über mehr als 300-500 km Distanz bislang alternativlos geblieben ist. So hat auch in der Luft der Verkehr begonnen, sich zu stauen und außer Milliardenverlusten und Umweltproblemen auch Ärger und Verdruß zu bereiten.

Wir befinden uns somit in einem Dilemma. Wir stellen fest, der Verkehr ist ein A und O auch der K-Gesellschaft. Wir müssen zugleich zur Kenntnis nehmen, daß der Verkehr zunehmend schlechter funktioniert, immer häufiger staut statt sich zu bewegen, und daß die verkehrsinduzierten Wirtschaftsausfälle und Umweltschäden katastrophale Ausmaße annehmen. Aufgrund der Schlüsselstellung des Faktors Verkehr ist klar: "weniger Verkehr" kann nur ein Gedankenexperiment bleiben, dessen Ergebnis die Bedeutung des Verkehrs in einem Umfeld hochspezialisierter Arbeitsteilung umso mehr unterstreicht, ähnlich, wie

---

33 Henckel et al 1986, 230

34 Personenverkehr gemessen in Personen-Kilometern, Güterverkehr gemessen in Marktanteilen. Quellen: iwd, Nr.2, 10.1.1991, 7; Deutsche Bundesbahn, Handelsblatt 17./18.3.1989

Arbeitslosigkeit die Bedeutung der Erwerbstätigkeit zu Bewußtsein bringt. Eine Lösung kann nur darin liegen, das Problem in Fließrichtung der Entwicklungsdynamik abzuarbeiten: Der moderne Verkehr muß noch moderner werden. Eine Politik, die "weniger Verkehr" erreichen möchte, und die dabei Verkehr womöglich noch in volkspädagogischer Ambition absichtlich behindert, stiftet vielerlei Schaden, keinerlei Nutzen, und ist deshalb zum Scheitern verurteilt.

Gebraucht werden u.v.a. noch effizientere Antriebstechnologien, saubere (kohlenstoffreie oder kohlenstoffarme) Treibstoffe, schnellere Fernzüge (warum nicht den Transrapid als Euro-Underground mit 500 km/h im Tunnel statt auf Stelzen?[35]), IuK-gestützte Verkehrsleitsysteme zur Optimierung von Umfang und Geschwindigkeit der Verkehrsströme, ebenso bessere Kombinationen der verschiedenen Verkehrsträger durch bisher nicht ausgebaute Schnittstellen zwischen Straße und Schiene (z.B. Kombi-Verkehr im "Huckepack"-Verfahren, preiswerte Mietmöglichkeiten), nicht zuletzt aber auch eine präzisere Zurechnung der Verkehrskosten und eine möglichst itemisierte Erhebung dieser Kosten bei den Verursachern bzw. Nutznießern[36].

"Die Modernisierung der Verkehrsinfrastruktur ist heute wahrscheinlich *die* entscheidende Aufgabe. Die Dienstleistungsgesellschaft erzeugt immer mehr Verkehr, weil die Leute immer mehr Kontakte abzuwickeln haben. Immer weniger Leute sitzen von morgens bis abends am gleichen Platz, immer mehr müssen hin und her. Da geht es um persönliche Kontakte ebenso wie um Lieferverkehr, Ortstermine usw. Die Transportbedürfnisse explodieren. Aber sie ersticken im Stau. Der Stau ist eine Zeit-, Kapital- und Umweltzerstörung ersten Ranges.

Deshalb wird jetzt Verkehrsmanagement als Verkehrsrationalisierung immer wichtiger, und es sollte als eine besonders wichtige öffentliche Aufgabe angesehen werden. Der Staat muß hier als Katalysator, als Geburtshelfer fungieren. Wahrscheinlich brauchen wir eine gut durchdachte Mischung von Ordnungs- und Polizeirecht mit Finanzinstrumenten wie Preissteuerung, Abgaben usw. ... Man muß nicht immer mehr Straßen bauen, schon gar nicht in der Stadt, aber die vorhandenen Kapazitäten müssen erheblich intelligenter verteilt werden. ...

---

35 Eine Schweizerische Ingenieursgruppe hat in diesem Sinne das Konzept einer "Swissmetro" ausgearbeitet. Das Verkehrsmittel wäre wirtschaftlich, schnell (72 Minuten von St. Gallen nach Genf), sauber, leise und landschaftsschonend. Vgl. Die Weltwoche Nr.10, 7.3.1991, 35

36 Zu diesen Fragen neuerdings Vester 1990

Zum Beispiel kann man Unternehmens-Vernetzungen herstellen, um den Verkehr zu optimieren. Da ist eine Druckerei, nebenan ein Fotolabor, jeder hat einen kleinen LKW, mit dem sie ständig in der Gegend herumfahren, obwohl sie fast nichts geladen haben. Man muß hier Logistik-Dienstleistungen erfinden, damit man diese Fahrten bündelt. Das Hertie-System versucht genau das. Statt 30 Anlieferfahrten soll eine Anlieferhäufigkeit von 3 oder 5 Fahrten genügen".

Ein anderer Experte:

"Ein Ausbau des Flugverkehrs scheint heute ökologisch und politisch nicht mehr durchsetzbar. Trotzdem brauchen wir hier im Norden einen neuen Großflughafen, der gut erreichbar ist. ... Das wichtigste ist aber der Verbund von Auto und Schiene. Da brauchen wir neue Systeme, damit die Kopplung zwischen beiden sowohl für Personen als auch für Güter schnell geht. Grundidee ist, Autobahnen zu Bahnstrecken umzubauen. Jedenfalls müssen wir den Verkehr intelligent aus- und umbauen".

Der Flugverkehr ist in der öffentlichen Diskussion umstritten. Für die einen ist der Flugverkehr ein unersetzliches Mittel, um in akzeptabler Zeit persönliche Kontakte oder dringende Post- und Gütersendungen über weite Entfernungen zu bewerkstelligen. Den anderen erscheint er als unnötiges Luxusreisemittel einer hypertrophen Zivilisation. Freilich stellt Luxus eine kulturrelative Bewertung dar. Im arbeitsteilig vernetzten, auf Hochgeschwindigkeit *beruhenden* A-B-C-D-Weltsystem von heute wird der erstere Standpunkt mit Sicherheit vielfach öfter zutreffen als der letztere. Flugpassagierzahlen korrelieren hochgradig mit K-Faktoren und eignen sich von daher als zuverlässiger K-Indikator. Frankfurt zählt mit mittlerweile 27 Millionen Passagieren im Jahr die meisten Passagiere in Deutschland, weit vor München und Düsseldorf (je 10 Mio.) oder Hamburg und Berlin (je 6 Mio.)[37]. Im internationalen Vergleich allerdings ist Frankfurt auf Platz elf einer der "Kleinen" unter den Großen. Auf Platz eins rangieren New York und Chicago (je 58 Millionen Passagiere), gefolgt von Atlanta, Los Angeles und Dallas. Danach kommen London, Tokio und Denver[38].

Eine Reihe von Stimmen meinte, Flughäfen seien in Wirklichkeit gar nicht so wichtig, sondern nur, weil die wichtigen Leute sie für wichtig hielten:

---

37 iwd, Jg.16, Nr.40, 4.10.1990
38 Fischer-Weltalmanach 1990, 998

"So etwa nach dem Motto, kommt der Flughafen, kommen wir auch, auch wenn wir ihn gar nicht brauchen".

Das Fliegen erscheint unter diesem Aspekt als eine Imagefrage. Wäre es nur das (was es nicht ist), wäre es als Imageproblem dennoch ernst zu nehmen. Image, wie Untersuchungen belegen, rangiert als Standortfaktor nur geringfügig niedriger als die Verfügbarkeit von qualifizierten Kräften, Wohnraum und Flächen. Image ist ein wichtigerer Standortfaktor als das Lohnniveau, Fühlungsvorteile, Steuern und Nähe zu Absatzmärkten[39]. Außerdem sagen Unternehmer und Wissenschaftler dies:

"Die Nähe zum Flughafen ist für mich ganz wichtig. Ich muß überall schnell hinkönnen. Alles an einem Tag, oder nur an einem halben, hin und zurück".

"Entscheidend ist die Einbindung in internationale Kommunikationsprozesse. Wir arbeiten mit Kunden aus 140 Ländern. Die müssen zu uns kommen können. Unser Standort bei Frankfurt zeigt uns deutlich, wie wichtig Reisemöglichkeiten sind. Nachteile auf diesem Gebiet können auch nicht durch billige Mieten oder niedrige Preise für Gewerbeflächen ausgeglichen werden".

"Flughafenanbindung ist besonders für Unternehmens-Stammhäuser ganz wichtig. Um München II in Erding herum werden ca. 80 000 Arbeitsplätze in einer Vielzahl von Gewerbezentren entstehen. Die Elektronikfirmen haben jetzt schon alle ihren Sitz da und versuchen nun, möglichst nahe an den Flughafen heranzukommen".

SCHLESWIG - HOLSTEIN

Was die Verkehrsinfrastruktur im Lande Schleswig-Holstein anbelangt, so kann man feststellen, daß durch frühere Gutachten der Denkfabrik der Staatskanzlei sowie durch Studien anderer Institutionen bereits die wichtigsten Punkte festgehalten worden sind[40]. Auch Veröffentlichungen der Industrie- und Handelskammern, der Unternehmensverbände und der Gewerkschaften im Bezirk Nordmark kommen hier im wesentlichen zu übereinstimmenden Ergebnissen[41]. In der vorliegenden Untersuchung wurden die dort genannten Befunde erneut bestätigt:

---

[39] Henckel et al 1986, 144

[40] Vgl. die verschiedenen Schriften der Denkfabrik in den Jahren 1989 und 1990, insb. die Gutachten des Kieler Instituts für Weltwirtschaft, des Berliner Instituts für Stadtforschung, des IfO-Instituts und der Projektgruppe zum EG-Binnenmarkt '92

[41] IHK Kiel Strukturanalyse 1991, IG Chemie Nordmark 1985

"Das größte Defizit in Schleswig-Holstein ist die miserable Verkehrsanbindung. Eisenbahnelektrifizierung, Autobahnausbau, West-Ost-Verbindungen, Elbtunnel und sonstige Elbquerungen, Flughafenmisere, ist ja alles bekannt. Ich weiß auch nicht, warum so wenig geschieht".

Die resigniert klingende Aussage enthält eine Empfehlung: Wenn tatsächlich in wichtigen Punkten weitgehende Übereinstimmung bestehen sollte, und dennoch kaum etwas vorangeht, so ist es klärungsbedürftig, warum dem so ist. Der Prozeß, die Klärung unter allen Beteiligten mit ihnen herbeizuführen, könnte möglicherweise knotenlösend wirken.

Ein Aspekt soll hier besonders herausgestrichen werden. Die Verkehrslage *im* Land Schleswig-Holstein ist im Vergleich zu anderen Regionen in Wirklichkeit nicht so schlecht, wie viele der Statements es nahelegen. Problematisch erscheint jedoch die *Anbindung* des Landes zu ferneren Zentren, die Erreichbarkeit über weite Strecken in kurzer Zeit. Mit anderen Worten, die regionale Verkehrsstruktur kann zwar sicherlich weiter verbessert werden (innerstädtischer Verkehr, Ost-West-Straßen- und Bahnverbindungen), ist aber nicht dermaßen problematisch wie die unterentwickelten Schnittstellen zum nationalen und internationalen Raum. Ein multipler Problempunkt hierbei liegt im Flaschenhals Hamburg, worauf noch zurückzukommen sein wird.

Bezieht man das vorhandene Straßenverkehrsnetz auf die Fläche des Landes, so liegt Schleswig-Holstein im Vergleich zum Bundesdurchschnitt nur bei den Autobahnen deutlich zurück, weniger dagegen bei den anderen Straßen (vgl. Abb. 11). Bezieht man das Straßennetz jedoch auf die Zahl der Einwohner, so zeigt sich, daß der Ausbau sämtlicher Straßenarten in Schleswig-Holstein deutlich *über* dem Bundesdurchschnitt liegt. Der gleiche Befund ergibt sich bei den Eisenbahnen (vgl. Abb. 12).

Abb. 11: Straßennetz in Schleswig-Holstein und im Bundesgebiet 1988

Straßenart	Schleswig-Holstein	Bundesgebiet
	m je qkm	
Autobahn	25	35
Bundesstraßen	125	125
Landstraßen	224	255
Kreisstraßen	253	283
	m je 1000 Einwohner	
Autobahnen	151	141
Bundesstraßen	766	510
Landstraßen	1375	1035
Kreisstraßen	1549	1150

zusammengestellt nach Institut für Weltwirtschaft Kiel 1990, 140

Abb. 12: Eisenbahnen in Schleswig-Holstein und im Bundesgebiet 1986

	Schleswig-Holstein	Bundesgebiet
	je qkm	
Streckenlänge (m/qkm)	89	122
Bahnhöfe u.a. Haltestellen (je 1000 qkm)	15	21
	je 1000 Einwohner	
Streckenlänge (m/1000 Einw.)	534	498
Bahnhöfe u.a. Haltestellen (1/Mio.Einw.)	88	85

zusammengestellt nach Institut für Weltwirtschaft Kiel 1990, 141

Auch bei der Fahrzeugdichte entspricht Schleswig-Holstein dem Bundesstandard. Der Bestand von PKW und Kombi je 1000 Einwohner betrug 1989[42]:

Hessen	508
Bund	476
Schleswig-Holstein	468
Hamburg	407
Berlin	347

Aus diesen Zahlen spricht ein doppelter Sachverhalt. Erstens gehört Schleswig-Holstein mit Bayern und Niedersachsen, neuerdings auch Mecklenburg-Vorpommern und Brandenburg, zu den am dünnsten besiedelten Ländern (162 Personen/km^2 im Vergleich zu 246 im Bundesdurchschnitt, 261 in Hessen und Baden-Württemberg oder 491 in NRW)[43]. Infrastrukturaufwendungen sind unter solchen Voraussetzungen ungleich aufwendiger als anderswo, während das Steueraufkommen aufgrund der geringeren Bevölkerungszahl zugleich bescheidener ausfällt. Zweitens muß das Land mit seiner Lage nördlich der Elbe zwischen Nord- und Ostsee logistisch fertig werden, eine Lage, die als Geographie nicht zu ändern, durch geeignete Verkehrsanbindungen aber erheblich zu mildern wäre. Die IHK Kiel vermerkt hierzu:

> "Selbst fortschrittliche Technologiepolitik nützt den Technologieanwendern wenig, wenn sie weder zu den Kunden noch die Kunden zu ihnen kommen können. Die dynamische politische Entwicklung in Europa läßt vor allem ein Defizit der schleswig-holsteinischen Politik deutlich werden: die mangelnde verkehrliche Erreichbarkeit. Weder auf der Schiene noch auf der Straße noch durch die Luft läßt sich Schleswig-Holstein so erreichen, wie es für einen Standort mit Zukunftschancen nötig wäre. Dieses Manko wird sich - so ist unschwer vorauszusagen - als das entscheidende im Wettbewerb um Unternehmen und Arbeitsplätze herausstellen, wenn nicht kurzfristig eine durchgreifende Veränderung der Verkehrspolitik erreicht wird"[44].

Einer der von uns befragten Experten aus Schleswig-Holstein drückt dies so aus:

> "Wenn man was bewegen und unternehmen will, muß man sich selbst bewegen. Die Leute kommen eben bei ungünstigen Verkehrsbedingungen nicht zu einem. Das zeigt sich immer wieder etwa bei der Organisation von Seminaren oder Kongressen".

---

42 Burdack 1990, 105
43 Burdack 1990, 26
44 IHK Kiel, Strukturanalyse 1991, 10

Die mangelnde nationale und internationale Verkehrsanbindung zusammen mit der vergleichsweise geringen Besiedlung verweist übrigens auf einen Punkt, der im folgenden noch deutlicher werden wird. Es mangelt Schleswig-Holstein an einem logistischen Zentrum, einem Verdichtungsraum, dem solche Anbindungen notwendig zugehören. Umgekehrt: Wo solche Anbindungen bestehen, sind schon einmal gute Voraussetzungen geschaffen, damit sich auch andere Faktoren einer K-Region entfalten können. Autobahnen, Hochgeschwindigkeitszüge und Flugverkehr *alleine* machen freilich noch keine K-Region:

"Gute Infrastruktur ist nicht alles. Beispiel Wilhelmshaven: Da haben sie eine Autobahn, ein verzweigtes Schienennetz, sie haben einen Seehafen wo die größten Kähne festmachen können, sie haben modernste Verladeeinrichtungen, und trotzdem ist da oben tote Hose. Da will keiner hin. Gute Verkehrsanbindung kann eben auch zum Durchfahren führen".

Die Klage über die mangelnde Verkehrsanbindung ist ganz allgemein. Es ließe sich fast jeder der Befragten aus Schleswig-Holstein zitieren.

"Für die Bahn ist die Welt in Hamburg zu Ende".

"Wir brauchen bessere Autobahnen, unter anderem auch eine neue Verbindung Kiel-Lübeck-Schwerin-Danzig. Das vorhandene Netz müßte auch ausgebaut werden. Aber was wollen sie in einem Land machen, wo notwendige Straßen wegen irgendwelcher Froschteiche nicht gebaut werden".

Der Konflikt zwischen Modernisierung und Naturschutz, der hier anklingt, ist den meisten sehr wohl bewußt:

"In manchen Ferienorten ist das Verkehrsaufkommen und der Lärm schon ein Problem geworden. Zu uns kommen die Leute, um sich zu erholen, nicht wegen Remmi-Demmi. Eine bessere Elbquerung wäre so gesehen zwiespältig. Natürlich ist es ein Problem, wenn sich dort alles staut. Andererseits würde sich der Tagesausflugsverkehr erhöhen. Heute noch ruhige Gegenden würden überrannt".

Was sich hier als Lösung anbietet, ist kein Kompromiß, sondern eine sinnvolle und erfolgversprechende Differenzierung: Schleswig-Holstein "à deux vitesses", mit einigen urbanen Verdichtungsgebieten mit mehreren direkten Autobahnanschlüssen in den deutschen und europäischen

Fernverkehr, und anderen, nicht minder modernen aber für andere Zweckbestimmungen vorgesehenen rekreativen Gebieten. (Diese räumliche Differenzierung wird im abschließenden Teil dieser Studie noch ausführlich erläutert).

Ein Ausbau bzw. eine bessere Nutzung der Eisenbahnlinien erscheint aus der Sicht beider Regionstypen, der beschleunigten ebenso wie der beschaulichen, erwünscht. Manche betrachten die überfällige Elektrifizierung der Nord-Süd-Eisenbahn-Verbindungen "nur" als Image-Angelegenheit. Hierzu wäre das oben zum Flugverkehr bereits Gesagte zu wiederholen: Das Landes-Image alleine wäre Grund genug, obwohl es der alleine Grund nicht ist. Bedenkt man den künftigen europäischen Eisenbahn-Hochgeschwindigkeitsverkehr, erweist sich die unverzügliche Elektrifizierung jedoch auch als eine Sachnotwendigkeit. ICE-Verkehr per Diesellok gibt es nicht.

Hinsichtlich des Flugverkehrs plädieren die von uns Befragten etwa zu gleichen Teilen für einen Ausbau des Regionalflugverkehrs, der im Vergleich zu den Großflughäfen als angenehmer und effizienter erlebt wird, und für einen Großflughafen. Die Option eines Großflughafens in Kaltenkirchen möchten viele weiter erhalten wissen. Hamburg-Fuhlsbüttel wird jedoch als Ersatz akzeptiert, vorausgesetzt, die Erreichbarkeit von Fuhlsbüttel per Autobahn und Eisenbahn wird endlich gewährleistet.

"Die Flüge nach Kiel sind mir zu oft ausgefallen. Deshalb fliege ich nur noch nach Hamburg und nehme einen Mietwagen".

"Im Norden war es ein schwerwiegender Kunstfehler, auf Kaltenkirchen zu verzichten. Unter dem Strich ist dieser Standort sehr attraktiv und hätte solche Ideen wie das Technologie-Dreieck Neumünster-Rendsburg-Kiel mit Leben füllen können".

"Fuhlsbüttel wird früher oder später ausgelastet oder überlastet sein. So ein Planungs- und Bauprozeß dauert gut und gerne 15-25 Jahre. Deshalb sollte man diese heute verworfene Option für morgen doch offen halten. Kaltenkirchen ist die einzige Alternative zu Fuhlsbüttel, und der Struktureffekt für Schleswig-Holstein wäre beträchtlich".

Einer der Gesprächspartner fasste mit den von ihm für erforderlich gehaltenen Maßnahmen auch die Meinung vieler anderer zusammen:

> "Elektrifizierung und Ergänzung der Bahn-Hauptstrecken. Einbindung von Schleswig-Holstein in den Hochgeschwindigkeitsbahnverkehr, wünschenswerterweise von Flensburg über Kiel und weiter. Führung dieser Hochgeschwindigkeits-Bahntrassen an Kaltenkirchen vorbei, oder ersatzweise auch Fuhlsbüttel. Außerdem Bau bzw. Ausbau der wichtigsten Autobahnen".

Neu ist die Telekommunikation (abgekürzt TK) in der Kommunikationsgesellschaft nicht. Der Telegraph stammt von 1809 resp. 1837, das Telefon von 1861 (Reis) resp. 1872 (Bell). Daimler und Maybach bauten ihr Automobil erst 1886. Neu ist jedoch der Kapazitätssprung, zum einen durch die Entwicklung der Netze über Kupferkabel hinaus zu Glasfaserkabel und zur drahtlosen Übertragung über nahe Sendestationen bis zu orbital fern stationierten Satelliten, zum andern durch die Erhöhung der Vermittlungseffizienz durch Übergang von der Handvermittlung (Stöpseln im Amt) zur elektromechanischen und schließlich digitalen mikroelektronischen Vermittlung[45]. Dadurch sind eine Vielzahl von TK-Schnittstellen eröffnet worden (vgl. Abb.13). Über sie können heute und in Zukunft eine Fülle von TK-Dienstleistungen angeboten und nachgefragt werden. Die TK-Dienste der Telekom legen deutlich zu (vgl. Abb. 14). Freilich sind diese Zahlen meist noch immer zu niedrig, um einen kostendeckenden Betrieb zu gewährleisten[46].

Abb. 14 : **Teilnehmer an Telekommunikationsdiensten der Deutschen Bundespost (Teilnehmerzahl am Jahresende)**

	1983	1988
Telefax	13 212	197 245*)
Telex	154 938	158 279
Bildschirmtext	13 553	146 929
Datex-P	3 401	33 135
Datex-L	11 538	21 903
Teletex	4 099	19 071
Telebox	-	1 330

*) inzwischen über 500.000

Quelle: Harenberg 1989, 285

[45] Zur historischen Entwicklung der TK in Deutschland vgl. Werle 1990
[46] Dazu Werle 1990, 284ff., Kubicek/Berger 1990, 23ff.

Abb. 13 : **Entwicklung der Telekommunikation**

1837	*1877*	*1930*	*1970*	*Anfang der 1980er Jahre*	*Anfang der 1990er Jahre*
Telegraph	Telegraph Telefon	Telegraph Telefon Telex	Telegraph Telefon Telex Datex Faksimile Funktelefon Breitband-DÜ Kabelfernsehen	Telegraph Telefon Telex Teletex Datex Telefax Breitenfax Bildschirmtext Funktelefon Funkruf Fernüberwachung Fernsteuerung Breitband-DÜ Kabelfernsehen Videotext Bildfernsprechen Videokonferenz	Telegraph Telefon Telex Teletex Datex Telefax Schnellfax Farbtelefax Electronic Mail Bildschirmtext Funktelefon Funkruf Fernüberwachung Fernsteuerung Breitband-DÜ Hochauflösendes Fernsehen (HDTV) Telezeitung Kabelfernsehen Videotext Bildfernsprechen Videokonferenz

Quelle: Nefiodow 1991, 61

Obwohl das Fernsehen zweifellos das spektakulärste TK-Medium darstellt, ist es das Telefon, das den Hauptträger der Telekommunikation bildet, technisch ebenso wie finanziell. Dies dürfte, und sei es als Bildtelefon, auch künftig so bleiben. Weltweit gab es Ende 1988 ca. 720 Mio. Anschlußstellen, 41 Prozent davon alleine in Westeuropa und 36 Prozent in Nordamerika[47]. Abb. 15 zeigt die sehr unterschiedliche Telefondichte in verschiedenen Ländern der Erde.

Über die weltweit 720 Mio. Telefonanschlüsse kann im Prinzip sofort jeder mit jedem Kontakt aufnehmen - eine der gewaltigsten Zweiweg-Infrastrukturen auf der Erde. Führt man sich allerdings vor

Abb. 15: Telefondichte nach ausgewählten Ländern (Anschlüsse pro 100 Einwohner)

Schweden	65,7
Schweiz	53,5
Dänemark	52,9
USA	52,0
Frankreich	44,0
Großbritannien	40,9
Japan	40,3
Bundesrepublik	40,1
Italien	33,3
Spanien	26,4
Taiwan	26,2
Süd-Korea	20,9
CSFR	13,0
DDR	10,2
UdSSR	10,0
Polen	7,4
Brasilien	5,7
Mexiko	5,0
VR China	0,7
Indien	0,5

Quelle: Fischer Weltalmanach 1991, 999

47 Angaben nach Fischer Weltalmanach 1991, 999

Augen, daß gegenwärtig etwa 5,2 Mrd. Menschen leben, so wird zugleich deutlich, daß vorerst nur 11,5 Prozent der Menschen dieses Wunderwerkes teilhaftig werden und es insofern immer noch ein Privileg darstellt. Dazu A.Toffler:

> "Die Fehlverteilung der Fernmeldeeinrichtungen der Welt von heute ist noch dramatischer als die Fehlverteilung der Nahrung. ... Die völlig schiefe Verteilung von Computern, Datenbanken, Fachveröffentlichungen, Forschungsmitteln sagt uns mehr über das künftige Potential der Länder als sämtliche Bruttosozialprodukt-Zahlen".[48]

Während die Mehrzahl der Zurückgebliebenen noch einen großen Nachholbedarf besitzt, melden die von uns befragten Akteure aus Wirtschaft, Wissenschaft und Verwaltung zusätzlichen Neubedarf an. (ISDN-Befürworter und ISDN-Skeptiker stehen dabei einander übrigens im Verhältnis 5:1 gegenüber):

> "Für heute ist die TK-Infrastruktur gut, auch die Telefondichte. Für morgen dagegen noch lange nicht. Die Datenübertragung per ISDN muß gewährleistet werden. Der Bedarf an TK über vielerlei Kanäle und Medien wird ebenso weiter zunehmen wie der Verkehr über verschiedenste Verkehrsträger. Zugleich steigen die Qualitätsanforderungen. Bildübertragung wird immer wichtiger, das geht nur per ISDN".

> "Schnelle TK-Verbindungen sind wirklich die Autobahnen der Zukunft. Wir brauchen hier für unsere Arbeit mindestens ISDN, besser jedoch 2-Megabit-Leitungen, einfach, weil wir Massen von Daten zu übertragen haben, auch für Bild- und Bewegtbildübertragung. Wenn die Daten statt auf Papier elektronisch übertragen werden, bringt dies Arbeits- und Kostenersparnisse, weil an den Schnittstellen nicht mehr ständig neu eingegeben werden muß - z.B. beim Textverarbeiten in den Redaktionen und Verlagen".

> "Der Durchbruch zu den zurecht so genannten 'Autobahnen des TK-Zeitalters' kommt erst noch. Ich bin sicher, daß alle Haushalte einmal auch eine dezentrale integrierte IuK-Einheit bilden werden, ähnlich, wie heute praktisch alle Haushalte oder Betriebe Autobenutzer sind.
>
> Allerdings sind die meisten Endgeräte und TK-Dienste heute noch nicht nutzerfreundlich genug. Das dauert. Aber im Prinzip ist es nicht verkehrt, wenn die Telekom-Unternehmen die Netze weiter ausbauen. Die Nachfrage kommt mit dem Angebot. Bei Btx hatte man erst überzogene Erwartungen, dann hat man es in Gegenreaktion gleich ganz abgeschrieben, aber irgendwie kommt es jetzt doch ins Laufen. Fax ist unerwartet schnell gekommen. Diese Dinge erreichen irgendwann ihre kritische Masse, auch die Telearbeit, und dann gewinnen sie Schubkraft. Aber wie gesagt, das kann dauern".

---

[48] Toffler 1990, 493

"ISDN und Breitband wird relevant, wenn die Verwaltungen und Unternehmen sich elektronisch vernetzen. Ich glaube schon, daß das kommen wird. Zumal bei den zunehmenden Verkehrsproblemen. Das könnte dann doch noch den Videokonferenzen und der Telearbeit zugute kommen.

Wir benutzen hier sehr gerne Teletex. Das ist ein fantastisch guter Dienst. Warum sich der nicht mehr verbreitet, ist mir schleierhaft. Fax kommt dafür rasant. Auch Btx ist noch nicht ausgereizt. Mit Btx zu arbeiten, wenn man viel abzufragen hat, und dieses System so lahm arbeitet wie jetzt, dann kann einen das nerven. Aber z.B. Btx über ISDN wäre bereits fantastisch schnell. Dann würde es sich auch durchsetzen".

Besonders die Gesprächspartner aus Schleswig-Holstein, und hier wiederum besonders jene aus kleineren entlegenen Orten, betonen die Chancen der Dezentralisierung durch TK:

"Gerade die Glasfaserverkabelung ist ein wichtiger Schritt, weil bisherige Ballungszentren entlastet werden können und Satellitenübertragung noch viel zu teuer ist. Durch Glasfaser können wir preiswert mit der ganzen Welt verbunden sein, ohne ständig teure und langwierige Reisen machen zu müssen. Ansätze dafür gibt es aber noch zu wenig".

"Eine gut ausgebaute IuK-Infrastruktur erleichtert die Dezentralisierung. An einem zentralen Ort braucht man nur noch die neuen Kernfunktionen: Planung, Forschung und Entwicklung, Finanzierung, Marketing. Der Rest, wie z.B. Fertigung und Montage, kann verteilt sein, und auch Zuarbeit für diese Kernfunktionen, externe Dienstleistungen, können im Prinzip verteilt lokalisiert sein".

"Wissensbasierte Tätigkeiten haben den Vorteil, daß die Produkte Informationsprodukte sind und per TK verschickt werden können. Die Software-Lieferung per Datenfernübertragung bleibt nicht im Stau stecken. ... Wir führen z.B. ein Ausbildungsprojekt durch. Es besteht aus 15 Einheiten. Nur zur Anfangs- und Schlußeinheit kommen die Beteiligten und Verantwortlichen in Person am Ort zusammen. Dazwischen geht alles per Video und TK. Strukturschwache Regionen haben so die Chance, den Nachteil langer Wege und auch der Arbeitsmarktrandlage zu kompensieren".

"Wir brauchen dezentrale Kommunikationsnetze bis ins letzte Dorf. Die Kabel erreichen aber nicht die Fläche, weil die Priorität zuerst bei den Ballungsräumen liegt. Das kann zu einer weiteren Ausdünnung der Fläche führen. ISDN kriegen wir zwar jetzt auf dem Lande, in drei, vier Jahren. Aber was die Breitband-Kommunikation angeht, da müssen wir drauf achten, daß die Ballungsräume nicht zehn Jahre voraus eilen.

Für die Post ist das sicher eine schwierige Entscheidung, auch noch das letzte Haus anzuschließen. Ich muß aber heute in der Lage sein, vom letzten Haus aus vernünftig mit ISDN und Breitband kommunizieren zu können. Das darf sich nicht aufs Telefonieren beschränken. Die Banken ziehen sich heute aus den Dörfern zurück. Wenn ich kommunizieren kann, dann brauche ich die Bank vor Ort auch nicht mehr".

Die Post-Telekom, als Betreiber der TK-Netze und selbst Anbieter einer Reihe von TK-Diensten, und in diesen Eigenschaften größter Investor im Lande, trägt hier eine große Gestaltungsmacht. Schon alleine deshalb steht die Post im Mittelpunkt kritischer Aufmerksamkeit. Bei der Telekom, anders als bei der Brief- und Paketpost, halten sich dabei Lob und Kritik in etwa die Waage. Das Lob gilt der technischen Kompetenz und Kooperationsbereitschaft, die Kritik dagegen der Gebührenpolitik und bürokratischen, marketing- bzw. kundenfeindlichen Verfahrensweisen:

"Abgesehen vom bürokratischen Prozedere geht das mit der Post ganz gut".

"Mit der Post, das funktioniert, solange man es selbst in die Hand nimmt und direkt mit der Post verhandelt. Die direkte Zusammenarbeit mit der Post ist ausgezeichnet. Die Post reagiert wirklich gut, wenn wir hier mit Leitungs- und Übertragungsproblemen kommen".

"Wir sind mit der Post recht zufrieden. Die Zusammenarbeit klappt ganz gut, schon bei der Planung. Die Post reagiert recht flexibel auf unsere technischen Bedürfnisse in der Informations- und Rechenzentrale. In den Chor derer, die da ständig auf der Post herumhacken, können wir insofern nicht einstimmen. Aber die Preispolitik der Post ist problematisch und bleibt diskussionsbedürftig. So teure Telekommunikation wie in Deutschland gibt es nirgends".

"Was nutzt die beste Technik, wenn ich mir hier die Finger wund wähle, um in die ehemalige DDR durchzukommen. Da gibts doch auch noch Leitungskapazitäten von der Bundeswehr und der ehemaligen NVA, von der Ex-DDR-Regierung und teilweise auch von der Presse. Sollte man einbeziehen.
Auch die Preisgestaltung ist unerträglich. Wir haben zwar in der alten Bundesrepublik das beste Telefonnetz der Welt, aber auch das teuerste. Die Post muß das verbilligen".

"Die Kostenstruktur bei Nah- und Ferngesprächen ist noch ungerecht. Wenn man Entwicklung auch in der Fläche will, dürfen nicht immer die kleinen Leitungen überproportional belastet werden".

Aus der Sicht der Telekom stellt sich dies folgendermaßen dar:

"Wir versuchen, bedarfsgerecht vorzugehen. Wenn uns ein Bedarf angemeldet wird, kommen wir dem in der Regel bald nach. Zum Beispiel haben wir zwischen dem Flensburger Tageblatt und der Druckerei eine 8-Megabit-Leitung gelegt.

Wir erbringen auch oft Vorleistungen im Interesse der Wirtschaft, weil die Stärkung der Wettbewerbsfähigkeit der deutschen Wirtschaft zu unseren Hauptzielen gehört.

So haben wir die Netze bzw. Sender für die privaten Senderketten sehr weit vorfinanziert. Auch unsere Non-Voice-Dienste können von der Wirtschaft gut genutzt werden.

Zum Beispiel nutzt die Dethleffsen AG in Flensburg Btx in der GBG* für ihr Bestellwesen und Vertriebssystem. Beate Uhse nutzt viel den 130-Service.

Wir melden den uns bekannten Bedarf bei der Generaldirektion der Telekom an. Das ist relativ zentralisiert. Wir bekommen dann die entsprechenden Ressourcen zugeteilt, wobei das natürlich ein auch quasi politischer Verhandlungsprozeß um die Ressourcen ist. Jedenfalls, die Ressourcen werden geplant und verteilt gemäß dem Bedarf, der festgestellt ist.

Das Problem ist, daß die Leute ihren Bedarf vielfach nicht richtig einschätzen. Bei einer Veranstaltung der IHK verlangten die versammelten Unternehmer alle Glasfaserkabel. Nach den Kosten fragte keiner. Aber wir können ISDN und auch 2-Megabit-Leitungen auf Kupferkabel darstellen. Schließlich wurde auch klar, daß die in Wirklichkeit einen aus technischer Sicht recht bescheidenen Übertragungsbedarf hatten. Ausnahmen sind jedoch Übertragungen im Rahmen von CAD/CAM-Systemen.

Telekom macht von sich aus Angebote und erbringt Vorleistungen wie andere Unternehmen auch. Durch technische Normierungen und Setzung von Standards schaffen wir überhaupt erst Märkte. Typisch dafür ist Fax. Früher konnten nur Siemens-Geräte mit Siemens-Geräten, Telenorma mit Telenorma faxen. Dann hat die Post international einen Standard definiert. Jetzt können alle Geräte überallhin faxen.

Technische Normierungen und Standards sind von strategischer Bedeutung für die deutsche und europäische Industrie. Wer die Standards definiert, ist immer um die berühmte Nasenlänge voraus. Deshalb ist es wichtig, daß wir unsere eigene ISDN-Schnittstelle definieren, und sie uns nicht z.B. von AT&T definieren lassen.

Bei einem Automobilunternehmen erweisen sich manche Modelle als Renner und andere als Flop. Bei den Diensten der Telekom ist das sinngemäß nicht viel anders, wobei es bei uns im Unterschied jedoch einen ausdrücklichen Versorgungsauftrag, Gemeinwohlverpflichtung, Sozialbindung gibt.

Die Kostenkritik an ISDN liegt meistens schief: Es wird gesagt "ISDN kostet 100 Mrd." oder so. Dabei fallen mindestens vier Fünftel der Summe sowieso an, einfach durch die langzeitig fortschreitende Erneuerung der Vermittlungstechnik. Die ging von der Handvermittlung über die elektromechanische nun zur digitalen Vermittlung. Das passiert sowieso. ISDN ist praktisch so eine Art Digitalvermittlung de luxe, ohne daß es de-luxe-Kosten verursacht, denn nur weniger als ein Fünftel der Investition ist ISDN-spezifisch. Die restlichen Kosten fallen wegen der Erneuerung der Vermittlungstechnik sowieso an. ISDN wird in Schleswig-Holstein wie im ganzen alten Bundesgebiet flächendeckend ab 1993 angeboten werden. Die Probleme in den Beitrittsländern ändern daran voraussichtlich nichts".

In diesem Statement wird übrigens ein vielfach verkannter Punkt angesprochen. Es handelt sich um die Definition technischer Standards bzw. Normen. So kämpfen beispielsweise die japanischen und die europäischen Fernsehgeräte-Hersteller um die Durchsetzung ihrer technischen

* GBG = Geschlossene Benutzer-Gruppe

Norm für das hochauflösende Fernsehen HDTV. Wessen Norm sich durchsetzt, dem eröffnet sich ein Weltmarkt von geschätzt einer halben Billion Dollar[50]. Eine noch vielfach stärkere Wirkung zeitigte die Durchsetzung von DOS als Computer-Software-Betriebssystem durch IBM. Trotz einer Vielzahl organisierter Gegenoffensiven durch Konkurrenten (mit Systemen wie Unix, A/O u.a.) konnte die beherrschende Stellung von DOS bislang nicht gekippt werden, obwohl es inzwischen als veraltet gilt. In der Fabrikautomation gibt es heute einen vergleichbaren strategischen Wettbewerb zwischen dem amerikanischen Manufacturing Automation Protocol MAP, das ursprünglich von General Motors entwickelt wurde, und dem europäischen Gegenstandard CNMA, den sich Konzerne wie BMW, Olivetti, British Aerospace oder Siemens-Nixdorf auf Initiative der EG zu eigen gemacht haben. Wem es gelingt, seine technischen Standards oder Normen durchzusetzen, der schafft sich eine langfristig gesicherte Vormachtstellung.

SCHLESWIG-HOLSTEIN

Was die TK-Infrastruktur in Schleswig-Holstein betrifft, so kann festgehalten werden, daß auf diesem Gebiet, im Unterschied zur Verkehrs-Infrastruktur, keine Defizite bestehen. Wie schon in anderen Studien festgestellt, ist der Ausbauzustand der Kommunikationsinfrastruktur in Schleswig-Holstein gut[51]. Sie entspricht voll und ganz dem, was man in der Bundesrepublik als diesbezüglichen Standard erwarten kann.

Ein gewisser Nachteil ergibt sich lediglich aus dem Umstand, daß von den 17 Knoten (Vermittlungszentralen) des Datex-P-Netzes keiner in Schleswig-Holstein liegt. Der zu Schleswig-Holstein nächstgelegene Datex-P-Knoten befindet sich in Hamburg. Von Schleswig-Holstein aus ist Hamburg nicht zum Ortstarif erreichbar. Infolgedessen fallen für die

---

50 Toffler 1990, 168

51 Denkfabrik/Institut für Weltwirtschaft Kiel 1990, 255; IHK Kiel Strukturanalyse 1991, 4ff.

Nutzer des Datex-P-Dienstes relativ hohe Fernsprechgebühren an, die eine Benachteiligung von Schleswig-Holstein gegenüber Nutzern in Ballungsgebieten darstellen[52].

Von diesem Punkt abgesehen jedoch ist "der Zugang zu einer leistungsfähigen Telekommunikationsinfrastruktur", so Scientific Consulting, "in vollem Umfang vorhanden. Standortnachteile für Datenbanknutzer in Schleswig-Holstein ergeben sich nicht"[53]. Ein Blick auf die Telefon-Anschlußdichte verdeutlicht dies (vgl. Abb. 16).

Abb. 16: **Telefondichte einiger Städte in Vergleich (Einwohner pro Hauptanschluß am 31.12.1987)**

Berlin	1.60
Hamburg	1.68
Düsseldorf	2.04
Hamburg	2.10
Frankfurt	2.10
Lübeck	2.12
Kiel	2.14
Flensburg	2.16
Stuttgart	2.18
Freiburg	2.34
München	2.42
Ulm	2.52
Münster	2.58
Donauwörth	2.82

Quelle: zusammengestellt nach Angaben des Posttechnischen Zentralamtes 1988, 207

Mit einer Kennzahl von 2.12 - 2.16 Einwohnern je Telefonanschluß liegen die Städte in Schleswig-Holstein deutlich besser als die meisten vergleichbaren Städte im übrigen Bundesgebiet. Defizite dagegen liegen, wie im folgenden verdeutlicht, in Schleswig-Holstein im Bereich der Nutzung anderer TK-Dienste sowie auch der Verbreitung von Computern, Computer-Netzwerken und der Nutzung sonstiger IuK-Technologien. Fazit: Die TK-Infrastruktur ist wie anderswo vorhanden, aber sie wird nicht wie anderswo genutzt.

52 Denkfabrik/Institut für Weltwirtschaft Kiel, 1990, 155; Scientific Consulting 1990, 15
53 Scientific Consulting 1990, 15 und 29

Leistungsfähige Infrastruktur: Verbreitung von IuK-Technologien

In ähnlicher Weise, wie Schienenstränge ohne Eisenbahnloks, Waggons, Reisende und Transportgüter keinen Sinn ergeben, kann man auch öffentlich zugängliche TK-Infrastrukturen nicht getrennt betrachten von TK-Netzwerken inner- und überbetrieblich, von Datenbanken, Informationsdiensten, Software und Hardware, insbesondere Computern, oder allgemeiner gesagt, programmgesteuerten Arbeitsmitteln. Einen ersten Hinweis auf ihren Verbreitungsgrad gibt das knappe Drittel der Bundesbürger, die inzwischen über eigene Computer-Erfahrung verfügen. In der Gruppe der 14-30jährigen sind es immerhin über 50 Prozent. Dahinter stehen doppelt so viele Männer wie Frauen, die mit einem Computer umgehen können, aber auch deren Anteil wächst[54].

Der Grad der Verbreitung und Nutzung von IuK-Techniken kann als ein Indikator für den Anschluß an das technische und wirtschaftliche Entwicklungsniveau der K-Gesellschaft angesehen werden, insoweit auch als ein Indikator für Innovationsdynamik und Präsenz in strategisch wichtigen Bereichen. Eine Untersuchung der Anwendung von IuK-Techniken in kleinen und mittleren Unternehmen (KMU) erbrachte in der Tat, daß Unternehmen umso erfolgreicher sind, je mehr und je neuere IuK-Techniken sie nutzen:

> "Das interessanteste Ergebnis (der Untersuchung) war, daß die Gewinnsituation der Unternehmen deutlich mit der Anzahl der eingesetzten Informationssysteme zusammenhing. Unsere erste Vermutung war, daß als Erklärungsvariable ... die Größe des Unternehmens eine Rolle spielt, da größere Unternehmen prinzipiell mehr Informationssysteme nutzen. Es zeigte sich jedoch, daß zwischen diesen beiden Kriterien kein signifikanter Zusammenhang herzustellen war.
>
> Als Ergebnis ist demnach festzuhalten, daß die Anzahl der im Unternehmen gleichzeitig genutzten unterschiedlichen Informationssysteme ein guter Indikator für die Wettbewerbsfähigkeit und die Erzielung überdurchschnittlicher Gewinne ist. Die intensive Nutzung der IuK-Technologien ist offensichtlich ein signifikanter Erfolgsfaktor"[55].

---

[54] iwd, Nr.3, 18.1.1990, 7
[55] Wittstock 1990, 184

Aus der Sicht der Anwender liegen die Hauptmotive in einer "Verbesserung der Schnittstelle Kundenkontakt" (80%), einem besseren Lieferantenkontakt (68%) und einem besseren innerbetrieblichen Informationsaustausch (63%). Dagegen spielen herkömmliche und schon gut rationalisierte Datenverarbeitungsfelder wie z.B. verbesserte Finanzplanung (32%), Koordination diverser Abteilungen (37%), Unternehmensplanung oder Kontrolle (je 52%) bemerkenswerterweise eine geringere Rolle[56]. Übrigens wurde die Einführung der IuK-Techniken in vier von fünf Fällen als relativ problemlos, mit Erhöhung der Qualifikation und ohne Arbeitsplatzwirkungen berichtet.

Im verarbeitenden Gewerbe betrug der Verbreitungsgrad computergestützter bzw. programmgesteuerter Arbeitsmittel Ende der 80er Jahre[57]:

Bürobereich/Fertigungssteuerung	87 %
Teilefertigung	77 %
Konstruktion	52 %
Qualitätskontrolle	16 %
Montage	10 %

Der durchschnittliche Verbreitungsgrad, der sich hieraus ergibt, liegt im verarbeitenden Gewerbe dennoch niedriger als in einer Reihe anderer Sektoren, wobei insbesondere die beiden großen Dienstleistungssektoren Finanzen und Verwaltung hervorstechen (vgl. Abb. 17)[58]:

Abb. 17 : Verbreitungsgrad programmgesteuerter Arbeitsmittel nach Branchen 1987

Banken, Versicherungen	59 %
Energie, Bergbau	31 %
Öffentliche Verwaltung	25 %
Verarbeitendes Gewerbe	21 %
Handel	20 %
Verkehr	18 %
Kirchen, Verbände	12 %
Baugewerbe	9 %
Landwirtschaft	4 %

Quelle: MatAB Heft1, 1988, 6

56 Wittstock 1990, 185
57 Matzner/Schettkat/Wagner 1988, 51
58 MatAB Heft1, 1988, 6

Angesichts der beträchtlichen Zuwachsraten auf diesem Gebiet dürften neueste Zahlen höher ausfallen. Dennoch bleiben die relativen Unterschiede aussagekräftig, und es bleibt die Feststellung, daß der Verbreitungsgrad allgemein doch noch geringer ist, als man angesichts der rhetorischen "Computomanie" annehmen könnte. So bestand zum Beispiel Ende der 80er Jahre erst in neun Prozent der Betriebe der Investitionsgüterindustrie eine innerbetriebliche Online-Vernetzung[59].

Teilweise handelt es sich hier um einen deutschland- bzw. europaspezifischen Sachverhalt. So liegt zum Beispiel die Verbreitung von Personal Computern in den USA im Durchschnitt doppelt so hoch wie in Westeuropa[60]. Auch Angebot und Nutzung von Datenbanken liegen in den Vereinigten Staaten und auch in Japan deutlich höher als in Westeuropa, wobei jedoch Großbritannien eine Ausnahme macht. Abb. 18 zeigt diese Datenbank-Umsätze. Abb. 19 zeigt, in welchen Fachbereichen die Datenbankumsätze getätigt werden.

Abb. 18: Datenbankumsätze weltweit 1990 (in Mio. US-Dollar bezogen auf die Einwohnerzahl)

USA	5360
Großbritannien	1702
Japan	1244
Schweiz	359
Deutschland	351
Frankreich	327
Italien	200

Zusammengestellt nach iwd, Nr.20, 15.5.91, 2

[59] Goergens 1991, 34
[60] The Economist, Febr. 16th, 1991, 63

Abb. 19 :	Datenbankumsätze nach Fachbereichen (1990 weltweit registrierte Datenbanken: 4440)
Finanz- u. Wirtschaftsinformationen	54,0 %
Naturwissenschaft, Technik, Patente	20,0 %
Recht, öffentliche Verwaltung	12,0 %
Sozial- und Geisteswissenschaften	5,0 %
multidisziplinäre Angebote	5,0 %
Medien	4,0 %
Sonstige	0,5 %

Ermittelt nach iwd, Nr.20, 15.5.91, 2

Die große Bedeutung des Transfers von Finanz- und Wirtschaftsdaten macht deutlich, weshalb unter den deutschen Bundesländern gerade Hessen mit der Finanzmetropole Frankfurt einen weit überdurchschnittlichen Anteil an den Datenbankumsätzen in der Bundesrepublik auf sich zieht (vgl. Abb. 20). Andere größere Nutzer sind die chemische, pharmazeutische und Automobilindustrie, also Industrien, die forschungsintensiv sind und als Wettbewerber am internationalen Markt auftreten.

Abb. 20 : Datenbankumsätze nach Bundesländern 1989 (in %)

	Anteil am Datenbank-umsatz	Anteil am BIP (Abweichung des Datenbank-Anteils vom BIP-Anteil)	Anteil der Einwohner (Abweichung des Datenbank-Anteils vom Einw.-Anteil)
Hessen	25,7	10,2 (+152,0)	9,0 (+185,6)
NRW	21,2	26,2 (-19,0)	27,3 (-22,3)
Bayern	16,2	18,0 (-10,0)	17,9 (-9,5)
Baden-Württemberg	16,0	16,0 (0,0)	15,3 (+4,6)
Rheinland-Pfalz	7,0	5,2 (+34,6)	5,9 (+18,6)
Niedersachsen	4,7	9,9 (-52,6)	11,6 (-59,5)
West-Berlin	4,0	3,8 (+5,2)	3,4 (+17,6)
Hamburg	3,2	4,5 (-29,0)	2,6 (+23,1)
Schleswig-Holstein	1,3	3,4 (-61,8)	4,2 (-60,0)
Bremen	0,4	1,3 (-69,0)	1,1 (-63,6)
Saarland	0,2	1,5 (-86,7)	1,7 (-88,2)

Ermittelt nach Angaben in: Scientific Consulting Dr. Schulte-Hillen, 1990, 18

Es sind dann die gleichen Wirtschaftsbereiche, von denen aus sich IuK-Netzwerke inner- und überbetrieblich am ehesten entfalten. So gibt es zum Beispiel in der Automobilindustrie Systeme wie EDIFACT, durch das Hersteller und Lieferanten zwecks zeitlicher Produktions- und Lieferabstimmung weitgehend miteinander vernetzt sind, oder in der kunststoffverarbeitenden Industrie TAYLORIX zur ausgelagerten Buchhaltung.

"Die Großunternehmen errichten alle ihre eigenen Netzwerke. Da muß sich der Staat nicht drum kümmern. Die Deutsche Bank, Hertie, Daimler, die haben alle ihre eigenen Systeme. Aber die sind nicht länderspezifisch, sondern stehen in einem deutschland-, europa- und weltweiten Zusammenhang".

"Bei Großunternehmen sind eigene Netzwerke schon zur Selbstverständlichkeit geworden. Bei den mittleren kommt das auch allmählich, nur bei den kleinen nicht. Solche Netzwerke haben ja nur Sinn, wenn damit die Tätigkeiten einer größeren Anzahl von Menschen synchronisiert werden. Kleinbetriebe brauchen das nicht.

Es gibt sicherlich Ausnahmen, zum Beispiel Reisebüros. Sonst aber nicht. Wenn ein Handwerker Teile braucht, ist es immer noch einfacher, den Händler anzurufen, als sich selbst in komplizierte Datenbankstrukturen einzuklinken. Überhaupt ist das eine unterschätzte Barriere: Der Aufwand, sich elektronisch zu vernetzen, ist beträchtlich, und der Umgang mit dem Medium ist kompliziert, so daß auch das wieder eine Sache für Spezialisten ist".

Freilich beginnt der Einstieg ins Computerzeitalter nicht gleich mit inner- und überbetrieblichen Netzwerken. Zunächst einmal steht die Nutzung gewöhnlicher TK-Dienste mit gewöhnlichen Endgeräten an. Hier liegen die Nutzungszahlen deutlich höher, obschon noch lange nicht an ihrer Sättigungsgrenze. Das Berliner Institut für Zukunftsstudien und Technologiebewertung hat hier neueste Zahlen vorgelegt[61] (vgl. Abb. 21 und Abb. 22). Daraus geht zugleich hervor, daß der Verbreitungsgrad in größeren Betrieben tatsächlich weit höher liegt als in kleineren.

---

61 Institut für Zukunftsstudien und Technologiebewertung 1990, 19ff.

Abb.21	Verbreitungsgrad von TK-Diensten (Angaben in Prozent)	
	Unternehmen ab 1000 Mitarbeitern	Unternehmen unter 1000 Mitarbeitern
Telefax	98	93
Telex	91	74
Standleitung (Hfd)	79	56
Datex-P	74	33
Wählleitung (Modem, Akustikkoppler)	60	45
Btx (Nutzer)	51	34
Teletex	44	21
Datex-L	44	12
Btx (Anbieter)	35	26
Mailbox	25	9
Videokonferenz	14	1
ISDN	11	3

Quelle: Institut für Zukunftsstudien und Technologiebewertung 1990, 21

Vielfach festgestellt wurde die minimale Nutzung von Datenbanken durch kleine und mittlere Unternehmen (KMU). Die Gründe hierfür liegen u.a. darin, daß die Bedeutung *persönlicher* Kommunikation umso größer ist, je kleiner die Betriebe sind. Sporadische Recherchen sind unattraktiv, weil zu kompliziert und zu teuer[62]. Die Leiter von KMU informieren sich fast ausschließlich im persönlichen Gespräch, ansonsten aus der Zeitung oder auch aus Verbands- und Fachzeitschriten[63]. Datenbanken werden von KMU praktisch nicht genutzt, allenfalls indirekt einmal von jenen vier Prozent von KMU-Betrieben, die Gelegenheiten ergreifen, sich von externen Stellen (z.B. von Industrie- und Handelskammern oder Consultingfirmen) beraten zu lassen.

---

62 Grabher 1988, 108ff.
63 iwd, Nr.44, 1.11.1990, 8

Abb. 22 : Verbreitungsgrad von TK-Endgeräten (Angaben in Prozent)

	Unternehmen ab 1000 Mitarbeitern	Unternehmen unter 1000 Mitarbeiter
Fernkopierer	97	81
Personalcomputer	97	77
Fernschreiber	91	71
Datensichtgerät an Großrechner	90	52
Druckerterminal	70	48
Tragbarer Computer	68	36
Datensichtgerät an Mehrplatzsystem/ mittlere Datentechnik	56	46
Btx-Terminal	54	39
Personalcomputer in Netzwerk	54	30
Multifunktionsterminal	35	17

Quelle: Institut für Zukunftsstudien und Technologiebewertung 1990, 21

"Netzwerke bestehen in gewisser Weise immer, nur spielen moderne Kommunikationsmittel dabei eine eher noch untergeordnete Rolle, gerade bei KMU. Datenbanken zum Beispiel sind benutzer*un*freundlich. Bis die da Informationen über andere Unternehmen bekommen, gehen sie besser zum Berater oder zur IHK. Das bringt mehr und ist billiger. In den Datenbanken steht auch wenig drin. Die Leute müssen sich letztlich doch um die Informationen selbst kümmern. Da sind etwa Messebesuche effektiver".

"Es gibt schon einen Trend zur Vernetzung von KMU, um Marktvorteile und eine größere Effizienz zu erreichen. Manchmal ist da eben auch der Trend, Entwicklungen einfach hinterherzulaufen. Die Grenzen der Vernetzung liegen heute eher beim fehlenden Know-How der Betriebe. Manche haben Vorbehalte wegen des Datenschutzes. Aber die Gesetzgebung im Datenschutz funktioniert bei uns eigentlich ganz gut. Das ist nur in den seltensten Fällen eine Barriere für Vernetzung".

Feststellungen, wonach die Verbreitung und Nutzung von IuK-Techniken zwar weniger verbreitet sind als man meinen möchte, sie aber doch in zunehmender Verbreitung begriffen sind, fallen für Schleswig-Holstein deutlich zurückhaltender aus:

"Da tut sich zumindest in Schleswig-Holstein praktisch noch überhaupt nichts. Bei KMU stoßen Sie immer auf Erstaunen, wenn Sie denen solche Konzepte vorstellen. In großen Unternehmen läuft das schon, aber die sind nicht hier oben. KMU müssen für diese Thematik erst noch sensibilisiert werden".

"Bisher nahm man immer an, der Diffusionsgrad von IuK-Techniken in den Betrieben liege so bei 30-35 Prozent. Das wurde in allen möglichen Gutachten so weitergereicht, ohne daß es jemals empirisch geprüft worden wäre.

Realistisch in Schleswig-Holstein ist ein Verbreitungsgrad von so etwa 15 Prozent. Bei Klein- und Mittelbetrieben oft überhaupt nicht. Viele Anwendungen sind auch einfach nur PCs für Schreibarbeiten. Wieder andere Geräte stehen herum, weil die Anwendungen, für die sie angeschafft wurden, sich nicht durchgesetzt haben.

Dennoch, das Interesse der Betriebe an IuK-Technik nimmt zu. Entsprechend wird mit der Zeit auch der Verbreitungsgrad zunehmen. Das ist nur eine Frage der kritischen Massen, die erreicht werden müssen, ehe flächendeckende Durchbrüche erfolgen".

Ein Beispiel dafür, wie schwierig es offenbar doch ist, eine kritische Masse zu bilden, findet sich in Schleswig-Holstein im Fremdenverkehr:

"Im Fremdenverkehr setzen wir Computer und Telekommunikation zunächst einmal ein wie überall, um unsere Buchhaltung zu verbessern, um die Verwaltung zu rationalisieren usw. Außerdem haben wir jetzt ein touristisches Informations- und Reservierungssystem, kurz TIR, begonnen. Das TIR ermöglicht eine einheitliche Zimmervermittlung. Auch und gerade im Fremdenverkehr gibt es das Problem des effizienten Produktvertriebs, eine Marketingaufgabe. Das funktioniert hier aber teilweise noch vorsintflutlich, nicht nur in SCHLESWIG-HOLSTEIN, ich meine überall.

Die Software dafür wollten wir in Baden-Württemberg kaufen, wo es etwas in der Art auch schon gibt. Aber zwischen der Regierung und dem betreffenden Softwarehaus gab es Strittigkeiten über die Rechte. So mußten wir ein eigenes System entwickeln lassen, hier durch unsere Datenzentrale. Das hat nun aber den Vorteil, daß unser System - im Unterschied zu dem in Baden-Württemberg, das nur von den freien Kapazitäten der Rechenzentren bestimmt war - weil es von unten her marketinggerecht aufgebaut ist, das günstigere ist. Sonst gibt es nur noch Insellösungen, z.B. im Bayerischen Wald. Wir sind hier auf Landesebene, d.h. das ganze Land abdeckend, tatsächlich führend.

Wir sollten dafür Sorge tragen, daß diese Innovation jetzt in ganz Deutschland verbreitet und verkauft wird. Da soll das Wirtschaftsministerium nun entsprechend Einfluß geltend machen.

Die Verbreitung macht allerdings Probleme. ... Da gibt es so Sperren, zum Beispiel die Angst vor dem Großen Bruder, oder die Befürchtung der Vermieter, der direkte Kontakt zum Kunden ginge verloren und sie bekämen künftig ihre Gäste von der Computerzentrale zugeteilt, oder die Angst davor, das Finanzamt könnte dahinter kommen, wie viele Übernachtungen eigentlich schwarz laufen, eben Angst, die Kontrolle zu verlieren. Die Leute in diesem Geschäft denken mehrheitlich nicht wie Geschäftsleute, nicht wie marktwirtschaftlich orientierte Unternehmer.

Dabei können individuelle Buchungen wie bisher doch auch weiterhin erfolgen. Denn das Buchungssystem ist für Reiseveranstalter reserviert. Deren Wettbewerbsvorteil liegt in der leichten Buchbarkeit. Unser System leistet genau das. Wenn auch Einzelpersonen, Privatpersonen, Zugang zu diesem System hätten, würden die Reiseveranstalter ihren Vorteil verlieren. Deshalb hat man einen gewissen Druck auf uns ausgeübt, den Zugang zum System geschlossen zu halten. Die Veranstalter haben ja eine gewisse Marktmacht. Wenn die sagen würden, ja dann können wir diese oder jene Sachen nicht mehr im Angebot führen, das bekämen wir hier im Land empfindlich zu spüren".

Aus Abb. 20 geht hervor, daß Schleswig-Holstein zu den Bundesländern gehört, in denen relativ wenig Datenbankumsätze getätigt werden[64]. Diesem Erscheinungsbild sollte noch hinzugefügt werden, daß insbesondere der Anteil von Parlament, Regierung und öffentlicher Verwaltung am Datenbankumsatz in Schleswig-Holstein mit zusammen 2,5 Prozent äußerst gering ausfällt. Im Vergleich dazu entfallen auf das produzierende Gewerbe 57 Prozent, und auf Wissenschaft, Bildung, Bibliotheken 35 Prozent[65]. Dazu sagte ein Experte mit Blick auf die ganze Bundesrepublik:

"Der Staat ist traditionell ein Modernisierungsmuffel. Da könnte man in einer Art Wortspiel von öffentlicher Veraltung sprechen. Jedoch wird die Produktivität der Verwaltung deutlich steigen müssen. Man wird die Leute mehr mit IuK-Techniken und anderen Geräten ausstatten usw."

Andere sagten mit Blick auf Schleswig-Holstein:

"Das Finanzministerium ist zu restriktiv, wenn es um die Ausstattung von Verwaltung und Behörden mit Computern und Infrastruktur geht. Sachlich ist das ja nicht recht begründet. Auf längere Sicht könnte hier ein neues Manko entstehen".

"Ich denke da an eine neuartige Vernetzung der Verwaltung mit der Wirtschaft. Dazu müßte man mal zunächst ein Landesverwaltungs-Netzwerk aufbauen. Der Kontakt Privatwirtschaft-Verwaltung muß sich doch nicht auf dem Papierweg abspielen. Wenn es um Genehmigungen geht u.a., da ließe sich elektronisch einiges beschleunigen.

---

64 Dazu auch Scientific Consulting 1990, 24
65 Scientific Consulting 1990, 20

In ein paar Stunden ein paar mal hin und her ist da überhaupt kein Problem. Auf dem Papierweg dauert das schon mal wochenlang, auch wenn es nur um Kleinigkeiten geht.

Die Verwaltung sollte für die Wirtschaft leicht zugänglich sein. Das setzt voraus, daß die Verwaltung mit den gleichen elektronischen Medien und Netzwerken arbeitet, und nicht mit Ärmelschonern. Der Informationstechnik müßte in den Landeseinrichtungen ein hoher Stellenwert eingeräumt werden. Stattdessen wird daran gespart. Die sagen, sie schreiben prima mit der Füllfeder. Während andere dann einen effizienten Datenaustausch praktizieren, können wir uns hier mit schönen Postkartengrüßen aus der Füllfeder trösten".

Hohes Bildungsniveau, hochqualifizierte Arbeitskräfte

Ein hohes Bildungs- und Qualifikationsniveau erweist sich als einer der wichtigsten K-Faktoren, genauer gesagt, als ein zuverlässiger Indikator für den eigentlichen K-Faktor "Humanpotential": die viel zitierten kompetenten und kreativen Mitarbeiter und Mitarbeiterinnen, qualifizierte Fachkräfte, Spezialisten mit Know-How und Erfahrung, Leute mit Sachverstand, Kooperationsfähigkeit, Unternehmungsgeist und Initiative, kultivierten Menschen mit Horizont. Zwar liegen diese Nennungen etwas unter jener der materiellen Infrastruktur, werden jedoch häufig mit besonderer Betonung verbunden:

> "Das Vorhandensein von Humanressourcen, das ist der entscheidende Faktor überhaupt".

> "Die Qualität des Humankapitals ist die absolut zentrale Entwicklungsgröße. Deshalb braucht man auch hervorragende Bildungs- und Wissenschaftseinrichtungen, nicht nur zur Forschung, sondern als Bildungs- und Ausbildungsfaktor für den Arbeitsmarkt. Und man muß die Leute im Land halten".

> "Die Verfügbarkeit von Wissensarbeitern usw. ist sehr wichtig. Man muß denen aber ein attraktives Umfeld bieten, damit die kommen bzw. bleiben. Niedrige Grundstückspreise, gute Ausbildungsmöglichkeiten für die Kinder, angenehme Umgebung, alles dies spielt eine Rolle".

> "Die Attraktivität eines Landes ist dann gegeben, wenn ein guter Mitarbeiter weggeht, und dafür zwei gute kommen".

Was kennzeichnet einen guten Mitarbeiter? Welche Kenntnisse und Fähigkeiten soll er oder sie besitzen? Die Ergebnisse unserer Befragung entsprechen hier den allgemeinen Befunden der Arbeitsmarkt- und Berufsforschung. Benötigt werden Sachkompetenz ebenso wie soziale Kompetenz, für beides bedarf es einer besonderen Lernkompetenz und, natürlich, Intelligenz. Wesentliche Anforderungen an Bildung und Qualifikation in der K-Gesellschaft, die über die weiterhin erforderliche Fachqualifikation im engeren Sinne hinaus genannt werden, sind vor allem ein breiteres Hintergrund- und Systemwissen, die Fähigkeit zum selbständigen und beständigen Weiterlernen sowie erhöhte kommunikative und psychosoziale Fähigkeiten. In Abb. 23 sind die Antworten zusammengefaßt.

Abb. 23:	Anforderungen an Bildung und Qualifikation in der K-Gesellschaft (Mehrfachnennungen)	
Sachkompetenz	solide Fachausbildung Spezialkenntnisse vertiefte Spezialisierung	30 %
	breiteres Bildungsprofil Fachwissen plus Systemwissen mehr Interdisziplinarität mehr Hintergrundwissen und Allgemeinbildung	75 %
soziale Kompetenz	Teamfähigkeit, Kooperationsvermögen Kollegialität psychische Disponibilität Streßfähigkeit, Frustrationstoleranz Einfühlungsvermögen Sprach- und Ausdrucksvermögen	50 %
Lernkompetenz	sich selbständig und schnell in neue Gebiete einarbeiten, permanent, lebenslang lernen Um-, Weiter-, Verlernen	60 %
Intelligenz	geistige Beweglichkeit analytisches, abstraktes Denken ganzheitlicheres, komplexeres, vernetztes Denken kreative Fähigkeiten ästhetisches Vermögen	35 %
Eigene Erhebung		

Was die qualitative Veränderung der Arbeit anbelangt, so wurde besonders der anhaltende Trend von der Handarbeit zur Kopfarbeit hervorgehoben, das heißt, zur Wissenschaftsförmigkeit, zur Abstraktifizierung, zur symbolischen Repräsentanz der Arbeitsgegenstände:

"Die Arbeit verwissenschaftlicht, überall, in allem, auch dort, wo die Beteiligten nur Hauptschulabgänger sind. Die Methoden verwissenschaftlichen. Die Verwissenschaftlichung ist überhaupt das A und O am ganzen. Technisierung ist ja auch nur ein besonderer Ausdruck davon".

"Früher haben wir auf praktischer Meistererfahrung aufgebaut, auch was die Applikationsforschung angeht. Heute wird das alles ersetzt durch Mathematik, Berechnungen und wissenschaftliche Methoden. Der Anteil der 'denkenden Ingenieure' bei uns ist beträchtlich gestiegen. Die Arbeit wird abstrakter".

"Auch der Beruf des Landwirts verwissenschaftlicht immer mehr. Das stellen sich manche so gar nicht vor. Aber der Mix von Wissenschaft und Erfahrung bleibt".

"Die analytischen Anforderungen nehmen zu. Die Arbeit wird abstrakter, informationsvermittelter. Es wird ein ständig noch zunehmendes Überangebot an Information geben. Daraus muß selektiert werden. Dies erzeugt Selektionsstreß. Damit verbunden ist eine notwendigermaßen erweiterte Selbständigkeit des Einzelnen bzw. der einzelnen Teams oder so. Eigenverantwortung und Flexibilitäts-Anforderungen nehmen zu. Man kann nicht mehr einfach seinen 8-Stunden-Stiefel runterreißen. Man muß fallorientiert, nachfrageorientiert, kundenorientiert, problemorientiert vorgehen".

"Es werden sehr viel mehr soziale Kompetenzen nachgefragt werden. Motivation und Führung sind die Schlüsselworte. Sie werden heute keinen Ingenieur mehr motivieren können, wenn Sie ihn nicht an der Zielbildung und am Ergebnis beteiligen. Es wird immer weniger Leute geben, die nur auf Knöpfe drücken. ... Auf der anderen Seite wird der Druck auf die Beschäftigten zunehmen, weil die Technik noch nicht vollkommen beherrscht wird. Da gibt es viel Frustration und Streß durch Überforderung".

"Die Einsatzflexibilität der Arbeitnehmer wird zum Schlüsselfaktor für die Betriebe, aber Flexibilität in puncto Arbeitszeit, Tätigkeitsprofil u.a. wird auch immer mehr zum Motivationsfaktor für Arbeitnehmer.
Es gibt eine Entwicklung hin zu Gruppenstrukturen. dies erfordert verstärkte soziale Kompetenzen, aber auch Anforderungen in Bezug auf eine notwendige Selbststeuerung der Arbeitnehmer.
Das hohe Lohnniveau bei uns im internationalen Vergleich kann auch nur gerechtfertigt werden, wenn sowohl technische als auch soziale Flexibilität im Betrieb gelebt wird".

"Die Fähigkeit zur Selbstgestaltung der Arbeit, Flexibilisierung auch der Produktion, sind eine Notwendigkeit. Ohne Flexibilität kann die Schnittstellenproblematik nicht gelöst werden. Und nur so kann überhaupt Wettbewerbsfähigkeit aufrecht erhalten werden".

Die zunehmende Wissenschaftsförmigkeit und Technisierung auch einfacherer Tätigkeiten führt zu einer zunehmenden Abstraktifizierung der Arbeit. An die Stelle präsenter Objekte treten immer mehr repräsentierende Symbole. An die Stelle direkter Handhabung tritt immer häufiger "remote control". Der Anteil an sekundär erworbenem Wissen nimmt im Vergleich zur primären Eigenerfahrung relativ zu. Auch das sprunghaft gestiegene Medienangebot wirkt in diese Richtung.

Manche Kritiker des neuerlichen Technisierungsschubes sehen darin einen drohenden Wirklichkeits- und Erfahrungsverlust. Hierin liegt eines der typischen Vorurteile nicht nur gegen IuK-technische Entwicklungen. Wissen und Erfahrung werden in Wirklichkeit vielfältiger und nehmen insgesamt erheblich zu, auch die primäre Eigenerfahrung, obwohl ihr relativer Anteil am kulturellen Gesamtwissen und am insgesamt Erfahrbaren abnimmt. Außerdem ist Repräsentiertes nicht "unwirklich", allenfalls anders wirksam als Präsentes, wie alles Präsente immer schon anderes repräsentiert. Über Urteile anderer zu urteilen, erfordert dieselbe Intelligenzleistung wie sich selbst ein Urteil zu bilden.

Aufgrund der schieren Fülle des Wissens und des für den einzelnen kaum mehr ermeßlichen Erfahrungshorizontes der modernen Menschheit entsteht nicht nur die Tatsache des Pluralismus, sondern ebenso wird "Wissen aus zweiter Hand" in der K-Gesellschaft überlebensnotwendig. Leben nur aus eigener Erfahrung wäre völlig unmöglich oder aber über die Maßen primitiv. Es steht nicht von vornherein fest, daß die symbolischen Repräsentationsleistungen und die Erfahrungen "zweiter Hand", die in einer antiken Tragödie geboten werden, höherwertiger sind als die in "Dallas" oder "Denver".

Unbestritten ist jedoch, daß mit der Zunahme der symbolischen Repräsentationsleistungen auch die Anforderungen an das kognitive und emotionale Vermögen, das Wahrnehmungs- und Mitteilungsvermögen, also das Kommunikationsvermögen und überhaupt das persönliche Leistungsvermögen steigen. Körperliche Belastungen herkömmlicher Art (Typus Bergarbeiter, Walzwerker) nehmen ab. In der Produktion werden sie durch Automation langfristig voraussichtlich völlig verschwinden (wobei freilich in der Produktion wie in den Diensten ein Fülle teils körperlich anstrengender, teils wenig qualifizierter Tätigkeiten bestehen bleiben wird). Dagegen nehmen kognitive und emotionale Belastungen zu. An die Stelle der Schwerarbeit für viele tritt Dauerstress für fast alle: Selektionsstress, Koordinationsstress, Psychostress, Leistungsstress welcher Art auch immer. Die K-Gesellschaft ist nicht nur eine High-Tech-Gesellschaft, sie ist auch eine Hochleistungsgesellschaft[66].

---

66 Zur Änderung der Qualifikations- und Berufsstruktur im Zuge der Entfaltung der neuen Technologien vgl. u.a. Dostal 1984b und 1989, Matzner/Schettkat/Wagner 1988, Beuschel/Gensior/Sorge 1988, Büchtemann/Neumann (Hg) 1990, Caspari/Dörhage

Abb. 24 : Veränderungen im Profil der Tätigkeiten und Qualifikationen

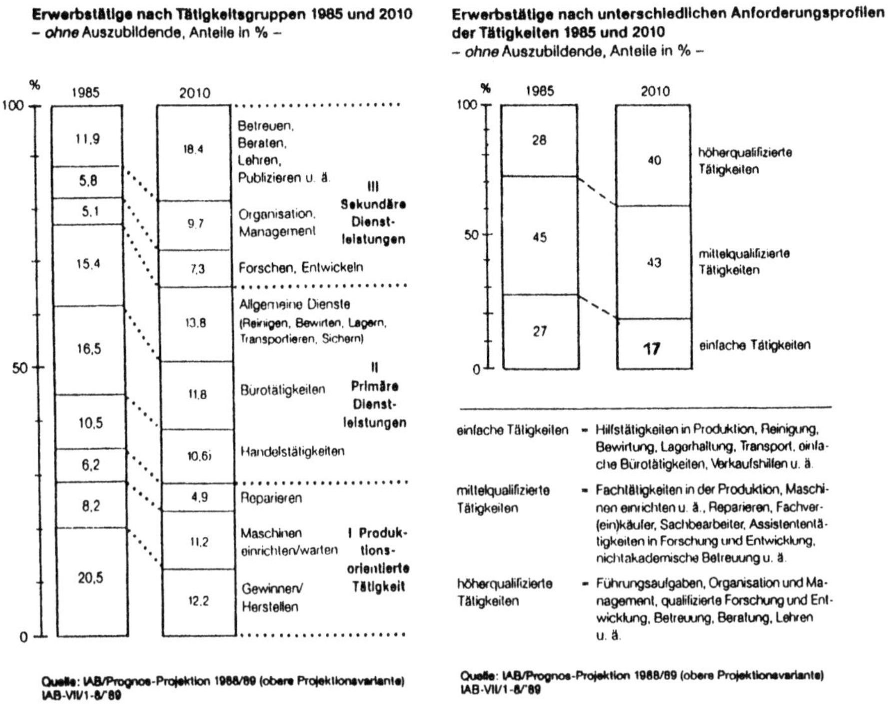

Abb. 24 zeigt die Verschiebung von herkömmlichen industriegesellschaftlichen Tätigkeiten zur wissenschaftsförmigen "Kopfarbeit" der K-Gesellschaft. Der gewachsene Stellenwert dieser Tätigkeiten erlaubt eine direkte Bewertung der Fortgeschrittenheit einer Wirtschaft. Bisher hat man dazu vor allem die sektorale Struktur herangezogen. Diese ist jedoch vieldeutig und, wie internationale und historische Vergleiche ergeben, ziemlich aussageschwach. Während zum Beispiel der Expansionsgrad höher- und spitzentechnologischer Branchen (z.B. Mikroelektronik, Computerindustrie, Pharmazie) als einigermaßen aussagekräftiger Indikator gelten kann, ist die Verteilung der Beschäftigten nach primären, sekundären und tertiären Branchen reichlich nichtssagend. Das

(Hg) 1990, Littek/Heisig/Gondek (Hg) 1991, Kamp (Hg) 1989, Paetau 1990, Gelowicz 1990 wesentliche strukturbildende Merkmal der IuK-Technologien liegt nicht so sehr in einer eventuellen Stärkung des Trends zur Tertiarisierung als vielmehr in der *allgemeinen* Verwissenschaftlichung, Technisierung und Professionalisierung der Aktivitäten in *sämtlichen* Branchen von der Landwirtschaft bis zu den personalen Diensten.

Die Computerindustrie oder die Telekommunikationsgeräte-Industrie stellen spezielle Sektoren der elektrotechnischen Industrie dar; aber die K-Gesellschaft ist jene, in der IuK-Techniken als Werkzeuge und Infrastrukturen in *allen* Branchen verbreitet und integriert sind. Informatisierung ist ein Querschnittsphänomen. Im Hinblick auf Informatiker, Finanzfachleute oder Bauingenieure ist es zweitrangig, ob sie für die Landwirtschaft, die Autoindustrie, das Verkehrswesen oder die öffentliche Verwaltung tätig sind. Viel aussagekräftiger für die Fortgeschrittenheit einer Wirtschaft ist, *daß* sie *als* Informatiker, Finanzfachleute und Bauingenieure tätig sind, in welcher Branche auch immer. Deshalb ist auch "für die Abschätzung der Entwicklungsperspektiven von Regionen die Analyse der Tätigkeitsstrukturen wesentlich aussagefähiger als die bislang übliche Betrachtung der Branchenstruktur"[67].

Diskussionen über die Arbeitsplatzwirkungen der IuK-Technologien haben inzwischen weitgehend aufgehört. Das Thema dürfte vorerst für eine gewisse Zeit hinreichend erforscht sein. Die Thesen von den "Chips als Jobkillern" haben sich als übervereinfachend und irreführend erwiesen. Allzu offensichtlich ist die Beschäftigungslage in all jenen Branchen und Regionen überdurchschnittlich gut, die im Strukturwandel am weitesten fortgeschritten sind, während die Nachzügler die höheren Arbeitslosenraten aufweisen. Die bisherigen deutschen K-Regionen München-Oberbayern, Stuttgart-Rhein-Neckar, Frankfurt-Rhein-Main hatten in den zurückliegenden Jahren stets die niedrigsten Arbeitslosenquoten und die höchsten Beschäftigungszuwächse, während strukturschwache Randgebiete und Agglomerationen mit einem großen altindustriellen Erbe die höheren Arbeitslosenquoten und ab-

[67] Henckel et al 1986, 227

nehmende Beschäftigung aufwiesen. In der Bundesrepublik bildet dieser Sachverhalt einen schon geradezu verfestigten Bestandteil des Nord-Süd-Gefälles.

Mit der Produktivität steigen quer durch die Branchen auch die Arbeitsgelegenheiten, nicht etwa Arbeitslosigkeit. Dies war auch historisch gesehen immer so. Aus der Tatsache, daß mit der Installation eines Roboters zum Beispiel vier bis sieben Arbeitsplätze für unqualifizierte Angelernte vernichtet und ein bis zwei Arbeitsplätze für Ingenieure oder Techniker geschaffen werden, hat man eine Zeitlang den Kurzschluß gezogen, der Arbeitsgesellschaft müsse die Arbeit ausgehen. In Wirklichkeit geht der Arbeitsgesellschaft unqualifizierte Arbeit verloren, während ihr höherqualifizierte Arbeit zuwächst. Abb. 24 zeigte bereits diesen Rückgang einfacher Tätigkeiten zugunsten höherqualifizierter Tätigkeiten. Abb. 25 verdeutlicht dies nochmals am Beispiel des öffentliches Dienstes. Der einfache Dienst hat sich in den zurückliegenden Jahren verringert, während die Beschäftigung im höheren Dienst gestiegen ist.

Abb. 25 : Stellenkegel im öffentlichen Dienst (in Prozent)

	einfacher Dienst	mittlerer Dienst	gehobener Dienst	höherer Dienst
1960	7,3	48,9	31,5	12,2
1986	2,7	47,7	31,8	17,8

Quelle: Institut der deutschen Wirtschaft 1989, 47

Diese Verlagerung findet im produzierenden Gewerbe in sinngemäß gleicher Weise statt. Plätze für Arbeiter in der Fertigung und der Montage gehen verloren, Plätze für Angestellte in der Planung und Verwaltung, in Forschung, Entwicklung, Konstruktion und Design, im Marketing und Finanzwesen entstehen neu. Hierbei, überlagert durch demographische und konjunkturelle Fluktuationen, übersteigt die Zahl der gewonnenen Arbeitsplätze die der verlorenen. Einer der Gründe dafür liegt darin, daß die alten Arbeitsplätze bereits hochgradig rationalisiert waren, während dies auf die neuen noch lange nicht zutrifft, so daß sie noch sehr personal- bzw. zeitintensiv sind[68].

Um Mißverständnisse zu vermeiden, sei hinzugefügt, daß dieser Strukturwandel den Geringerqualifizierten schmerzliche Verluste zufügen und allen Beteiligten anstrengende Umstellungsleistungen abverlangen kann. Deshalb ist das Bemühen um eine möglichst sozialverträgliche Gestaltung des Strukturwandels im Prinzip eine Selbstverständlichkeit, die erst in der praktischen Durchführung Anlaß zu Kontroversen gibt. Niemand wird jedoch den Verlust geringerwertiger Arbeitsplätze und den Zugewinn höherwertiger Arbeitsplätze ernstlich bedauern[69].

Auch Polarisierungsthesen sind mittlerweile kein Thema mehr (zumindest bis zur nächsten großen Innovationswelle). Polarisierungsthesen unterstellen, Maschinen würden die Facharbeit des Menschen ersetzen, mittlere Positionen würden dadurch verschwinden und es käme zu einer Spaltung in kleine Funktionseliten ("technolords") und ebenso dequalifizierte wie marginalisierte Massen ("technopeasants"). In Wirklichkeit stand zum Beispiel der frühere Niedergang des Hufschmiede- oder des Kutscher-Berufs im Kontext einer Modernisierung des Produktions- und Verkehrswesens und eines in Wirklichkeit beträchtlichen Aufschwungs etwa der KfZ-Berufe und der modernen Transporttätigkeiten. Sinngemäß gleiches gilt heute für den Niedergang ehemaliger Arbeiteraristokratien, etwa der Setzer und Drucker. Neue informationstechnische Fachberufe machen sie mehr als wett, sofern sie sich nicht selbst zu einem solchen neuen Berufsbild fortentwickeln. Ein typisches Beispiel für letzteres bieten Werkzeugmacher und andere metallverarbeitende Berufe, die sich zu NC-technischen Fachberufen fortentwickeln.

---

68 Nefiodow 1991, 125ff.

69 Zum Strukturwandel des Arbeitsmarktes vgl. außer den Titeln in Anm. 76 auch die Studien des Institut für Arbeitsmarkt- und Berufsforschung in Nürnberg, der Prognos AG Basel und des Bundesministers für Forschung und Technologie, die Veröffentlichungen von Dostal, Rothwell/Zegfeld 1979, Simonis (Hg) 1984, OTA 1984, Kern/ Schumann 1984, Huber 1984, Sorge 1985

Im Zuge dieser Entwicklungen kann es zur Abspaltung von unterqualifizierten oder fehlqualifizierten *Minderheiten* kommen. Im Abschnitt zur sog. Zwei-Drittel-Gesellschaft wird darauf noch zurückzukommen sein. Jedoch beinhaltet diese gerade keine Polarisierung, sondern eine gewisse Abkopplung von disparaten Minderheiten von der übergroßen Mehrheit relativ gut integrierter mittlerer und höherer Positionen. Wie aus Abb. 24 und Abb. 25 hervorgeht, bleibt der Bestand an mittelqualifizierten Tätigkeiten weitgehend erhalten, während die tatsächliche Entwicklungsdynamik im Rückgang der Geringqualifizierten und der Expansion der Höher- und Hochqualifizierten liegt.

Einige der von uns Befragten waren sich nicht sicher, ob sie die Veränderung der Berufsbilder unter dem Einfluß der IuK-Technologien als substanzielle Höherqualifikation bezeichnen sollten. So gut wie alle waren jedoch der Überzeugung, daß *mehr* Qualifikation gebraucht wird, daß diese *formal* höher steht (gemäß Zeugnissen und anderen zertifizierten Abschlüssen), und daß diese in der Regel auch mit einer *höheren Bezahlung* einhergeht.

"Ob die neuen Qualifikationen höher zu bewerten sind als die alten, das ist zweifelhaft. Bildung und Qualifikation werden umfangreicher, sind aber nicht unbedingt als höherwertiger einzustufen. Mit dem Umgang mit Technik sind andere Anforderungen verbunden, nicht unbedingt höhere".

"Das größte Problem heute ist die ständige Qualifikation. Die Beschäftigten müssen sich ständig weiterbilden. Immer wieder kommt was neues. Deshalb müssen wir auch weg vom Umschulungsgedanken. Stattdessen brauchen wir permanente Qualifikation, und die ist nicht mit dem alten Bildungsurlaub zu machen, wo man sich mal eine Woche im Jahr irgendwo hinsetzt und zuhört.

Die Japaner beklagen, daß die Leute dort keine breite Grundausbildung wie bei uns haben. Aber in Japan ist es denkbar, daß Stahlarbeiter relativ schnell zu EDV-Fachleuten werden. Ein japanischer Werftunternehmer hat mir folgendes erzählt: Er müsse viele Leute entlassen, und auf meine Frage, was mit denen passiert, sagte er, 'ganz einfach, die werden jetzt EDV-Fachleute'. Der konnte gar nicht verstehen, daß ich etwas ungläubig war".

"Die Anwendung von Technik wird immer einfacher, aber es braucht viel Intelligenz, um Technik zu entwickeln. Es wird mehr Kreativität verlangt. Einfache Arbeiten werden mehr und mehr von Computern oder Robotern erledigt. Die Menschen müssen aber verstehen, wie diese komplexen Systeme funktionieren. Deshalb brauchen wir ein sehr hohes Bildungsniveau, in dem auch Lernfähigkeit und Lernbereitschaft verankert sind".

"Der Mitarbeiter an der Drehbank hat heute auch schon einen Bildschirm. Eigentlich muß heute jeder mit diesen Techniken vertraut sein. In unserem Zentrum hier arbeiten 14 Firmen mit insgesamt 90 Mitarbeitern. Die haben mittlerweile 60 Telefone und etliche Fax-Geräte, die alle ausgelastet sind, von PCs mal ganz abgesehen. ... Das verlangt Zusatzausbildung. Die Sekretärin muß lernen, wie man einen PC handhabt. Sie muß aber als Voraussetzung schnell schreiben können. Auch der Dreher braucht dieses Zusatzwissen. Die Handwerkskammern haben deshalb schon Modellwerkstätten eingerichtet, wo dieses Zusatzwissen erworben werden kann. Ganze Berufsbilder ändern sich, was sich aber meistens auch in höherer Bezahlung niederschlägt".

Vermutlich wird man viele der Eigenschaften, die kompetente Mitarbeiterinnen und Mitarbeiter auszeichnen, auf Schulen und Hochschulen kaum lernen können. (Nicht wenige der Gesprächspartner, die den Faktor Bildung betonen, äußern sich zugleich kritisch bis ablehnend über Stil und Niveau von Schulen, Universitäten und ihrem Lehrpersonal - ein anderweitig klärungs- und behandlungsbedürftiger Widerspruch). Dennoch liegt in einer langjährigen schulischen Allgemeinbildung in Verbindung mit Fachstudien und beruflichen Fachqualifikationen sicherlich *die* wegbereitende Grundlage für spätere berufliche Aktivitäten. Zumindest besteht zwischen dem Entwicklungsniveau eines Landes und dem formalen, zertifizierten Bildungs- und Ausbildungsniveau seiner Menschen ein deutlicher Zusammenhang.

Einige Experten wiesen darauf hin, daß die Bundesrepublik mit ihrem dualen System der Berufsausbildung und mit ihren Fachhochschulen einen großen Wettbewerbsvorteil besitzt, um den sie im Ausland beneidet werde. Der Indikator des schulischen Bildungsniveaus bleibt insoweit zu relativieren, als zum Beispiel die Sowjetunion und überhaupt die ehemaligen Ostblockländer ihre Bevölkerung mit einem formal "hohen" Bildungsniveau versorgten, und dennoch nicht viel zustande brachten, während umgekehrt das Bildungssystem der Vereinigten Staaten formal "schlechter" als das mancher europäischer Länder ausfällt, die USA gegenüber Europa aber keineswegs schlechter dastehen.

Der Anteil der höherwertigen Bildungsabschlüsse (in der Bundesrepublik Hochschul- oder Fachhochschulreife sowie Realschulabschluß) ist seit den Jahren der Bildunsgreform stark im Steigen begriffen. Davor lag der Anteil der Abiturienten etwa bei 5 Prozent, jener der Realschulabgänger mit mittlerer Reife etwa bei 10 - 15 Prozent. Heute ist ihr Anteil auf 67 Prozent angewachsen (37 Prozent mittlere Reife, 30 Prozent Hochschulreife) mit weiter steigender Tendenz. Ihr Anteil an den Erwerbstätigen liegt inzwischen bei 39 Prozent (23 Prozent mittlere Reife, 16 Prozent Hochschulreife). Abb. 26 zeigt die Verteilung höherwertiger Schulabschlüsse nach den alten Bundesländern.

Abb. 26 : Studienberechtigte nach Bundesländern (Prozentanteil an gleichaltriger Wohnbevölkerung mit Hochschulreife/Fachhochschulreife)

Hamburg	51,6
Bremen	47,2
Nordrhein-Westfalen	41,3
Saarland	35
Hessen	34,5
Bund	34,1
Berlin	33,9
Niedersachsen	33,7
Baden-Württemberg	30,6
Schleswig-Holstein	29,7
Rheinland-Pfalz	29,1
Bayern	26,3

Quelle: Burdack 1990, 92f.

Ähnlich wie der Anteil von höherwertigen Bildungsabschlüssen können auch die öffentlichen Ausgaben für Bildung und Wissenschaft - als Investitionen ins Humankapital - in Betracht gezogen werden. Abb. 27 zeigt die Ausgaben für den Hochschulbereich im Verhältnis zur Wirtschaftskraft und zur Einwohnerzahl der Bundesländer.

Abb. 27: Ausgaben für den Hochschulbereich nach Bundesländern 1988 (im Verhältnis zum BIP und pro Kopf)		
	pro Kopf	in % des BIP
Berlin	698	1,80
Hamburg	436	0,73
Hessen	277	0,71
Bremen	274	0,62
Schleswig-Holstein	261	0,75
Baden-Württemberg	261	0,73
Saarland	253	0,83
Nordrhein-Westfalen	244	0,75
Niedersachsen	238	0,82
Bayern	231	0,67
Rheinland-Pfalz	185	0,61

Quelle: Landeshochschulplan für Schleswig-Holstein, Referentenentwurf 1991, Anh. 12

In Abb. 26 und Abb. 27 fällt auf, daß die Bundesländer mit den hochentwickelten K-Regionen nicht unbedingt zu jenen gehören, die am meisten für Schul- und Hochschulbildung ausgeben. Man könnte dies wiederum zum Anlaß nehmen, über die substanzielle und die formale Bedeutung von Bildungszertifikaten nachzudenken. Ebensogut können diese Zahlen allerdings auch Anlaß sein, über das Verhältnis von Zentrum und Peripherie in A-Ländern nachzudenken. Es ist möglich, daß A-Peripherien hohe Kosten aufbringen, um ihre Menschen gut bis sehr gut auszubilden, während die Zentren die so Gebildeten später aufsaugen - ohne dafür bezahlt zu haben. Nicht nur obige Tabellen, auch die nachfolgend noch angeführte Wanderungsbilanz von Studenten und andere Anzeichen sprechen für einen solchen Zusammenhang.

Die Zentren sind auf Gebildete und Hochqualifizierte fraglos angewiesen. Im Unterschied zur Peripherie haben sie die entprechend positionierten Arbeitsplätze zu bieten, die dort fehlen. Dies führt zu der Feststellung, daß der eigentliche empirische K-Indikator nicht nur im allgemeinen formalen Bildungsniveau zu suchen ist, sondern viel mehr noch in der Tätigkeitsstruktur des Arbeitslebens, dem Qualifikationsniveau der Arbeitsplätze, ihrer Skill-Intensität. Skill-Intensität ist definiert als der Anteil von höher positionierten Qualifikationsgruppen an der Gesamtheit der Beschäftigten[70]. Abb. 28 zeigt den Anteil von Höher- und Geringerqualifizierten an den Beschäftigten in den alten Bundesländern.

Abb. 28 : Hochqualifizierte und Geringqualifizierte nach Bundesländern 1986 (je 1000 Beschäftigte)

	Hochqualifizierte[a)]	Geringqualifizierte[b)]
Berlin (West)	65	427
Hessen	63	322
Hamburg	63	323
Bremen	58	325
Baden-Württemberg	50	371
Nordrhein-Westfalen	49	355
Bayern	49	359
Saarland	43	347
Niedersachsen	39	355
Rheinland-Pfalz	38	359
Schleswig-Holstein	36	352

a) Sozialversicherungsplichtig Beschäftigte mit Hochschulabschluß oder Hochschulreife und beruflicher Ausbildung
b) Sozialversicherungspflichtig Beschäftigte ohne Ausbildung

Quelle: Denkfabrik/Institut f. Weltwirtschaft 1990, 175

An dieser Stelle sei der Begriff des "kreativen Mitarbeiters" kurz erläutert. Eine Reihe von Experten forderte, bei der Bildung in der K-Gesellschaft dürften die "kreativen Fähigkeiten" gegenüber Fachqualifikationen und wissenschaftlich-technischem Denken nicht zu kurz kommen. Einige nannten ausdrücklich die Aufgabe musischer und ästhetischer Erziehung. Damit wird u.a. an den Kontext der Intelligenzforschung der 50er und 60er Jahre angeknüpft. Man stellte damals fest, daß es eine Gruppe als "intelligent" bezeichneter Schüler und Schülerinnen gab, die zu Mathematik, Sprachgrammatik, naturwissenschaftlichen und technischen Fächern neigten, und die zugleich auf Gefühlsausdruck, Freundschaften und menschliche Auseinandersetzungen we-

70 Vgl. Grabher 1988, 28ff.

niger Wert legten. Demgegenüber gab es eine Gruppe als "kreativ" bezeichneter Schülerinnen und Schüler, die mehr zu Sprachunterricht, zu literarischen, musischen und ästhetischen Fächern neigten, die mehr auf Gefühlsausdruck Wert legten, und sich mehr um Freundschaften kümmerten und in soziale Beziehungen verstrickt waren[71]. Anhänger Horkheimer' und Habermas'scher Sprachregelungen würden sagen, daß erstere eher eine "instrumentelle Vernunft" besitzen, letztere demgegenüber mehr "kommunikative Kompetenz".

Man muß sehen, daß kreative Menschen in diesem Sinne - obschon sie in der K-Gesellschaft wie in jeder anderen vorhanden sind und faktisch eine bedeutende Rolle spielen - der Wissenschaft und Technik normalerweise weniger bekannt oder gar ein Greuel sind[72]. Der "kreative Mitarbeiter", den insbesondere Unternehmer und Wissenschaftler meinen, ist vor allem ein "intelligenter" Mitarbeiter, der außerdem noch eigenständig Probleme erkennt, sie selbständig zu thematisieren vermag, und, möglichst im Team, eigene Ideen zur Problemlösung entwickelt - wobei es sich wohlgemerkt durchweg um wissenschaftliche, technische, kaufmännische, rechtliche und organisatorische Probleme handelt, und um ästhetische allenfalls, wenn es außer der Funktionalität auch um die Gefälligkeit eines Produkts geht. Wenn also in der neueren Fachliteratur außer Wissen auch "Kreativität" als Kernelement von K-Regionen und Schlüsselfaktor für erfolgreiche industrielle Innovationen angeführt wird, so ist damit der Problemlösungs-Ideenreichtum der "Intelligenten" gemeint, der zu mehr Effizienz und Produktivität, und damit zu erhöhter Rentabilität führt. In diesem Sinne hat sich auch die Rede von "intelligenten Techniken" und "intelligenten Problemlösungen" eingebürgert.

Als Berufsgruppen lassen sich die derweise intelligenten und kreativen Menschen insbesondere als Mathematiker, Chemiker, Physiker und Biologen, als Informatiker und Datenverarbeitungsfachleute sowie als

---

[71] Getzels/Jackson 1962, Hudson 1966
[72] Vgl. die empirischen Erhebungen zu den Technik- und Berufsbildern unterschiedlicher Berufsgruppen in Huber 1989.

Ingenieure und Techniker in Bereichen wie Elektro, Maschinenbau, Fahrzeugbau, Bauwesen, als Architekten u.a. identifizieren. Der Anteil dieser Berufsgruppen der vorwiegend technischen Intelligenz an der Gesamtheit der Erwerbstätigen ist klein. Er liegt in der Bundesrepublik gegenwärtig bei 7 Prozent. Man kann dieser Gruppe noch weitere Spezialisten in den Bereichen Finanzen, Betriebswirtschaft, Rechtswesen und öffentliche Verwaltung angliedern, auch einige Soziologen und Psychologen, die zum Beispiel auf dem Feld der Beratung, der Weiterbildung oder der Personal- und Organisationsentwicklung tätig sind. Man kommt dann schätzungsweise auf 10 - 12 Prozent.

Im Vergleich zu früheren Jahrzehnten stehen hinter diesem Anteil allerdings sprunghaft gestiegene Zuwachsraten. Früher lagen die Anteile der "technischen Intelligenz" viel niedriger. Zum Beispiel betrug die Zuwachsrate der erwerbstätigen Naturwissenschaftler in den letzten 15 Jahren 33 Prozent, der Elektroingenieure 42 Prozent, der Datenverarbeitungsfachkräfte sogar knapp 200 Prozent[73]. Die Zuwachsdynamik der intelligent-kreativen Wissensarbeiter hält vorerst weiter an. Zwar werden sie auch künftig nicht die Mehrheit stellen, aber sie werden die Minderheit bleiben, aus deren produktions- und produktivitätssteigernden Hervorbringungen der Großteil der Wohlstandsdividende für die gesamte K-Gesellschaft abfällt. Sie selbst wissen darum, und gaben es auch in unseren Interviews zu verstehen:

> "Es wird immer nur eine begrenzte Gruppe sein, die das alles versteht. Nur wenige verfügen über ein großes Wissen. Das sind nicht notwendig Akademiker. Auch bestimmte Facharbeiter mit dem spezifischen Wissen gehören dazu. Die sind für ihre Firmen völlig unersetzlich. Aber es sind immer nur wenige, auf die es ankommt, und die das letztlich alles erzeugen".

Vielleicht wäre manches Verständigungsproblem in der K-Gesellschaft geringer, wenn jene, die sich mehr zu den "Kreativen" zählen und sich im Besitz der vornehmeren "kommunikativen Kompetenz" wähnen, diesen ziemlich nüchternen Sachverhalt vorbehaltloser anerkennen könnten. Sie wären dann ihrerseits den anderen weniger ein Greuel. Jeden-

73 Trautwein-Kalms 1991, 216; MatAB Heft 6, 1987

falls ist der Schlüsselfaktor Bildung und Humanressourcen dahingehend zu spezifizieren, daß es in erster Linie auf die hochqualifizierten Kräfte in gehobener und höherer Stellung ankommt, auf die Skill-Intensität der Spitzenkräfte. Erst die Existenz einer bedeutenden Schicht von Spitzenkräften macht ein Land mit guter Breitenbildung und -qualifikation zur K-Region. "Als Standort für forschungsintensive Unternehmen", so ein Gutachten des Institut für Weltwirtschaft der Universität Kiel, "kommt eine Region in Betracht, die über einen attraktiven Arbeitsmarkt für hochqualifizierte Arbeitskräfte verfügt, d.h. ausreichende Beschäftigungsmöglichkeiten für Hochqualifizierte bietet"[74].

K-Regionen erkennt man deshalb nicht zuletzt daran, daß die Nachfrage nach Spitzenkräften das vorhandene Potential übersteigt. Je höher die Qualifikation, desto rarer das Personal. So besteht ein Wettbewerb unter den Unternehmen und anderen Arbeitgebern, die besten Leute für sich zu gewinnen - sie gleich frisch von der Hochschule oder Fachhochschule weg anzuwerben, sie Wettbewerbern abzuwerben, sie durch eigene Weiterbildungsanstrengungen heranzuziehen, und sie gegen Abwerbungsgebote anderer an sich zu binden[75]. Deshalb kann - zur Speisung des Arbeitsmarktes für Höherqualifizerte und Spitzenkräfte - die Anwesenheit von Hochschulen, insbesondere Technischen Hochschulen und Fachhochschulen, durchaus von ausschlaggebender Bedeutung sein. Studenten werden schon als Praktikanten, Werkvertragsnehmer, Aushilfskräfte oder Verfasser einer betriebsbezogenen Studienarbeit an die Unternehmen herangeführt. Manche KMU kooperieren bei der Ausbildung von Kräften für den Eigenbedarf[76].

Vorausgesetzt werden muß hierbei allerdings, daß das Arbeitsplatz-Angebot dem Studienplatz-Angebot nicht nachsteht. Sich nur um Arbeitsplatz-Entwicklung zu kümmern wäre genau so wenig erfolgversprechend wie sich nur um Bildung und Qualifikation zu kümmern. Im einen Fall sind angesichts der angespannten Lage in diesem Arbeits-

---

[74] Denkfabrik/Institut für Weltwirtschaft 1990, 124
[75] Beuschel/Gensior/Sorge 1988, 36ff.
[76] Beuschel/Gensior/Sorge 1988, 321ff.

marktsegment Spitzenkräfte schwer ins Land zu bekommen, im anderen Fall nur schwer im Land zu halten. Sie gehen woanders hin studieren, und dann eben auch arbeiten:

> "Der Ausbau von Ausbildungskapazitäten hat nur Sinn, wenn ein Arbeitsplatz-Angebot da ist. Sonst subventioniert man nur andere Regionen. Obwohl, je mehr Leute man hier qualifiziert, umso mehr sollten auch hängenbleiben".

SCHLESWIG-HOLSTEIN

Bezüglich der Verfügbarkeit qualifizierter Kräfte können in Schleswig-Holstein gewisse Defizite, jedoch auch gewisse Chancen festgehalten werden. Die breite Allgemeinbildung ebenso wie die berufliche Bildung werden als gut bis sehr gut berichtet. Darüber hinaus gelten die gut ausgebildeten Arbeitskräfte in Schleswig-Holstein als solide und zuverlässig, was sich zum Beispiel in einem bemerkenswert niedrigen Krankenstand äußert (vgl. Abb. 29).

Es gibt jedoch weniger Höher- und Hochgebildete als anderswo (14 Prozent statt im Bundesdurchschnitt 16 Prozent). Trotz relativ zur Wirtschaftskraft höherer Bildungsausgaben als in manchen anderen Ländern entfallen in dem relativ dünn besiedelten Flächenstaat auf den Einzelnen absolut weniger Bildungsinvestitionen (vgl. nochmals Abb. 26 und 27). Auch dies wurde in anderen Studien bereits erhellt[77].

[77] Nerb 1989, 25; Denkfabrik/Institut für Weltwirtschaft 1990, 169ff.

Abb. 29: **Krankenstand nach Ländern**
(in Prozent der Mitglieder der AOK's im Jahresdurchschnitt 1985)

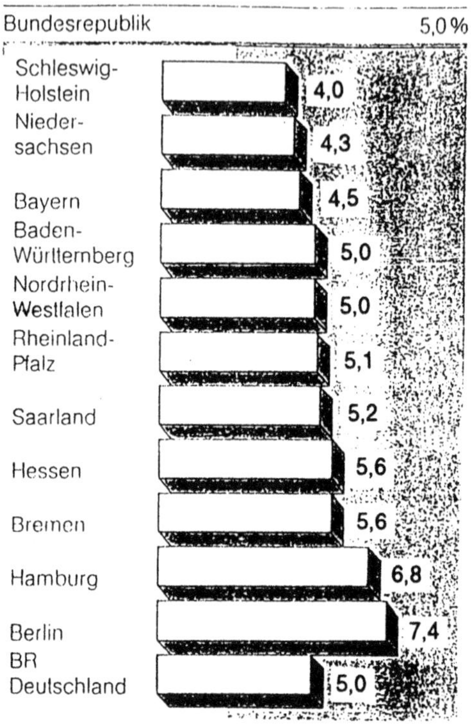

Quelle: Wirtschaftsförderungsgesellschaft Schleswig-Holstein, Kiel 1988, 31

Hinzu kommt ein Aderlaß durch Abwanderung. Wie Abb. 30 zeigt, weist Schleswig-Holstein mit -27,7 Prozent in der Wanderungsbilanz von Studierenden den mit Abstand höchsten Verlust von vorgebildeten jungen Leuten auf. Berlin dagegen bezieht aus anderen Regionen 56 Prozent, Hamburg 40 Prozent.

Abb. 30 : Wanderungsbilanz von Studierenden in der Bundesrepublik 1989/90
(Saldo der Studierendenzahlen zwischen Land des Studienorts und Herkunftsland in Prozent)

Berlin	+ 56,3
Hamburg	+ 40,0
Bayern	+ 8,7
Hessen	+ 7,8
Nordrhein-Westfalen	+ 0,2
Baden-Württemberg	- 0,7
Saarland	- 12,7
Bremen	- 13,0
Rheinland-Pfalz	- 15,0
Niedersachsen	- 18,6
Schleswig-Holstein	- 27,7

Quelle: BMBW Grund- und Strukturdaten 1989/90, 182

Zum Problem der Abwanderung von Gebildeten bzw. Vorgebildeten sagte einer der Befragungsteilnehmer :

> "Da sieht's schlecht aus in Schleswig-Holstein. Es gibt keine Technische Hochschule nördlich von Hannover, Braunschweig oder auch Hamburg-Harburg. Die Absolventen müssen von Schleswig-Holstein aus immer abgeworben werden. Die Absolventen aus Schleswig-Holstein würden gern in Schleswig-Holstein bleiben oder auch zurückkehren. Aber das geht aufgrund geringer Nachfrage nicht. Der Qualifizierungsstand in Schleswig-Holstein ist insgesamt sehr gut, aber die meisten wandern ab".

Der Grund hierfür liegt zum einen im mangelnden Studienplatzangebot. Auch die neu gegründete Technische Fakultät, zusammen mit einer Reihe von Anstrengungen an den Fachhochschulen, ist im Ergebnis offenbar immer noch nicht hinreichend. Zum andern liegt es am mangelnden Arbeitsplatzangebot. Es besteht ein "Rückstand Schleswig-Holsteins bei den besonders hoch qualifizierten Arbeitnehmern, wenn man den Anteil der sozialversicherungspflichtig Beschäftigten mit Hochschulabschluß oder mit Hochschulreife und beruflicher Ausbildung als Indikator heranzieht"[78]. In Schleswig-Holstein beträgt dieser Anteil 36 je 1000 Beschäftigte, im Unterschied zu 49 im Bundesdurchschnitt und 65 in Berlin oder 63 in Hamburg und Hessen (vgl. nochmals Abb. 28).

[78] Denkfabrik/Institut für Weltwirtschaft 1990, 173

Ein paradoxer Effekt liegt hierbei darin, daß Plätze für Spitzenkräfte, wenn sie einmal da sind, nur mit Mühe besetzt werden können, weil der Arbeitsmarkt in diesem Segment aufgrund ansonsten fehlender Nachfrage nicht entwickelt ist[79].

"Es ist ein mühseliges Geschäft, gute Leute nach Schleswig-Holstein zu bekommen".

"Wenn wir hochqualifizierte Leute bekommen wollen, dann müssen die eine gewisse Wahlfreiheit haben. Die müssen dann auch mal sagen können, ich wechsle jetzt meinen Arbeitgeber und gehe um die Ecke zum anderen. Das geht nicht, wenn nur ein Arbeitgeber am Platz ist".

"Es ist für uns hier sehr schwierig, eine schlagkräftige Forschergruppe aufzubauen. Ein Biochemiestudium gibt es hier eben leider nicht, und die Leute, die wir brauchen, sind da, wo es das gibt".

"Die Pendlerbilanz in Schleswig-Holstein verschiebt sich immer mehr zugunsten Hamburgs. Dort wird besser bezahlt, es gibt mehr berufliche Chancen, und überhaupt mehr interessante Abwechslung. Die meisten Absolventen der Fachhochschulen Schleswig-Holsteins bleiben nicht, sondern wandern ab. Sie werden mit horrenden Gehältern abgeworben, im technischen und naturwissenschaftlichen Bereich, in der Informatik, aber auch die Diplom-Kaufleute der Uni Kiel".

Umgekehrt kann jedoch festgestellt werden - und hierin liegen künftig spezielle Chancen für Schleswig-Holstein - daß dort, wo es gelingt, in zukunftsträchtigen und renommierten Wissenschafts- und Industriebereichen Studien- und Arbeitsplatzangebote zu machen, Spitzenkräfte anscheinend mühelos angezogen werden können. Die Image-Studie Schleswig-Holstein der Firma Roland Berger hat erbracht, daß sich die Zielgruppe, die für Schleswig-Holstein am leichtesten ansprechbar ist, aus dem Kreis der 30-50jährigen besser Gebildeten in höherqualifizierten Berufen zusammensetzt[80]. Dies hat nach unseren Erhebungen zu einem geringeren Teil damit zu tun, daß Schleswig-Holsteiner nach Möglichkeit gerne wieder in ihre Heimat zurückkehren, wenn sich ihnen entsprechende Möglichkeiten eröffnen, zum größeren Teil aber damit, daß sich Spitzenkräfte zum Beispiel in Bereichen wie Mikroelektronik, IuK-Technik, Biotechnik u.a. in einem nationalen bis internationalen Arbeitsmarkt bewegen, der kaum regionale Gehalts-

---

[79] Vgl. IHK Kiel, Strukturbericht 1991, 7f.
[80] Berger Forschungsinstitut 1990, 62 und 64

differenzen zuläßt. Man muß also in Schleswig-Holstein genauso viel zahlen wie in Basel oder München. Unter dieser Voraussetzung wird die Umwelt- und Lebensqualität in Schleswig-Holstein zusammen mit preiswerten Wohnmöglichkeiten und einem familienfreundlichen Umfeld zu einem gewichtigen Plus.

"Der 'unglückliche Norddeutsche' außerhalb seiner Heimat, der hier keinen Job gefunden hat, kommt gerne wieder zurück. Das beobachten wir hier überall".

"Die Randlage bietet für Schleswig-Holstein auch eine Chance, insbesondere was die Werbung von hochqualifizierten Arbeitskräften angeht. Es geht doch heute keiner mehr in überfüllte und überteuerte Ballungszentren. Allerdings müssen da in Schleswig-Holstein die entsprechenden Arbeitsmöglichkeiten angeboten werden".

Zum Beispiel im Bereich geomarine Wissenschaften und Technologie: "Wir werden überschwemmt mit erstklassigen Bewerbern. Wir sind international eingebunden, und unsere Absolventen gehen überall hin, ins In- und Ausland, in die Forschung, die Industrie, die Verwaltung, in Consultingfirmen usw. Einige haben auch bereits hier in der Gegend eigene Firmen aufgemacht".

Zum Beispiel im Bereich Elektronik: "Auswärtige Kräfte anzuwerben ist an sich gar nicht so schwierig wie immer gesagt wird. Natürlich haben wir auch Öffentlichkeitsarbeit gemacht und sind als Firma auch international bekannter geworden. Zu einer bekannten Firma geht man eher. Außerdem haben Standorte wie München längst den Nachteil, daß sie auch für Gutverdienende sehr teuer geworden sind. Bei uns ist das Leben alles in allem doch billiger, und wir zahlen den Leuten die gleichen Gehälter, denn auf dem Markt für solche Fachkräfte gibt es lokale Gehaltsunterschiede praktisch kaum".

Zum Beispiel im Bereich Informatik und Wirtschaftsinformatik: "Das mit den Spitzenkräften ist aus unserer Sicht gar nicht so schlimm wie man immer hört. Wenn wir eine Ausschreibung machen, dann stammt die Hälfte der Bewerber aus Hamburg oder sogar aus Stuttgart. Häufig sind das auch Leute, die ursprünglich von hier stammen und gerne wieder in ihre Heimat zurückkehren würden. Dem Land geht soviel Humankapital durch Abwanderung verloren. Wenn man attraktive Angebote macht, kommen die gerne wieder".

Hohe Lebensqualität: Wohlstand, Urbanität und intakte Umwelt

Als Lebensqualität sei hier die Möglichkeit bezeichnet, unter Bedingungen von Wohlstand und einer ökologisch intakten Umwelt einen Lebensstil nach eigenem Geschmack zu pflegen. Unter zivilisierten Bedingungen benötigt man hierfür zunächst einmal Geld, also ein ansehnliches Einkommen, stamme dieses aus Erwerbstätigkeit, staatlichen und sozialstaatlichen Umlagen oder aus Vermögen. Unter dieser Voraussetzung wird sich Lebensqualität in der Regel in einem gehobenen Konsumstandard äußern, mit gefülltem Kühlschrank und sorgfältig bestücktem Kleiderschrank, mit einer lückenlosen Ausstattung an längerlebigen Konsumgütern der gehobenen Preisklasse einschließlich regelmäßiger Ferienreisen, sowie im Bedürfnis, komfortabel und schön zu wohnen. Ausnahmen hiervon bilden selbstgewählte asketische Lebensstile ("voluntary simplicity") und ähnliche symbolisch demonstrative Lebensweisen, die in ihrer spezifischen Kultiviertheit dem allgemeineren Geschmäcklertum stets um einige avantgardistische Distinktionsschritte voraus sind.

Des weiteren gehören zur Lebensqualität im zeitgenössischen Verständnis eine gut ausgebaute medizinische Versorgung und gute Schulen für die Kinder. Dem schließen sich Sporteinrichtungen und eine breite Palette anderer Freizeitangebote an. Zum geschätzten urbanen Ambiente gehören nicht zuletzt Unterhaltungsangebote, Zeitschriften, Fernsehen, Radio, Kinos, Theater, Konzerte, Museen sowie feine Restaurants und schicke Cafés. Städtebauliche und architektonische Höhepunkte sowie andere Attraktionen in der näheren Umgebung sind willkommen, obschon nicht unbedingt vor der eigenen Tür. Das eigene schöne Leben soll am liebsten im Grünen beheimatet sein ("Vorne 'raus die Friedrichstraße, hinten 'raus die Ostsee", wie Tucholsky schrieb), auf alle Fälle in sauberer Luft, die Lebensmittel sollen gesund sein, die Böden unverseucht, das Wasser klar und rein, und die Landschaft ringsumher möglichst unversehrte Natur so weit das Auge reicht.

Lebensqualität stellt für viele Menschen sicherlich einen Wert an und für sich dar, besonders für Menschen aus den mittleren, gehobenen und höheren Schichten. Zum K-Faktor jedoch wird eine hohe Lebensqualität als Standortfaktor für qualifiziertes Personal. Ein ökologisch zerstörtes Land verliert Menschen, ein ökologisch gepflegtes Land gewinnt sie, und dies gilt insbesondere für die Träger neuer Technologien. Heute bereits virulente K-Regionen wie zum Beispiel die San Francisco Bay Area, Denver Col., Boston, Rhone-Alpes-Cote d'Azur, Piemont-Lombardei, Südbayern, die Schweiz usw. stellen allesamt Gegenden von hoher Lebensqualität dar. Insofern dieser Standard bedroht erscheint, sind auch diese Standorte bedroht. Der frühere Bundesbauminister Schneider trug hierzu einmal vor:

> "Die knappste Ressource der Zukunft wird nicht das Kapital und auch nicht der Boden sein, sondern der hochqualifizierte, leistungswillige Mitarbeiter, der bereit ist, 60 Stunden in der Woche zu arbeiten. Metropolen, die im internationalen Standortwettbewerb bestehen wollen, müssen ein attraktives Umfeld für diese Mitarbeiter bieten, ... und müssen sich auch um die städtebauliche Qualität und um die Umweltqualität der Standorte für Betriebe und Wohnungen kümmern"[81].

Gleiche Aussagen machten die Teilnehmer unserer Befragung:

> "Der Arbeitsmarkt für hochqualifizierte Arbeitskräfte wird immer leerer gefegt. Die Unternehmen müssen sich die Leute immer öfter gegenseitig abwerben. Und die knappen Arbeitskräfte werden immer wählerischer. Deshalb werden die Fringe Benefits immer wichtiger, also nicht nur wegen der Steuer, sondern weil man seine wichtigen Mitarbeiter verwöhnen muß. Und dazu gehört natürlich ein Ia-Ambiente bei der Arbeit, ein bißchen Luxus, ein interessantes Wohnumfeld, Sport, Naherholungsmöglichkeiten, grüne Umwelt usw."

> "Wenn an zwei Orten die harten Standortfaktoren wie Verkehrsinfrastruktur, Grundstückspreise u.a. einander gleichwertig sind, dann geben die weicheren den Ausschlag. Deren Bedeutung wächst, solange und sofern die Einkommen weiter wachsen. Denn mit steigenden Einkommen steigt auch die Chance, Ansprüche an die Umgebung zu realisieren: ansprechender Arbeitsplatz, ansprechender Wohnort (von daher das neue Interesse an Industriearchitektur, Stadtentwicklung usw.), ansprechende Freizeit- und Kulturangebote usw."

> "Immer mehr Industrieansiedlungen werden nach meinem Eindruck vom Umfeld abhängig gemacht. Hier bietet sich ein Vergleich an: Die Produkte heute sind alle so gut und austauschbar, da entscheidet eben das Design".

---

[81] O. Schneider, Beitrag des Wohnungsbaus zum Wirtschaftswachstum, in: Bulletin der Bundesregierung Nr. 142, 3.1.1988, zit. Häußermann 1990, 39

"Die Lebensqualität wird zum entscheidenden Standortfaktor. Diese ist eine Mischung von Kulturangebot, Freizeit, Bildungsmöglichkeiten, und was man dafür bezahlen muß. Nicht nur in Geld ausgedrückt, auch in Zeit und sonstigem Aufwand. Was nützt es den Münchnern, daß sie die Alpen vor der Tür haben, wenn sie wegen der Staus gar nicht hinkommen?"

Hervorgehoben zu werden verdient die Festellung, daß die Befragten von sich aus Aspekte des *Kulturangebots* und der *Urbanität* häufiger vorbrachten als den Aspekt der *Naturnähe*, schöner Landschaft u.ä.

"Kultiviertes Wohn- und Arbeitsumfeld ist das wichtigste überhaupt. Man sollte dabei aber nicht nur an Hochkultur denken. Es läuft sehr viel auf kleiner Ebene und die Leute gehen hin. In der Bundesrepublik werden zum Beispiel mehr Eintrittskarten für Museen als für Fußballspiele verkauft".

"Die Szene sollte sehr breit sein: Museen, Galerien, Kleinkunst. Man muß sich aber immer die Frage der Finanzierbarkeit stellen. Auch die Kunst muß sich Kosten-Nutzen-Überlegungen stellen".

"Ausgehen können, Einkaufspassagen, das ist wichtig, um Leute anzuziehen. Kultur gewinnt an Bedeutung. Das bezieht sich auf die Zahl der Kunstgalerien, aber auch auf ein lebendiges Erwachsenenbildungssystem".

"Hinten Ostsee, vorne Ku'damm geht nicht. Da im Bereich neuer Technologien auch sehr junge Leute arbeiten, ist die Stadt natürlich attraktiver. Da muß was los sein, keine Polizeistunde und so. Die nutzen Freizeit zu anderen Zeiten als üblich. Auch bringt nur eine lebendige Umwelt Anregungen. Das ist auf dem Land überwiegend nicht möglich".

Mit dem Aufkommen der IuK-Techniken hatten sich zunächst eine Reihe von Dezentralisierungs-Szenarien verbreitet wie zum Beispiel die räumlich verstreute Telearbeit oder die vermeintlich abnehmende Bedeutung von Standortfragen. Dies kann zu einer geradezu fahrlässigen Verkennung der weiterhin zunehmenden Bedeutung der urbanen Agglomerationsbildung führen. Eine K-Region ist kein einförmiger Zierrasen, der milde mit der Gießkanne gesprengt wird. Eine K-Region ist gegliedert in funktional spezialisierte und verschiedengestaltige Teile. Jede K-Region wird in sich feinteilige Zentrum-Peripherie-Gliederungen aufweisen. Deshalb braucht jede Region, die K-Region werden will, ein deutliches Zentrum, gegebenenfalls auch mehrere davon. Raumwirtschaftliche Untersuchungen belegen eine unverminderte Verdichtungsraum-Orientierung von Investoren, Unternehmen und Arbeitskräften[82].

Sechs von zehn Teilnehmern unserer Befragung halten eine Zentrumsbildung für einen wichtigen Entwicklungsfaktor, und drei Viertel erwarten, daß sich der Trend zu agglomerativen Verdichtungsräumen fortsetzt. Verdichtungsräume bieten Fühlungsvorteile. Sie sind besser mit Ressourcen versorgt. Menschen und Betriebe finden mehr Auswahlchancen vor als in weniger verdichteten Gebieten. Dazu kommen bislang immer noch Mentalitätsunterschiede, etwa derart, daß städtische Lebensstile weniger traditionsverbunden und auch sonst ungebunden-neugieriger sind. Innovative Impulse welcher Art auch immer kommen vor allem aus den urbanen Agglomerationen[83]. Nicht zuletzt bleibt die persönliche Kommunikation, der direkte Kontakt in situ, die bei Bedarf spontan herstellbare Begegnung, trotz aller Telekommunikation so bedeutend und vorrangig wie immer. Für kooperative und kommunikative Netzwerke ist der direkte persönliche Kontakt sicherlich nicht immer und unbedingt erforderlich, aber ungemein förderlich und deshalb im Vorteil[84]. Auch der Ausbau der Verkehrs- und Telekommunikations-Infrastrukturen von den zentralen Knoten aus, ebenso wie die Verkehrs- und Telekommunikations-Kosten, wirken zugunsten der urbanen Agglomerationsbildung.

"Wer die Chancen der Informationsgesellschaft mehr in der Peripherie sieht, hat theoretisch recht, die anderen haben jedoch praktisch recht. Denn auch für TK-Netze gilt, daß sie dort wirtschaftlicher betrieben werden können, wo die Netzauslastung am größten ist, und das ist in den Ballungsgebieten. Außerdem ist TK nicht alles. Nähe und Fühlungsvorteile spielen eine große Rolle - zum Markt, zum Arbeitsmarkt, zu den Menschen, die Nähe der Anbieter und Nachfrager untereinander".

"Innovationen brauchen als Umfeld eine dichte Infrastruktur mit vielen Querverbindungen. Da sind die sogenannten Fühlungsvorteile. Ich meine nicht nur eine Telekommunikations-Infrastruktur, sondern vielmehr personelle Kommunikationskanäle, nahe Wege, ständige und stetige Kontakte, und das bei hohem Qualifikationsniveau. Die Höherqualifizierten sitzen ja überwiegend in den Zentren".

---

82 Henckel et al 1986, 64, 153
83 Irsch 1990, 58
84 Grabher 1988, 64ff., 104ff.

"Die Vorteile liegen in den Ballungsräumen, jedoch nicht technikbedingt, sondern arbeitsmarktbedingt, humanressourcenbedingt. Moderne Betriebe brauchen viele Menschen und Dienste, und die Menschen brauchen viele moderne Betriebe. Diese Konstellation gibt es nur in Ballungsräumen".

"Insgesamt wird es zu einem Europa der Regionen kommen, ... und der Trend zur Agglomeration in den Regionen Europas ist unverkennbar, obwohl immer von Dezentralisierung gesprochen wird".

"Maßgeblich für die Entwicklung sind die großen Konzerne. Die eigentliche Herausforderung liegt im Weltmarkt. Eigentlich wäre es egal, wo die Konzerne sitzen, aber sie sitzen nun einmal in den Ballungsräumen".

"Wenn es darum geht, Zugänglichkeit zu erhöhen, so kann man hierbei im Bild eines Netzwerks von Kanälen bzw. Verbindungen denken. Die Knotenpunkte in diesen Netzen haben die größeren Chancen. Man kann auch sagen, die Zentren. IuK-Technologien ermöglichen peripheren Orten zwar im Prinzip den verbesserten Zugang, aber in Wirklichkeit kommt es auch auf lokale Netzwerke von Menschen an, die spezifische Arbeitsmarkt-Segmente abdecken. Es ist zum Beispiel kein Zufall, daß Banken und Versicherungen sich immer mehr in den Cities konzentrieren. Der gemeinsame zentrale Ort ermöglicht Austausch zwischen Menschen und Transfer von Know-How, die so anders nicht gegeben sind.

Der springende Punkt ist, daß Ballungsräume Wissenszentren darstellen, genauer gesagt, Ballungsräume profitieren umso mehr, je mehr sie Wissenszentren bilden. Tun sie dies nicht, gehen sie unter. Ein solches Wissenszentrum entsteht durch die Verbindung einmal natürlich von Wissenschaft und Bildung, dann aber Industrie und nicht zuletzt auch wissenschaftlichem Personal, Wissensarbeitern, auch in der öffentlichen Verwaltung.

Diese spezifische Verbindung, die ein Wissenszentrum ausmacht, die Verbindung von Forschung und Bildung mit Industrie und Dienstleistungsunternehmen und der öffentlichen Verwaltung, kann man eigentlich nicht künstlich herstellen. Das entwickelt sich. Man kann vielleicht insoweit etwas nachhelfen, als es möglich ist, daß Industrie Wissenschaft nach sich zieht, oder umgekehrt Wissenschaft Industrie anzieht.

Die Frage bleibt aber die alte, nämlich: In welcher Verbindung stehen aufstrebende Mittelstädte zu großen Zentren? Agglomerationen stellen regionale Netze dar. Freiburg zum Beispiel profitiert nicht nur von seinem Status als angesehener Universitätsstadt, sondern auch von der günstigen Lage zu Karlsruhe, Straßburg, Basel. Da sitzen die Unternehmen, die in Freiburg selbst vielfach fehlen. Aber in der Gesamtregion ergänzt man sich".

Im Zuge der Wiederentdeckung der Forumsqualitäten der Stadt hat in praktisch allen Städten der fortgeschrittenen Industrieländer ein Prozeß der "Gentryfication" eingesetzt. Gentry ist ein historischer angelsächsischer Ausdruck für die besitzenden Stände. Gentrifizierung heute bedeutet, wie Häußermann schreibt, "daß in einem Stadtgebiet die Bewohner mit niedrigen Einkommen durch Bewohner mit höheren Einkommen und anderen Konsumstilen ersetzt werden. Dieser Prozeß vollzieht sich in den letzten Jahren in solchen innenstadtnahen Wohngebieten, die eine ältere Bausubstanz aufweisen und von den großflächigen Sanierungen der 60er Jahre verschont geblieben sind. Ausgelöst wird der Prozeß durch eine Steigerung der privaten und öffentlichen Investitions- und Modernisierungstätigkeit. Sichtbar wird er durch einen Wandel des Angebots und des Stils der privatwirtschaftlichen Versorgungseinrichtungen sowie durch Erscheinungsbild und Habitus der neu zugezogenen Bewohner.

...

Dies ist überall zu beobachten, wo es eine privatwirtschaftlich organisierte Wohnungsversorgung gibt: in New York, Paris und London ebenso wie in Hamburg, Köln oder München. ... Den sozialen Gruppen, die die wichtigsten Träger der Gentrification sind, wird für die ökonomische Zukunft der Städte eine wichtige strategische Rolle zugeschrieben, sie gelten in den Städten mit den schwierigsten Arbeitsmarktsituationen geradezu als 'Hoffnungsträger' ... Es handelt sich um Berufstätige in den 'unternehmens- bzw. produktionsorientierten Dienstleistungen'. In diesem Sammelbegriff sind Beschäftigte in Forschung und Entwicklung, Architektur- und Ingenieurbüros, Banken und Versicherungen, in der EDV, Werbung, Marketing, Rechts- und Unternehmensberatung zusammengefaßt. ...

Diese Berufsschicht wächst in allen Städten, und es sind vor allem jüngere Personen, die in die neuen High-Tech- und Organisationsberufe hineinwachsen. Die Gruppe von 'young urban professionals' (Yuppies) ist unter den kaufkräftigen Schichten, die den Gentrification-Prozeß tragen, stark vertreten"[85].

Es ließe sich darüber spekulieren, ob im Gegenzug zur Gentrifizierung der Städte durch jüngere Leute nicht eine Gerontrifizierung auf dem Lande durch ältere Leute stattfindet. Dafür kommen einmal Personen in Betracht, die an ihrem Ort geblieben sind, während die Jüngeren in die urbanen Agglomerationen zogen, zum anderen Personen, die sich aus dem Berufsleben zurückgezogen haben, bzw. die sich im Hinblick auf ihren allmählich nahenden Ruhestand schon einmal einen Zweitwohnsitz auf dem Lande zugelegt haben. Für eine solche Entwicklung spricht zum Beispiel die Beobachtung, daß in der Bundesrepublik in Gebieten wie dem Allgäu, Lüneburg (Lüchow-Dannenberg) und Ostholstein, also Gegenden, die als besonders "schöne Gegenden" gelten, am meisten Ältere leben (17-19 Prozent über 65jährige in der Bevölkerung).

Eine andere Frage, die sich stellt, geht dahin, ob Lebensqualität, besonders Umweltqualität, eine Voraussetzung hochindustrieller Entwicklung darstellt, die von dieser in der Folge aufgezehrt und zugrunde ge-

---

85 Häußermann 1990, 35, 38f.

richtet wird, oder ob Lebens- und Umweltqualität nicht ebenso das Ergebnis einer hochindustriellen Entwicklung darstellen. Anders gefragt: Bedeutet die Erschließung eines Landes seine ökologische Zerstörung? Unter dem Eindruck eines grün bewegten Zeitgeistes würde man eventuell zu einer solchen Auffassung neigen, da in dieser Perspektive so gut wie immer nur das Zerstörerische, nie das Schöpferische der Modernisierung gesehen wird, weil, anders ausgedrückt, der permanente Umbau nur als Differenz von Aufbau und Abbau, nicht zugleich auch als Integral beider begriffen wird.

Daß sich in Wirklichkeit ein solches Integral bildet, mag man sich daran verdeutlichen, daß romantische, lebensphilosophisch-vitalistische, ökologische u.a. Bewegungen selbst schon immer spezifische Modernisierungsbewegungen gewesen sind. Würde man dem naturliebenden Mittelschichts-Publikum den Urwald anbieten - nicht für Rucksackferien, sondern als ständigen Lebensraum - würde sofort klar, daß in Wahrheit nicht dieser ihr Leitbild darstellt, sondern der kultivierte gepflegte Park, und sei es als englischer Garten, als romantisch der wilden Natur nachempfundener "sentimental park". In den zivilisierten Gegenden der Welt gibt es schon lange keine weißen Flecken mehr. Naturparks sind künstliche Reservate, der Rest ist Stück für Stück Kulturland - und man darf es durchaus als ein Zeichen für eine lebensverbundene schöpferische Kultur werten, wenn in ihr heftige Kontroversen darüber ausgetragen werden, ob die typische Industrielandschaft bisheriger Art nicht richtiger als Kulturschande angesehen werden muß.

Kulturgeschichtlich gesehen erscheint es als Willkür, die landschaftlichen und baulichen Hervorbringungen der Ackerbau-Handwerks-Zivilisation (Wirtschaftswälder, Felder, Wiesen, Fachwerkhäuschen, Steinbrücken und wuchtige Burgen) als "schöne Natur" wahrzunehmen, dagegen die Hervorbringungen der Industriegesellschaft grundsätzlich als "häßlich" abzutun. Moderne Architektur kann wunderschön sein, moderne Brücken sind Augenweiden der Eleganz im Vergleich zu den klumpigen Steinhaufen früherer Zeiten. Bürgerliche Stadtviertel sind komfortabler und prächtiger als jedes nachgebesserte Fachwerkidyll.

Auch die großtechnische Landschaftsnutzung muß nicht so bleiben wie sie bisher war. Viele Anzeichen sprechen dafür, daß sich dies bereits grundlegend zu ändern begonnen hat. Solche Entwicklungen sind eine Frage der Wissens-, Bewußtseins- und Willensbildung sowie auch der nötigen technischen, finanziellen und personellen Ressourcen. Eben *weil* die K-Gesellschaft diese Ressourcen ständig erweitert reproduziert, wird sie sich auch die Umwelt herstellen, die ihren kulturellen Bedürfnissen entspricht. Je ärmer eine Zivilisation, im wörtlichen und übertragenen Sinn, desto mehr wird sie ihre Umwelt zerstören, je wohlhabender sie dagegen ist, desto mehr verfügt sie über die Mittel, ihre Umwelt zu pflegen und zu kultivieren. Das ökologische Leitbild einer K-Region liegt im tätig kultivierten Garten Erde, im großen grünen Park, und dabei handelt es sich durchaus auch um einen Industriepark.

SCHLESWIG-HOLSTEIN

In punkto Lebensqualität besitzt das Land Schleswig-Holstein ausgeprägte Stärken und Schwächen zugleich. Die Stärken liegen in der besonders hohen Umweltqualität, die Schwächen in mangelnder Urbanität und einem weniger als anderswo konzentrierten Wohlstand.

Schleswig-Holstein hat rund 120 Naturparks und Landschaftsschutzgebiete ausgewiesen. Wasser ist für das Land ein bestimmendes Naturelement. Drei Viertel seiner Grenzen liegen an Ostsee, Nordsee und Elbe. Das Wattenmeer ist seit 1985 Nationalpark. Die touristisch intensiv erschlossenen Nordseeinseln blieben davon ausgenommen. Man sollte hierbei bedenken, daß in der Bundesrepublik die außerstädtische Fläche zur Hälfte zugänglich ist und für Freizeitzwecke genutzt werden kann. In Bayern sind es sogar 61 Prozent, in Schleswig-Holstein aber nur 30 Prozent[86]. So gesehen scheint für weitere Freizeit-

[86] Opaschowski 1991, 33

erschließungen durchaus noch Spielraum vorhanden zu sein, obschon sicher nicht inmitten des Wattenmeeres.

Schöne Landschaft, gesundes Klima, saubere Umwelt, in Verbindung mit sympathischen, naturverbundenen, bodenständigen Menschen, dies sind Eigenschaften, die nicht nur Schleswig-Holsteiner sich und ihrem Land zuschreiben, sondern die, wie in einer Image-Studie des R. Berger-Instituts festgestellt wurde, auch in den Augen Auswärtiger das Bild Schleswig-Holsteins überwiegend und maßgeblich prägen[87]. "Die vergleichsweise intakte Umwelt", so konstatiert denn auch das Institut für Weltwirtschaft in Kiel, "stellt einen positiven Standortfaktor für Schleswig-Holstein dar. ... Zugleich bringt die gegenüber anderen Regionen geringere Umweltbelastung in Schleswig-Holstein einen Kostenvorteil für all jene Wirtschaftszweige mit sich, die auf eine intakte Umwelt als Vorleistung angewiesen sind; das gilt etwa für den Fremdenverkehr"[88].

Die intakte Umwelt und die in Verbindung damit guten Freizeitmöglichkeiten werden praktisch von allen Teilnehmern unserer Befragung positiv hervorgehoben.

"Das ist in Schleswig-Holstein ganz prima. Ich bin Segelfan".

"Das Umweltthema ist unser großes Thema schlechthin. Urlauber kommen nach Schleswig-Holstein wegen des Klimas, der Luft und der Natur. Das hat für das Land schlichtweg existenzielle Bedeutung. Es ist deshalb gefährlich, wenn jetzt herauskommt, daß in der Landwirtschaft eine überdurchschnittliche Nitratausbringung erfolgt. Im Fremdenverkehr wird eng mit Umwelt- und Naturschutzverbänden zusammengearbeitet, vor allem mit den Vogelschützern, oder dem B.U.N.D. Jetzt wird noch ein Urlauberparlament einberufen".

"In Schleswig-Holstein sind die Möglichkeiten für Sport und Freizeit sehr gut. Man kann sich hier echt austoben".

"Schleswig-Holstein kann viel Umweltqualität bieten. Ob das aber ausreicht, um Spitzenleute hierher zu bekommen ..."

"Der Freizeitwert einer Region ist ein Faktor von zunehmendem Gewicht. Schleswig-Holstein hat da mit Wind, Wasser und Lebensqualität doch was zu bieten.

---

87 R. Berger 1990, 7, 20
88 Denkfabrik/Institut für Weltwirtschaft 1990, 192f.

Auch Sylt und so. Auch die neuen Musikfestspiele da sind ganz prima. Nur eben, ohne wissenschaftliche und industrielle Kernstrukturen nützt das nicht so viel".

Bedenken dieser Art häufen sich, wenn es um die Frage des Kulturangebots und der Urbanität geht, trotz des Schleswig-Holstein Musikfestivals, das innnerhalb und außerhalb des Landes mit Begeisterung kommentiert wird:

"Das Schleswig-Holstein Festival hat das Land wirklich toll ins Gespräch gebracht. Das traf den Zeitgeist und so gewisse kulturelle und kommunikative Bedürfnisse. Schafft ein hervorragendes Image".

"Wir werben mit dem Festival bei Einstellungen. Früher sagte man, mit Kultur ist es in Schleswig-Holstein nicht weit her. Das Festival ist ein Volltreffer. Was der Justus Frantz da für uns geschaffen hat, das ist überhaupt nicht bezahlbar. Man sollte das jetzt nicht wieder mit irgendwelchen Kleinlichkeiten kaputt machen".

"Ich weiß nicht, ob 'arbeiten wo andere Urlaub machen' gerade das glücklichste Argument ist, um neue Unternehmen oder Mitarbeiter nach Schleswig-Holstein zu holen. ... Nicht nur Dinge wie das Festival sind wichtig. Dazu gehört auch die Volkskultur. Man muß als Verantwortlicher in Schleswig-Holstein immer wieder sagen: Auch hier leben Künstler mit Weltrang, das muß wahrnehmbar gemacht werden. Allgemein kann man mit dem Angebot nicht so zufrieden sein. Das ist wohl eher durchschnittlich. Und wenn es nicht durchschnittlich ist, dann ist es nicht bekannt".

"Das Festival von dem Justus Frantz ist doch enorm bedeutsam. Wenn Bernie (Leonard Bernstein) in Schleswig-Holstein dirigiert, das ist doch nicht irgendwas. Schleswig-Holstein hat da plötzlich einen Ruf bekommen, den es vorher überhaupt nicht hatte. Also ein echter Knüller, und das müßte man denn sinngemäß so durchhalten".

"Das mit dem Festival ist schön und gut. Aber sonst hapert's schon etwas mit der Kultur. Für das höhere Level der Mitarbeiter ist das wichtig, obwohl gerade die wenig Zeit haben, um das Angebot wahrzunehmen. Auch für Akquisitionen ist ein ansprechendes Kulturangebot wichtig. In Schleswig-Holstein ist das alles etwas provinziell. Es ist nicht schlecht, aber kein Vergleich mit Hamburg, München oder Berlin".

"Das Kulturangebot in Schleswig-Holstein ist recht dünn und provinziell. Auch fehlen Möglichkeiten zum eleganten Shopping, was für Führungskräfte und ihre Angehörigen wichtig ist. Man will schließlich nicht immer nach Hamburg fahren müssen. ... Außerdem, die Gastronomie zum Beispiel in Kiel muß erheblich verbessert werden. Versuchen Sie mal, hier gut essen zu gehen".

"Die Randlage hier ist nicht attraktiv. Die Leute werden zu schlecht bezahlt. Hier kann man schön Ferien machen, aber es fehlt an Urbanität. Nach 22 Uhr kriege ich hier keinen schnellen Brief mehr weg, die Post betreibt keinen Spätschalter. Es gibt keine guten Restaurants, wo man mal ausländische Gäste hinführen kann. So ein bißchen was besonderes, das fehlt einfach. Es ist zu provinziell, und deshalb kriegen wir auch keine qualifizierten Leute hierher. Speziell für High-Tech-Leute spielen solche Umfeld-Dinge eine große Rolle".

"Das Kulturniveau ist - bis auf Ausnahmen wie das Schleswig-Holstein Musikfestival - doch provinziell. Kulturell sind wir ein Vorort von Hamburg. Kultur ist ja auch viel zu teuer. Schleswig-Holstein kann ja gar nicht die Zuschauerzahlen schaffen, um daraus irgend etwas Großartiges bezahlen zu können. Und Kultur auf Kosten von allem anderen künstlich hochzusubventionieren, ist sicherlich nicht in Ordnung und würde auch gar nicht in Frage kommen".

Hier wird ein Punkt angesprochen, der leichte und schnelle Abhilfe nicht in Aussicht stellt. Eine hohe Lebensqualität entsteht als Ergebnis ebenso wie als Bedingung einer hohen Einkommens- und Finanzkraft. Intakte Umwelt als unerschlossene Landschaft nützt nicht als K-Faktor, ebenso Wohnorte ohne erschlossene Urbanität. Erschließung aber kostet Geld. Die Steuereinnahmekraft des Landes und der Gemeinden ist jedoch begrenzt. Dies schlägt sich dann unter anderem zum Beispiel bei der Förderung des Kulturbetriebs mit öffentlichen Mitteln nieder (vgl. Abb. 31).

Abb. 31: **Betriebszuschuß je Theaterbesucher 1987 in DM**

Hessen	125
Hamburg	120
Berlin (West)	116
Bremen	109
Nordrhein-Westfalen	108
Baden-Württemberg	103
Bayern	98
Niedersachsen	88
Saarland	83
Schleswig-Holstein	83
Rheinland-Pfalz	72

Quelle: Burdack 1990, 101

Die Einkommen und die Vermögensbildung liegen in Schleswig-Holstein etwas unterhalb dessen, was sonst in den alten Ländern der Bundesrepublik üblich ist. Entsprechend geringer ist das Potential, ein Umfeld konsumintensiver Lebensqualität zu entfalten (vgl. Abb. 32).

Abb. 32: Sparanlagen nach Bundesländern (je Einwohner 1990 in DM)

Schleswig-Holstein	7.636
Berlin (West)	9.119
Niedersachsen	9.133
Saarland	9.787
Nordrhein-Westfalen	9.847
Hamburg	10.372
Bremen	10.580
Bundesgebiet	10.627
Rheinland-Pfalz	10.729
Hessen	11.537
Baden-Württemberg	11.991
Bayern	12.226

Quelle: Statistische Monatshefte Schleswig-Holstein, Heft 4, April 1991, Zahlenbeilage S.12

Dabei hatte das Land, wie der gesamte Norden, in den zurückliegenden Jahren besondere Belastungen zu tragen. So sind zum Beispiel die Sozialhilfeausgaben in den nördlichen Stadtstaaten und in Berlin (West) ebenso wie in den Städten Schleswig-Holsteins mit 550-650 DM je Einwohner 1987 besonders hoch gewesen. Im Durchschnitt betrugen die Sozialhilfeausgaben in Schleswig-Holstein 1987 470 DM je Einwohner, im Vergleich zu 880 in Hamburg, 410 im Bundesdurchschnitt und 290 in Baden-Württemberg oder 250 in Bayern[89].

Als positiv in diesem Kontext ist jedoch die Wohnsituation hervorzuheben. Indikativ hierfür können die Preise für Grund und Boden herangezogen werden. Sie sind in Schleswig-Holstein und seinen Städten immer noch als außerordentlich günstig zu bezeichnen (vgl. Abb. 33).

89 Burdack 1990, 134

Abb. 33: Kaufwert von Bauland (1988 in DM je Quadratmeter)

Niedersachsen	50
Rheinland-Pfalz	52
Saarland	58
Schleswig-Holstein	58
Nordrhein-Westfalen	96
Hessen	113
Bayern	123
Baden-Württemberg	138
Lübeck	75
Kiel	106
Bremen	143
Hamburg	159
Kassel	185
Hannover	193
Köln	212
Karlsruhe	260
Mannheim	276
Düsseldorf	358
Freiburg i.Br.	406
Frankfurt	440
Berlin	485
Stuttgart	691
München	1.278

Quelle: Statistisches Jahrbuch für die Bundesrepublik Deutschland 1990, 538

Mit niedrigen Immobilienpreisen für sich zu werben, bedeutet freilich, ein zweischneidiges Schwert zu handhaben. Niedrig sind Preise für Dinge, die nicht speziell nachgefragt sind, während hohe Preise ein hochbegehrtes Gut signalisieren. So gesehen spiegelt sich in den günstigen Immobilienpreisen der gewisse Mangel an urbaner Attraktivität wider. Diese Dinge sind im Zusammenhang mit der Metropole Hamburg zu sehen, worauf noch zurückzukommen sein wird. Aber obwohl die Städte Schleswig-Holsteins nicht wie Hamburg werden können und auch nicht sollen, liegt in der deutlichen urbanen Zentrumsbildung, in einer spürbar verbesserten urbanen Erschließung und Belebung, einer der wichtigen Schlüssel, um die Tür zu einer K-regionalen Entwicklung zu öffnen.

Intensive Forschung

Die Schlüsselindustrien der K-Gesellschaft - die elektrotechnische und Elektronik-Industrie, Maschinen- und Fahrzeugbau, Chemie und Pharmazie - sind "knowledge-based", zu deutsch forschungsintensiv. Deswegen spielen neben dem Anschluß an Kommunikations- und Verkehrsverbindungen sowie der Verfügbarkeit qualifizierter Kräfte samt der Umgebung, die sie bevorzugen, auch regionale Wissenschafts- und Forschungspotentiale als K-Faktor eine herausragende Rolle[90].

Eine Meßgröße für die Wissenschaftsintensität in einem Land stellt die Zahl der Fachpublikationen dar. Sie ist in den zurückliegenden Jahren und Jahrzehnten exponentiell um etwa 1000 Prozent angewachsen[91]. In Abb. 34 ist die Zahl der wissenschaftlichen Publikationen pro Kopf in verschiedenen Ländern wiedergegeben. Wie daraus hervorgeht, wird die Wissenschafts-Liga von Ländern wie Schweiz, Schweden oder USA angeführt, während wiederum Länder wie Indien und die VR China die Schlußlichter bilden. Aus Abb. 35 geht zugleich hervor, daß immer mehr dieser Publikationen in Ko-Autorschaft veröffentlicht werden, also auf Teamarbeit beruhen. Der Anteil der Einzelurheber liegt inzwischen unter 20 Prozent, während die Gruppen mit vier und mehr Personen am stärksten zulegen und bald ein Drittel aller Publikationen ausmachen. Der Löwenanteil dieser Publikationen ist in der neuen lingua franca, auf englisch verfaßt. In kleineren Ländern werden Forschungsartikel häufig nur noch englisch geschrieben. Freilich hängt die Güte des Publikations-Indikators von der Güte der Publikationen ab, weniger von ihrer schieren Zahl. Unter dem Druck des Gesetzes "publish or parish" muß bekanntlich viel mehr als nötig gedruckt werden, und es gibt inzwischen eine eigene Forschungsrichtung, die sich mit "fakes" beschäftigt, mit gestohlenen, gefälschten und erfundenen Forschungsergebnissen.

---

90 Hilpert 1989, 102f.
91 Vgl. Kreibich 1986, 29ff.

Abb. 34 : **Wissenschaftliche Publikationen im internationalen Vergleich (je 1000 Einwohner 1980-1986)**

Schweiz	12,6
Israel	12,4
Schweden	9,8
Dänemark	8,5
Kanada	7,9
England	7,2
USA	7,0
Norwegen	6,4
Finnland	6,1
Australien	5,9
Holland	5,9
Bundesrepublik	5,1
Belgien	5,1
Frankreich	4,6
Australien	4,2
DDR	2,9
Ungarn	2,7
Tschechoslowakei	2,3
Japan	2,3
Italien	2,1
Polen	1,2
Spanien	1,1
Südafrika	0,8
Sowjetunion	0,7
Indien	0,1
China	0,02

Ermittelt aufgrund von Angaben in Andersson 1990a, 8

Eine andere, und im Hinblick auf industrielle Entwicklungspotentiale zuverlässigere Meßgröße, stellen die öffentlichen und privaten Ausgaben für Wissenschaft und Forschung, abgekürzt FuE, dar (vgl. Abb. 35 und Abb. 36). Hier sind bis dato Japan, das 3 Prozent, und die Bundesrepublik, die 2,9 Prozent ihres Bruttosozialproduktes für nicht-militärische Forschung und Entwicklung ausgibt, gegenüber den USA, Frankreich und Großbritannien führend gewesen[92]. In absoluten Zahlen allerdings wenden die USA mit 370 Mrd. DM mehr als das Fünffache, Japan mit 120 Mrd. DM knapp das Doppelte der Bundesrepublik auf[93].

92 Vgl. auch BMFT 1990, 11 u.a.
93 Zeidler 1991, 3

Abb. 35 : Wissenschaft und Forschung im internationalen Vergleich

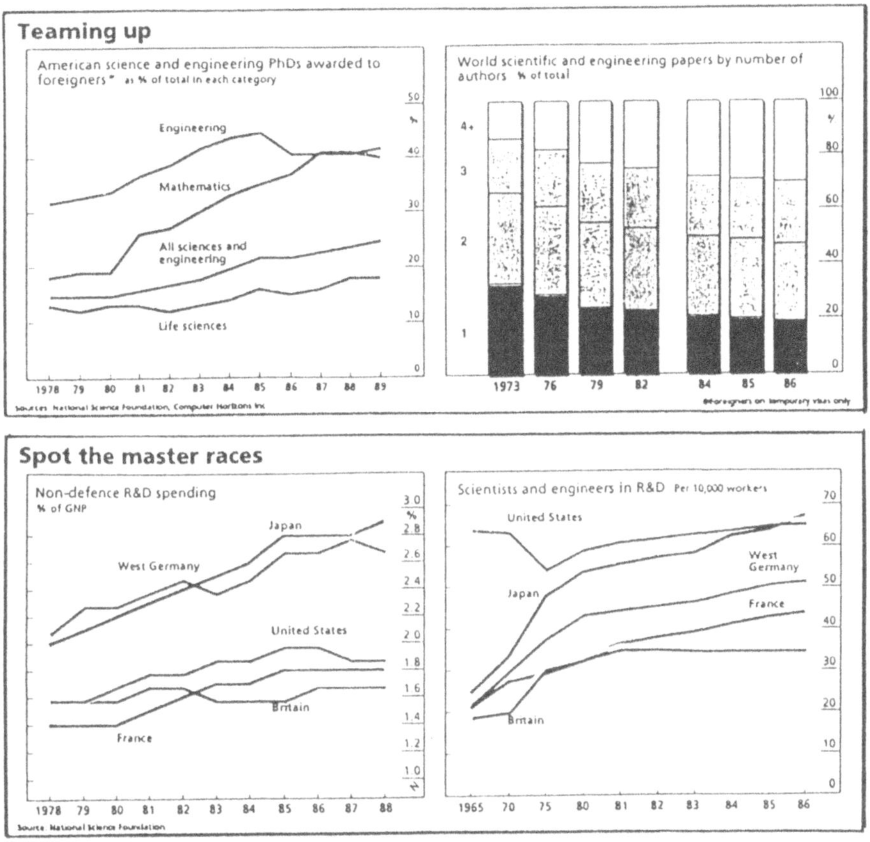

Quelle: The Economist, Febr. 16, 1991

1990 lag das Forschungsgesamtbudget der Bundesrepublik bei über 70 Mrd. DM. 64 Prozent davon bringt die Wirtschaft auf (21 Prozent der Bund, 14 Prozent die Länder). Auch bei den Wissenschaftsausgaben in Höhe von 90 Mrd. DM stammen 48 Prozent aus der Wirtschaft (dagegen 32 Prozent von Ländern und Gemeinden und 18 Prozent vom Bund)[94]. Die wichtigsten Branchen hierbei sind Chemie und Pharmazie, Stahl-, Maschinen- und Fahrzeugbau, Elektrotechnik, Feinmecha-

94 BMFT 1990(b), 17-24

nik und Optik. Abb. 36 zeigt, welche Anteile vom Umsatz in besonders forschungsintensiven Einzelbereichen für Forschung und Entwicklung ausgegeben werden.

Abb. 36 : Ausgaben für Forschung und Entwicklung in der deutschen Industrie (in Prozent vom Umsatz)

Luft- und Raumfahrttechnik	20 %
Elektrotechnik	8 %
Feinmechanik	4 %
Chemie	4 %
Automobilindustrie	4 %
Maschinenbau	4 %

Quelle: Zeidler 1991, 3

Zugleich kann man auf diesen Feldern durch Patente, Lizenzen und Beratungsleistungen mit Forschungsergebnissen als solchen Geld verdienen. Den Löwenanteil der Einnahmen aus dem wachsenden Markt für Wissenstransfer-Leistungen streichen in der Bundesrepublik mit 53 Prozent die elektrotechnische Industrie ein und mit 25 Prozent die Automobilindustrie[95].

Folgerichtig sind es dieselben Länder und Branchen, die eine besonders große Zahl an natur- und ingenieurwissenschaftlichem Personal beschäftigen und die überhaupt einen hohen Prozentsatz von Beschäftigten im FuE-Bereich aufweisen (vgl. Abb. 37, auch Abb. 36). Wie einer der Experten erläuterte,

> "muß man sorgfältig unterscheiden zwischen Forschung und Entwicklung. Die Zusammenfassung 'FuE' kommt aus dem Steuerrecht. Da hat mal einer gesagt, das wird zusammen betrachtet und seitdem ist das so. Der Stellenwert der Forschung ist für die Industrie und für Deutschland generell gering. Siemens beschäftigt da z.B. ca. 1.000 Mitarbeiter in der Forschung bei insgesamt 406.000 Beschäftigten. Ganz anders die Entwicklung. Die deutsche Industrie gibt dafür - bei allen Abgrenzungsproblemen - jährlich etwa 40 Mrd. DM aus".

95 Monatsberichte der Deutschen Bundesbank, 42.Jg., Nr.5, Mai 1990, 35

Abb. 37:	Beschäftigte in Forschung und Entwicklung (je 1000 Beschäftigte Mitte der 80er Jahre)
Informationstechnik, Elektrotechnik	40
Feinmechanik, Optik	29
Chemie, Mineralöl	21
Stahl-, Maschinen-, Fahrzeugbau	15
Steine, Erden	5
Nahrungs- und Genußmittel	1,6
Holz, Papier, Druck	0,8
Leder, Textil, Bekleidung	0,4

Quelle: Nefiodow 1991, 130

Historisch gesehen, wurde in Landwirtschaft und Gewerbe ursprünglich keine wissenschaftsförmige Forschung betrieben, während die wissenschaftliche Forschung an öffentlichen Universitäten im Prinzip der zweckfreien Theoriebildung und der Wissensbildung der Studenten dienen sollte. Heute ist diese Einheit von Forschung und Lehre längst im Begriff, sich aufzulösen. Die Hochschulen und Fachhochschulen befinden sich in einem praktisch kaum durchzuhaltenden Spagat zwischen massenhafter und zunehmend verschulter Ausbildung einerseits und wissenschaftlicher Grundlagenforschung mit erwünschtem Praxisbezug andererseits. Aktuelle, wegweisende, interessante Forschung findet zunehmend außerhalb der Universitäten statt, und dies in wirtschafts- und sozialwissenschaftlichen Bereichen inzwischen nicht weniger als schon in Naturwissenschaft und Technik. Die Träger dieser Forschung ohne Lehre sind staatliche Einrichtungen ebenso wie privat-kommerzielle Institute und privat-gemeinnützige Vereinigungen. Den Universitäten wird in zunehmendem Maß nurmehr Bildungsfunktion zugeschrieben. Auch die Gründung einer Vielzahl von An-Instituten scheint daran wenig geändert zu haben.

Bedenkt man diesen Zusammenhang, mag es einen nicht mehr so sehr überraschen, wenn vier von fünf der befragten Experten - darunter auch Hochschulangehörige - die Auffassung vertreten, daß die heutigen Universitäten den Anforderungen der K-Gesellschaft nicht gerecht werden:

"Die Universitäten genügen den neuen Anforderungen mit Sicherheit nicht. Die heute gebrauchten vernetzten Verbundlösungen setzen auch vernetzte wissenschaftliche Verbundlösungen voraus. Die Hochschulen haben den Zwang zur Interdisziplinarität und zum Wissenstransfer noch nicht kapiert. Man muß dazu erst einmal das Meritensystem umbauen. Die Leistung eines Wissenschaftlers muß anders gemessen und bewertet werden".

"Die Kameralistik der öffentlichen Forschungseinrichtungen ist nicht in der Lage, die neuen Techniken zu unterstützten. Das ist ein Riesenhemmnis. Wenn ich heute einen neuen Rechner haben will, von dem ich weiß, daß er in vier Jahren bereits veraltet ist, ich den aber erst in vier Jahren bekomme (nach Antragstellung, Mittelzuweisung usw.), dann können Sie das vergessen. Erfolgreich können nur die arbeiten, die Drittmittel einwerben können und diese nicht über die Verwaltung abrechnen müssen. Flexibilität ist das Entscheidende".

"Man muß zwischen Universitäten und außeruniversitären Forschungseinrichtungen unterscheiden, sonst wird es zu pauschal. Zum Beispiel die Max-Planck-Institute und die Fraunhofer-Institute haben ein hohes Ansehen. Zu Recht. Das ist auch ein wichtiger Standortfaktor".

"Die meisten öffentlichen Bildungs- und Forschungseinrichtungen sind verkalkt. Ausnahmen machen nur die Fraunhofer-Institute, die Max-Planck-Institute und einige wenige andere. Die müssen sich zum Teil auch selbst finanzieren und leben nicht einfach nur von der staatlichen Leibrente. Auch an den Schulen, ich weiß nicht, was das soll ..."

"Universitäten sind einfach uninteressant".

"Ich habe Zweifel, ob die öffentliche Forschung optimal strukturiert ist. Die Schutzräume, die die Forschung in Deutschland hat, haben zwar auch zu guten Ergebnissen geführt. Aber außer den Universitäten sind auch die Großforschungseinrichtungen schon zu unflexibel und verbürokratisiert. Der Anteil der Mittel, die diese Einrichtungen auf dem freien Markt einwerben, müßte viel größer sein".

"Bei den Fachhochschulen mit ihren nachgeordneten Einrichtungen und bei den Fraunhofer-Instituten sieht es besser aus. Die machen Technologietransfer. Die Unis sind darauf nicht vorbereitet - zu lange Studienzeiten, kein interdisziplinäres Arbeiten, Drittmittelarbeit verkommt. Die Unis haben zwar auch einen allgemeinen Ausbildungsauftrag, müssen sich aber mal der Welt öffnen".

Mit diesen Aussagen wird ausdrücklich kein allgemeines Verwertbarkeitsgebot der Forschung verbunden. Eine Arbeitsteilung im Spektrum zwischen öffentlicher, im Prinzip zweckfreier Grundlagenforschung und privater Anwendungsforschung soll erhalten bleiben. Jedoch wird von der universitären Forschung mehr Relevanz erwartet, und zwischen Theorie und Praxis sollen vielfältigere Schnittstellen und Wissenstransfers in beide Richtungen hergestellt werden:

"Lehre und Forschung sollen frei bleiben. Die öffentliche Forschung sollte nicht unter den Knebel der kurzfristigen Verwertbarkeit fallen. Selbst Konzerne wie IBM oder Daimler leisten sich Abteilungen, die völlig frei forschen können. Aber ich plädiere für die verstärkte Gründung privater Institute mit konkreten Aufgabenstellungen. Eine öffentliche Anschubfinanzierung kann da helfen und nach fünf Jahren müssen die dann auf eigenen Beinen stehen".

"Es ist gut, wenn es eine differenzierte Vielfalt von Strukturen gibt. Bloß kein Einheitsbrei. Die privaten Institute sind allerdings benachteiligt. Zum Beispiel das Öko-Institut in Freiburg hat doch mit bescheidenen Mitteln mehr erreicht und bewirkt als drei Unis zusammen. Da muß man die Mittelverteilung ändern. Nicht alles in die Großforschung stecken, wo ein Umsteuern (siehe Kernenergie) nachher nicht mehr oder nur sehr schwer möglich ist".

"Die private Forschung ist produktorientiert, die öffentliche kameralistisch. Beides engt auf seine Weise zu sehr ein. Wir müssen neue Formen der Organisation und Verbindung finden".

"Die Fraunhofer-Institute müssen sich zwar um die Aufträge selbst kümmern, haben aber eine öffentliche Grundabsicherung. Das ermöglicht doch ein ruhiges und vor allem langfristig angelegtes Arbeiten, bei dem Zukunftsentwicklungen früh erkannt werden. Die können aufgrund ihres Wissens und Know-Hows Entwicklungen sogar lenken und Einfluß nehmen. ... Ein Problem ist aber, daß auch da und bei den Max-Planck-Instituten eine Beamtenmentalität vorherrscht. Die werden eben nicht nach Leistung bezahlt, und das ist schlecht. Gute Leute steigen aus und gehen in die Industrie, was ja an sich nicht schlecht ist. Wenn aber einige Leute extern was aufbauen, dann kriegen sie intern Ärger. Ich weiß aber nicht, wie man das ändern kann".

Hier wird die Frage der privaten Nebenbeschäftigungen von öffentlich bestallten Wissenschaftlern angesprochen, oder allgemeiner gesagt, die FuE-Wettbewerbsordnung zwischen öffentlichen und privaten Anbietern. So wurden zum Beispiel vor Jahren, auf Drängen der *privaten* Architekten, die Nebenbeschäftigungsmöglichkeiten der Architekturprofessoren eingeschränkt. In der Folge mußte man allerdings erkennen, daß deren private Geschäfte nicht nur ihrer eigenen, sondern auch der allgemeinen Bereicherung dienten. Mit ihren sogenannten Nebentätigkeiten üben sie wichtige, oft unerläßliche Funktionen im Wissens- und Technologietransfer zwischen Forschung und Praxis aus. Die meisten der von uns Befragten fordern in diesem Sinne für die wissenschaftliche Forschung mehr Anwendungsbezug, mehr Wirtschaftsnähe und mehr Privatinitiative:

"Wir arbeiten hier an der Schnittstelle von privatem und öffentlichem Sektor. Unsere Forschungs-Infrastruktur wurde analog zu amerikanischen Forschungsinstituten mit starkem Umfeld- bzw. Anwendungsbezug für neue Techniken konzipiert. Aber die Verbindung von privat und öffentlich erweist sich hier als kolossal schwierig. Wenn wir z.B. Service-Leistungen anbieten, kommen wir in Konkurrenz zu normalen Wirtschaftsbetrieben.

Deshalb würde ich am liebsten so viel wie möglich privatisiert sehen. Es gibt auch in der Grundlagenforschung so viele Routinearbeiten. Es wäre flexibler und effizienter, diese an Dritte im Auftrag zu vergeben. Stattdessen schafft jeder Professor seine eigenen Ausstattungen an, oft nur für ein einziges Mal. Dann stehen diese irrsinnig teuren Geräte herum, oder weil der woanders hingeht und alles liegen und stehen läßt.

Diese Leute haben keine Ahnung wie man wirtschaftet. Es interessiert sie auch nicht. Wenn die überhaupt rechnen, dann auf Ausgabenbasis, statt in Kostendeckungsbeiträgen zu denken. Eigentlich kann man das schon lange nicht mehr selbstherrlich den Wissenschaftlern überlassen. Die Mittelgeber müßten hier bestimmen, welche Anteile kontraktiert werden und welche in Eigenanteil erfolgen".

"Heutige öffentliche Forschungseinrichtungen müßten mehr in private Hände kommen. Ein Vorteil der Japaner ist, daß Manager und Beamte die gleiche Denke haben. Das fehlt bei uns. Diese Riesenlücke kann etwa durch eine Annäherung von öffentlicher und privater Forschung verkleinert werden".

"Man braucht unbedingt einen besseren Austausch der Unternehmen mit den Universitäten und Fachhochschulen. Es geht nicht nur darum, vom Know-How des anderen zu profitieren. An den Unis und Fachhochschulen sitzen auch die jungen Leute, die mal kritische Fragen stellen und einen selber zum Nachdenken zwingen".

"Wichtig ist, daß die Grenzen von Hochschulen und Unternehmen abgebaut werden. Das war doch das Erfolgsgeheimnis von Silicon Valley. Professoren kommen aus der Hochschule in die Industrie, arbeiten da fünf Jahre und gehen wieder zurück in die Forschung. Da gibt es eben keine Schwierigkeiten mit Altersversorgung und all diesen Fragen. Man kann problemlos hin- und herwechseln".

SCHLESWIG-HOLSTEIN

Im Hinblick auf Schleswig-Holstein waren auf dem Gebiet der Wissenschaft, Forschung und Entwicklung in früheren Jahren bereits merkliche Rückstände festgestellt worden. Das renommierte Institut für Weltwirtschaft an der Universität Kiel bildete schon traditionell eine der nicht sehr zahlreichen Ausnahmen im Umfeld einer wenig entwickelten Forschungslandschaft. So lag zum Beispiel 1985 der Anteil der FuE-Beschäftigten im verarbeitenden Gewerbe Schleswig-Holsteins bei 2,3 Prozent, im Unterschied zu 5,4 Prozent in Hamburg oder 5,3 Prozent in Hessen - im Vergleich zum damaligen Bundesdurchschnitt von 3,9 Prozent ein Rückstand um mehr als ein Drittel[96]. Auch hat sich, so G. Nerb in einer Studie des Ifo-Instituts, "die unterdurchschnittliche Präsenz von außeruniversitären und universitären Forschungseinrichtungen erwiesen. Die daraus resultierenden Nachteile in der Verfügbarkeit und Qualität von Humankapital sowie im Technologietransfer werden besonders von kleineren Unternehmen des High-Tech-Umfeldes wahrgenommen"[97].

Das Problem wurde erkannt. Von Seiten der Regierung sowie der Industrie- und Handelskammern und der Wirtschaftsverbände wurden eine Reihe von Maßnahmen ergriffen oder in die Wege geleitet, die von fast allen Befragten in Schleswig-Holstein auch anerkannt und teilweise ausdrücklich lobend erwähnt werden. Dazu gehören u.a. verschiedene Ausbaumaßnahmen der Forschungsförderung und des Wissens- und Technologietransfers[98]. Beispiele bilden u.a. der Ausbau der Fachhochschulen im ganzen Land, der Medizinischen Universität Lübeck, die Ansiedlung des Fraunhofer-Instituts für Siliziumtechnik im Rahmen des JESSI-Projektes in Itzehoe (nach dem Forschungszentrum Geesthacht die zweite Großforschungseinrichtung im Land), die Einrichtung von GEOMAR in Kiel, die Grundlagenforschung im Bereich geomarine Wissenschaften treibt und zugleich meerestechnische Anwendungen entwickelt, das Centrum für Mikroverbindungstechnik in Neumünster und andere Forschungsstätten, die aus der allseits bedauerten Auflösung der privaten Nordischen Universität hervorgegangen sind, dann das CIM-Technologie-Transferzentrum an der Fachhochschule Kiel, oder Wissenstransferstellen wie BITT (Beratungsstelle für Innovation und Technologie-Transfer), InKomm (Verein für Informations- und Kommunikationstechniken), ITAI (Institut für theoretische und angewandte Informatik) in Niebüll oder die ITK Informationstechnologie GmbH in Kiel. BITT wird inzwischen wegen gewisser Kompetenz- und

---

96 Denkfabrik/Institut für Weltwirtschaft 1990, 166
97 Nerb 1989, 31
98 Vgl. hierzu den Forschungskatalog 1990 der Beratungsstelle für Innovation und Technologie-Transfer BITT, Kiel, sowie den Förderleitfaden des Ministeriums für Wirtschaft, Technik und Verkehr des Landes SH, Kiel 1990

Funktionsprobleme zugunsten einer Nachfolgeeinrichtung wieder aufgelöst.

Zugleich wurde, insbesondere anläßlich des letzteren Beispiels, immer wieder betont, daß manches noch nicht so laufe wie man es sich wünscht, daß es sich bei den erwähnten Maßnahmen um Schritte in die richtige Richtung handelt, die aber insgesamt noch nicht genügten, so daß noch mehr getan werden müsse, um den Anschluß an das Niveau fortgeschrittener K-Regionen herzustellen:

"Die nördlichen alten Bundesländer haben bei der Vergabe der Fraunhofer-Standorte einfach geschlafen. Die hätten leicht welche bekommen können. Jetzt aber..."

"Die Uni Kiel ist gut. Auch die Fachhochschulen in Schleswig-Holstein haben einen guten Ruf, zum Beispiel die in Wedel oder Flensburg. Problem ist, daß das häufig in Schleswig-Holstein gar nicht bekannt ist, sondern nur außerhalb. Das trifft auch für die GKSS in Geesthacht zu. Sehr gut ist übrigens der Verkauf der HDW-Anteile und die Verwendung dieser Mittel für eine Technologiestiftung. Aber sonst sind diese Fragen in Schleswig-Holstein noch zu beantworten. ... Als Ersatz für BITT brauchen wir was Neues, um Unternehmen und Forschungseinrichtungen zusammenzubringen".

"Wir schaffen es in Schleswig-Holstein ja nicht einmal, Professoren-Planstellen an der Fachhochschule zu besetzen".

"Ein Problem ist die Nebentätigkeitsverordnung für Professoren. Das muß gelockert werden, um attraktive Möglichkeiten der Zusammenarbeit mit der Wirtschaft zu ermöglichen. Aber die Professoren sind ja schon mit der bloßen Lehre immer mehr überlastet. Das schafft natürlich kein innovatives Klima".

"Schauen Sie, zu uns kommt ein Betrieb, der Straßenbegrenzungsleuchten produziert. Das ist eine einfache Technologie. Jetzt macht dieser Betrieb aber auch was anderes im Bereich der Flughafentechnik. Das ist schon komplizierter. Jetzt sagt der: Ich brauche Eure Hilfe. Da müssen Sie hier passen. Bei wirklich wichtigen Problemen gibt es keine wissenschaftlichen Kapazitäten. Von den Fachhochschul-Lehrkräften sind ohnedies nur zehn Prozent bereit, mit der Wirtschaft zusammenzuarbeiten. Der Grund: Die Leute kommen aus der Praxis und sind extra da weggegangen, um theoretisch und pädagogisch zu arbeiten. Die wollen jetzt nicht wieder auf Umwegen in der Praxis arbeiten".

Die Aspekte bezüglich der Fachhochschulen stellen sich freilich nicht nur in Schleswig-Holstein als Problem dar:

"In industrienahen Fächern kompetente Bewerbungen an eine Fachhochschule zu bekommen, ist überall schwierig. Ein Fachhochschulprofessor muß fünf Jahre Praxis, davon mindestens drei Jahre Wirtschaftspraxis nachweisen. Wer aber will interessante Posten in der Wirtschaft mit einer Fachhochschul-Stelle tauschen? Die vergleichsweise nicht sehr hohe Besoldung und das Lehrdeputat von 18 Semester-Wochenstunden sind bundeseinheitlich geregelt. Das kann das Land nicht auf eigene Faust ändern.

Da bleibt dann auch noch kaum Zeit für FuE-Aufträge aus der Wirtschaft in Nebentätigkeit, die genehmigungspflichtig ist. Auch die Höhe der Einnahmen wird dadurch begrenzt. In Schleswig-Holstein sind solche attraktiven Nebentätigkeiten ohnedies schwieriger zu bekommen als woanders.

Der Absicht, den Technologie- und Wissenstransfer zwischen Hochschule und Wirtschaft zu fördern, läuft diese Situation offenbar schon zuwider. Freilich sollte man dabei nicht ganz vergessen, daß hier erst seit etwa drei Jahren ein Prozeß des Umdenkens eingesetzt hat. Davor gab es die genau entgegengesetzte Bewegung, Nebentätigkeiten zugunsten der freien Berufe einzuschränken. Dies war vor allem im Bereich Architektur ein Thema, wo die freien Architekten über umfangreiche Nebentätigkeiten der staatlich bestellten Architekturprofessoren klagten. Inzwischen sieht man wieder mehr den Aspekt des Technologie- und Wissenstransfers zwischen wissenschaftlicher Forschung und Lehre einerseits und der Praxis in der Wirtschaft andererseits.

Trotzdem bilden die Fachhochschulen aufgrund ihrer ausgeprägten Anwendungsorientierung und größeren Praxisnähe einen wichtigen Pfeiler der jetzt eingeleiteten Entwicklung. Um die Fachhochschulen herum bildet sich offenbar ein Netz von Betrieben und Einrichtungen, und viele Unternehmen geben Entwicklungsaufträge an die Fachhochschulen, in anderen Bundesländern noch ausgeprägter als in Schleswig-Holstein".

"In Schleswig-Holstein sind Kontakte zwischen Unternehmen und Forschungseinrichtungen noch Neuland, und zwar von beiden Seiten. In Flandern zum Beispiel läuft das ganz toll. Da haben sich um 10 oder 12 bedeutende Forschungsinstitute viele Unternehmen angesiedelt".

"Weil die kritische Masse von Forschungseinrichtungen in Schleswig-Holstein aber fehlt, kriegen wir hier auch auch keine Vertretungen wichtiger Firmen, die Geräte entwickeln und vertreiben".

Mit Abstand die größte Aufmerksamkeit unter allen Wissenschafts- und Forschungsmaßnahmen fand die Gründung der Technischen Fakultät an der Universität Kiel mit zunächst sechs Lehrstühlen in den drei Studiengängen Allgemeine Elektrotechnik, Materialwissenschaften und Technische Informatik. Mehr als die Hälfte unserer Gesprächspartner bemängelte von sich aus das Fehlen einer Technischen Hochschule in Schleswig-Holstein:

"Aus der Sicht der Ingenieurwissenschaften ist Schleswig-Holstein ein unterentwickeltes Gebiet. Hamburg hat sich doch auch eine TH erlaubt. In Berlin gibt es eine ganze Fakultät für Schiffbau. Sowas gehört eigentlich nach Kiel".

"Das große Manko aus unserer Sicht liegt im Fehlen einer TH. Es fehlt da auch die Verbindung von Markt und Forschung. Gerade auch bei den Fachhochschulen liegt die Betonung doch auf der Schulung. Es fehlt die Forschung. Die Fachhochschul-Institute sind alle Technikanwender, keine Technikentwickler".

"Wenn keine TH da ist, dann denken die Leute außerhalb Schleswig-Holsteins, vielleicht auch unbewußt, bei denen ist Technik nicht zu Hause".

"Einen technischen Hochschulbereich aufzubauen ist aber sehr schwierig. Da muß erst einmal eine kritische Masse vorhanden sein. Man sieht das an Hamburg-Harburg. Die gründen sich jetzt praktisch seit zehn Jahren. Viel passiert ist da bisher nicht".

Immer wieder kam das Projekt einer TH Nord - einer gemeinsamen TH von Hamburg und Schleswig-Holstein - zur Sprache:

"Die Idee einer TH Nord wurde hier diskutiert im Zusammenhang mit der Bildung einer technischen Fakultät in Kiel. Vertreter von Nordmetall haben sich dafür besonders eingesetzt. Schleswig-Holstein und Hamburg sollten sich zu gemeinsamer Trägerschaft zusammentun, aber es war klar, daß in Wirklichkeit der Standort Harburg um einen Schleswig-Holstein-Anteil erweitert werden sollte. Man kam in Schleswig-Holstein zu dem Ergebnis, daß dies nicht funktionieren würde und auch den Bedürfnissen der Wirtschaft in Schleswig-Holstein nicht gerecht würde.

Nicht funktionieren, weil die Arbeitsteilung nicht klar war. Sollten Lehrtätigkeit und die Labors an verschiedenen Orten liegen? Oder sollte nach dem "Schichtenmodell" das Grundstudium da, das Hauptstudium dort stattfinden? Das alles wäre für Studenten nicht attraktiv. Es wäre darauf hinausgelaufen, daß Schleswig-Holstein Hamburg-Harburg fremdfinanziert. Damit aber wäre die Intention, der Abwanderung von Studenten und qualifizierten Kräften entgegenzuwirken, zunichte gemacht worden. Auch der Wirtschaft gingen diese Personen weiter verloren, denn Harburg ist schon zu weit weg. Davon profitiert die Hamburger Wirtschaft. Der Abwanderungseffekt wäre geblieben".

Die Meinungen gehen aber weiterhin auseinander. Anscheinend ist das Thema aufgrund des bestehenden Problemdrucks und Handlungsbedarfs keineswegs vom Tisch:

"Dem Aufbau einer TH Nord käme eine Schlüsselfunktion zu. Aber eng koordiniert mit der TU in Hamburg-Harburg. Die selbst ist auch zu klein. Getrennt werden weder Hamburg noch Schleswig-Holstein die nötige Kapazität zusammenbringen, um etwas Bedeutendes darzustellen. Jedoch ließe sich das in einer arbeitsteiligen TH Nord verwirklichen. Man müßte sich dabei über Forschungsschwerpunkte bestimmter Institute oder Fakultäten an verschiedenen Standorten in Hamburg und Schleswig-Holstein verständigen. ... Hamburg und Schleswig-Holstein sind doch längst keine getrennten Räume mehr. Der eigentliche Wirtschaftsraum ist der gesamte Raum Unterelbe".

"Das mit der TH Nord ist trotzdem zu klein gedacht. Ein großes Ding wird hier im Norden kaum mehr entstehen. Der Versuch, hier eine umfassende Forschungspalette zu erstellen, ist nicht sinnvoll, weil man dann alles nur ein kleines bißchen und das also mittelmäßig machen wird. Es wäre viel wichtiger, mit den begrenzten Mitteln, die dem Land zur Verfügung stehen, die wenigen Bereiche, wo man etwas vorzuweisen hat, gezielt und massiv herauszustellen".

Innovationsdynamik und Präsenz in technologischen Schlüsselbereichen

Forschung impliziert Innovation. Zur Innovation gehören eine Erweiterung und Vertiefung der Erkenntnisse und des Bewußtseins, eine Reformulierung des Wissens und Weltbildes, schließlich industriell gewendet eine Erneuerung der Produktivkräfte. Die Umsetzung von Forschung in Innovation geschieht allerdings nicht automatisch. Innovationsfähigkeit ist ein eigenständiger K-Faktor[99]. Er bedarf der Stimulierung und Pflege. Er beruht auf bestimmten personellen Fähigkeiten und Motivationen ebenso wie verschiedenen Umfeldbedingungen. Innovationsfähigkeit bedeutet:

> "die Fähigkeit, technischen Fortschritt und überhaupt neues Wissen rasch zu adaptieren und in marktfähige Produkte und Produktionsverfahren umzusetzen. Dem Zwang, qualifizierte Arbeitskräfte einzusetzen und neues Wissen zu nutzen, unterliegen alle Branchen, doch es gibt die technologieintensiven Branchen, die dies in überdurchschnittlichem Maße tun. Hierzu gehören die chemische Industrie, der Maschinenbau einschließlich der Hersteller von Datenverarbeitungsanlagen, die elektrotechnische Industrie, der Fahrzeugbau sowie die feinmechanische und optische Industrie"[100].

Eine Nahtstelle, an der sich der Übergang von Forschung in marktfähige Produktion abzeichnet, bilden Patente, Lizenzen und Know-How-Beratung[101]. In einer Zusammenstellung bei Andersson (vgl. Abb. 38) zeigt sich die deutliche Korrelation zwischen Forschungsaufwendungen und Patentanmeldungen. Es zeichnet sich ein deutlicher Take-Off-Korridor ab: Vor Erreichen einer kritischen Masse von Forschungsaufwendungen steigt der Ertrag an Patenten nur geringfügig, jenseits dieser kritischen Masse dafür überproportional an. Bemerkenswert ist hierbei die Abweichung der USA vom Gesamtbild. Dies bestätigt prima facie die These, daß die USA eine hervorragende Position in Wissen-

---

99 Vgl. Matzner/Schettkat/Wagner 1988, 53

100 Härtel 1990, 111

101 Zur deutschen und internationalen Export-Import-Bilanz im Bereich Patente, Lizenzen, Verfahren, technische FuE sowie Ingenieur- und sonstige technische Dienstleistungen vgl. den Monatsbericht der Deutschen Bundesbank Nr. 5, Mai 1990, 28-43. Solche Zahlen hier wiederzugeben, ist wenig erhellend, da sie weitgehend durch interne Verrechnungsverfahren multinationaler Konzerne entstehen.

Abb. 38 : Forschungsaufwendungen und Patentanmeldungen in der OECD 1990

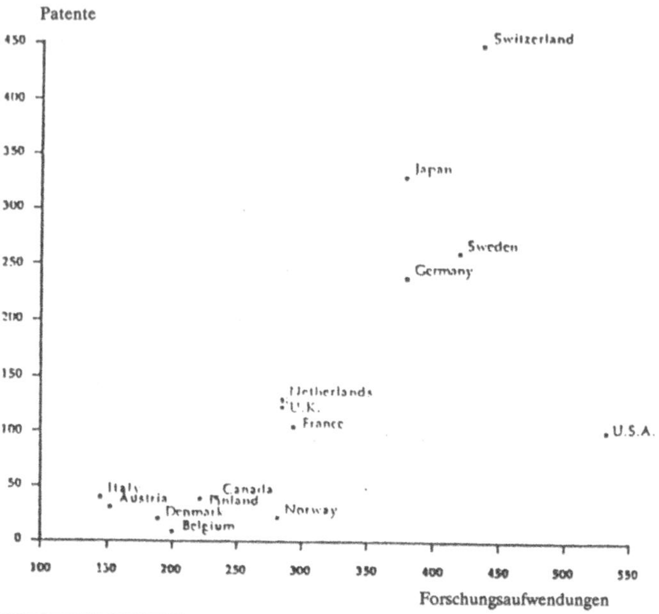

Quelle: Andersson 1990a, 13

schaft, Forschung und Systeminnovationen einnehmen, sie jedoch bei der detaillierten Umsetzung in marktfähige, insbesondere international wettbewerbsfähige Produkte schlechter abschneiden als sie von sich zu denken gewohnt sind[102].

Das Innovationsbudget enthält jene Kosten, die aufgewendet werden müssen, um von der Produktidee zum marktfähigen Produkt zu gelangen. Diese Kosten sind zum Beispiel im Verlauf der 80er Jahre bei der deutschen Industrie von 56 auf 93 Mrd. DM angestiegen. Wiederum sind daran insbesondere die Automobilindustrie, die chemisch-pharmazeutische Industrie, Elektrotechnik und Maschinenbau beteiligt.

102 Amerikanische Experten neigen dazu, die Wettbewerbsfähigkeit der USA zu überschätzen, die Japans und Westeuropas zu unterschätzen. Vgl. iwd, Nr.6, 5.2.1987, 5.

Abb. 39 zeigt, auf welche Kostenarten die Innovations-Aufwendungen sich verteilen.

Abb. 39 : Kostenzusammensetzung für Innovationen in der deutschen Industrie (1989 in Prozent)

Forschung	7,7	
Entwicklung	18,4	= FuE
Konstruktion	16,3	= FuEuK
Design	5,8	= FuEuKuD
Prozeßinnovation	27,8	
Patente, Lizenzen	1,8	
Produktionsvorbereitung	17,7	
Absatzvorbereitung	4,4	

Quelle: Penzkofer/Schmalholz 1990, 19

Das Ifo-Institut führt seit zehn Jahren mit einem repräsentativen Panel von 5000 Betrieben einen Innovationstest durch. Als innovativ gelten dabei Unternehmen, die im Berichtsjahr Produkte oder Verfahren oder beides neu eingeführt haben. Abb. 40 faßt zusammen, in welchen Bereichen die Schwerpunkte der Neuerungen liegen.

Abb. 40 : Verteilung der Innovationen nach Innovationsziel 1989 (Mehrfachnennungen)

Weiterentwicklung vorhandener Produkte	76 % der Betriebe
Neue Fertigungs- und Verfahrenstechniken, Automation	71 % der Betriebe
Einführung neuer Produkte	38 % der Betriebe
Neue Organisationsstrukturen, Logistik u.ä.	37 % der Betriebe
Nutzung neuer Materialien, Stoffzusammensetzungen	35 % der Betriebe
Verwendung neuer Vorprodukte	21 % der Betriebe

Quelle: Penzkofer/Schmalholz 1990, 17

Die hieraus erwachsende Innovationsdynamik läßt sich am Markt insbesondere am sogenannten Umsatzstrukturmix ablesen. Damit werden die Anteilsverhältnisse bezeichnet, zu denen verschiedene Produkte je nach ihrer aktuellen Phase im Produktlebenszyklus am Umsatz beteiligt sind. Man unterscheidet Produkte in der

Markteinführungsphase	(Umsatzanteil neu am Markt eingeführter Produkte)
Wachstumsphase	(Umsatzanteil erfolgreich eingeführter Produkte)
Stagnationsphase	(Umsatzanteil der "cash cows", von Standardprodukten, mit deren Erträgen weitere Innovationen finanziert werden)
Schrumpfungsphase	(Umsatzanteil von allmählich ausscheidenden Produkten)

Abb. 41 gibt die aktuellen Anteile in diesem Umsatzstrukturmix für die Bundesrepublik wieder.

Abb. 41 : Umsatzanteile nach Produktlebensphasen in der deutschen Wirtschaft

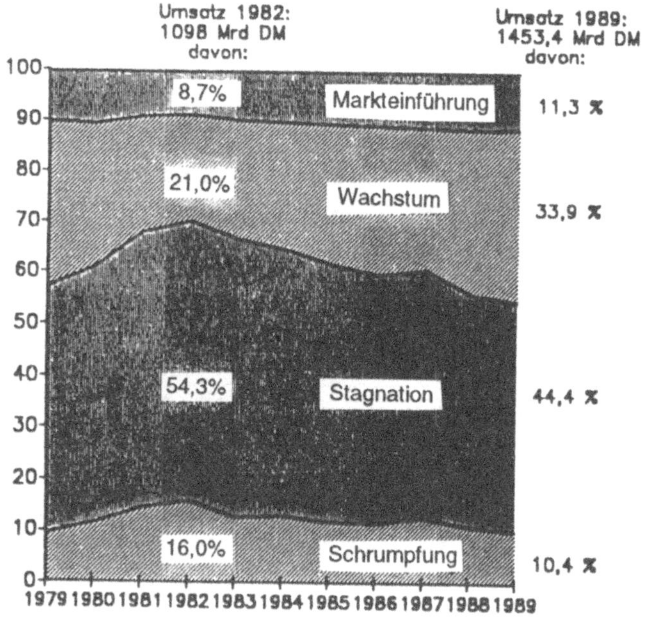

Quelle: ifo-Innovationstest 1990, BMFT 1990; Penzkofer/Schmalholz 1990, 17

Aus Abb. 41 geht hervor, daß die 80er Jahre von einer steigenden Innovationsdynamik geprägt waren. Der inzwischen erreichte Anteil von rund 50 Prozent an innovativen Produkten gilt als kaum mehr steigerbar[103]. Wenn der Anteil von bewährten Standardprodukten

[103] Vgl. S. Kämpfer, Innovationsdynamik der Industrie sucht stabile Umsatzträger, in: VDI-Nachrichten, Nr.18, 3.5.1991

("cash cows") zu sehr zurückgeht, müssen die hohen Innovationskosten auf die Preise durchschlagen. Sie würden dann zu teuer, um am Markt noch erfolgreich sein zu können - es sei denn, man könnte größere Stückzahlen absetzen, indem europa- und weltweit größere Absatzmärkte erschlossen werden.

Die Vorstellung hingegen, man könne die Innovationszyklen künstlich verlängern bzw. die Innovationsdynamik künstlich verlangsamen, erscheint angesichts eines funktionierenden und sachzwanghaft Druck ausübenden internationalen Wettbewerbs als illusorisch. Gerade in den High-Tech-Bereichen hat sich die Innovationsdynamik inzwischen so sehr gesteigert, haben sich die Produktlebenszyklen so sehr verkürzt, daß sich zum Beispiel die Halbleiterindustrie heute in der Lage befindet, praktisch gleichzeitig drei Generationen von Speicherchips entwickeln und in großen Mengen verkaufen zu müssen, nämlich nach dem aktuellen Standardprodukt des 4-Megabit-DRAM den 16-, 32- und 64-Megabit-DRAM. Es ist nicht möglich, sich Zeit zu lassen, höchstens - was manche Amerikaner seitens der Japaner befürchten - in einem nochmals forcierten Kraftakt eine Produktgeneration zu überspringen, in diesem Fall, vom 16- gleich auf den 64-Megabit-Chip zu springen, den 32-Megabit-Chip also auszulassen[104].

Intensive Forschung und Entwicklung zusammen mit starker Innovationsdynamik führt zu Marktpräsenz in den sog. strategischen Bereichen, das heißt, zu Marktanteilen mit forschungsintensiven Gütern im Bereich der jeweiligen Spitzentechnologien bzw. Schlüsselindustrien. Eine vom Fraunhofer-Institut für Systemtechnik und Innovationsforschung (ISI) erstellte Taxonomie unterscheidet die forschungsintensiven Güter in Spitzentechnologie und höherwertige Technologie. Bei

---

[104] The Economist, February 23, 1991, 66

Abb. 42 : Liste von Spitzentechnologien und höherwertigen Technologien

Nr	SITC III	Kurzbezeichnung (ISI-Terminologie)	FuE-Intensität
1	516	Neuere organische Chemikalien	Spitzentechnik
2	525	Radioaktive Stoffe	Spitzentechnik
3	541	Pharmazeutische Produkte	Spitzentechnik
4	575	Neuere Kunststoffe	Spitzentechnik
5	591	Agrarchemie	Spitzentechnik
6	714	Turbinen und -teile	Spitzentechnik
7	718	Kern-, Wind-, Wasserkraftwerke	Spitzentechnik
8	752	EDV-Anlagen	Spitzentechnik
9	764	Telekommunikation	Spitzentechnik
10	774	Medizinische Elektronik	Spitzentechnik
11	776	Halbleiterbauelemente	Spitzentechnik
12	778	Fortgeschrittene Elektrotechnik	Spitzentechnik
13	792	Luft- und Raumfahrt	Spitzentechnik
14	871	Fortgeschrittene Optik	Spitzentechnik
15	874	Fortgeschrittene Meßgeräte	Spitzentechnik
16	266	Synthesefasern	Höherwertige Technik
17	277	Fortgeschrittene Schleifmittel	Höherwertige Technik
18	515	Heterozyklische Chemie	Höherwertige Technik
19	522	Seltene anorg. Stoffe (Supraleiter)	Höherwertige Technik
20	524	Neuere anorganische Chemikalien	Höherwertige Technik
21	531	Synthetische Farbstoffe	Höherwertige Technik
22	533	Pigmente, Beschichtungsmaterial	Höherwertige Technik
23	542	Medikamente	Höherwertige Technik
24	551	Geruchs- und Geschmacksstoffe	Höherwertige Technik
25	574	Fortgeschrittene Polyester	Höherwertige Technik
26	598	Fortgeschrittene Chemikalien	Höherwertige Technik
27	663	Technische Keramik u.a.	Höherwertige Technik
28	689	Seltene Metalle	Höherwertige Technik
29	724	Textilmaschinen	Höherwertige Technik
30	725	Papiermaschinen	Höherwertige Technik
31	726	Druckmaschinen	Höherwertige Technik
32	727	Nahrungsmittelverarbeitung	Höherwertige Technik
33	728	Fortgeschrittene Werkzeugmaschinen	Höherwertige Technik
34	731	Metall-Werkzeugmaschinen	Höherwertige Technik
35	733	Cermet-Werkzeugmaschinen	Höherwertige Technik
36	735	Werkzeugmaschinenteile	Höherwertige Technik
37	737	Schweißautomaten	Höherwertige Technik
38	741	Industrielle Thermik	Höherwertige Technik
39	744	Handhabungsmaschinen	Höherwertige Technik
40	745	Spezielle Maschinen	Höherwertige Technik
41	746	Wälzlager	Höherwertige Technik
42	751	Büromaschinen, Textverarbeitung	Höherwertige Technik
43	759	Fortgeschrittenes EDV-Zubehör	Höherwertige Technik
44	761	TV-, Videogeräte	Höherwertige Technik
45	762	Mobilfunkgeräte	Höherwertige Technik
46	763	Audiogeräte	Höherwertige Technik
47	772	Traditionelle Elektronik	Höherwertige Technik
48	773	Glasfaserkabel	Höherwertige Technik
49	781	Personenkraftwagen	Höherwertige Technik
50	782	Nutzkraftwagen	Höherwertige Technik
51	791	Schienenfahrzeuge	Höherwertige Technik
52	872	Medizinische Instrumente	Höherwertige Technik
53	873	Traditionelle Meßgeräte	Höherwertige Technik
54	881	Foto- und Filmgeräte	Höherwertige Technik
55	882	Fotomaterial	Höherwertige Technik
56	884	Glasfasern und Linsen	Höherwertige Technik

c FhG-ISI 1990

Spitzentechnologien beträgt der FuE-Aufwand mindestens 8,5 Prozent vom Umsatz, bei höherwertigen Technologien 3,5 - 8,5 Prozent vom Umsatz[105]. In Abb. 42 ist die vom ISI erstellte Tabelle der höherwertigen und Spitzentechnologien wiedergegeben.

Spitzentechnologien, auf welche die Bundesrepublik im internationalen Vergleich überdurchschnittlich gut spezialisiert ist, sind pharmazeutische Produkte, neue organische Chemikalien, neue Kunststoffe, Agrarchemikalien, medizinische Elektronik, Optik (Laser) und Meßgeräte, bei den höherwertigen Technologien sind es vor allem Maschinenbau, chemische Erzeugnisse, Elektrotechnik und technische Keramik[106].
Der Anteil der Beschäftigten in diesen Branchen, so H.-H. Härtel,

> "ist in der Bundesrepublik zwischen 1973 und 1986 von 42 % auf 54 % gestiegen. In den Vereinigten Staaten, in Japan und in Westeuropa liegt dieser Anteil nur bei 43 % und hat auch weniger stark zugenommen. In jeder der technologieintensiven Branchen übertrifft den Beschäftigungsanteil der Bundesrepublik den der anderen Industrieländer. Japan hat nur in der elektrotechnischen Industrie, und die Vereinigten Staaten haben nur in der Feinmechanik und Optik einen höheren Beschäftigungsanteil als die Bundesrepublik. ..."

Ein ähnlich günstiges Bild für die Bundesrepublik und Westeuropa im allgemeinen zeichnen auch bestimmte Patent-Statistiken. In Abb. 43 und Abb. 44 sind zwei davon wiedergegeben. Westeuropa und westeuropäische Konzerne behaupten danach im Triaden-Vergleich eine überraschend starke Stellung.

Abb. 43 : Zahl der Erfindungen in der Elektrotechnik 1987 - 1988

	Anzahl	Anteil in %
EG	4857	35,3
darunter BRD	2339	17,0
USA	3506	25,5
Japan	4497	32,7
Welt insg.	13747	100,0

Quelle: INPADOC, Ifo-Patentstatistik 1990

105 BMFT 1990, 5
106 BMFT 1990, 7

Abb. 44 : Internationale Patentanmeldungen nach Konzernen 1987/88

1	Mitsubishi	1574
2	Siemens	1450
3	Toshiba	1392
4	Philips	1195
5	Hitachi	1191
6	Fuji	1084
7	IBM	927
8	Bayer	911
9	BASF	896
10	Hoechst	885

Quelle: ifo Berichte und Analysen 15/1990, 7

Man muß angesichts solcher Zahlen jedoch bedenken, daß sie nicht nach Spitzentechnik und höherwertiger Technik unterscheiden. Infolgedessen geben sie nicht wieder, auf welchen Gebieten welche Länder bzw. welche Konzerne wirklich führend sind. Nachdem man in Westeuropa erst vor der amerikanischen, dann vor der japanischen Herausforderung schien kapitulieren zu müssen, neigt man inzwischen im Gegenextrem zu der irreführenden Meinung, diese Herausforderungen schon gemeistert zu haben. Zweifel hieran nähren sich jedoch aus der Tatsache, daß die Bundesrepublik wie auch die anderen westeuropäischen Länder vor allem bei höherwertigen Produkten führend sind, bei den Spitzentechnologien aber gegenüber Japan und Amerika überwiegend im Rückstand liegen. Dies gilt in besonderem Maße für die Halbleiter- und Computerindustrie, die Telekommunikationsindustrie und die Biotechnologie, insbesondere die Gentechnik. Aber auch in gewissen Bereichen der höherwertigen Produkte wie Teilen der Nachrichtentechnik, Büromaschinen, Foto- und Filmgeräte u.a. hinkt die Bundesrepublik nach[107].

[107] BMFT 1990, 7

Im Handel mit forschungsintensiven Waren exportiert die Bundesrepublik gegenwärtig zwar fast doppelt so viel wie sie importiert (vgl. Abb. 45). Hierbei zeigt sich jedoch deutlich die Lastigkeit zur höherwertigen Technik. Bei den Spitzentechnologien fällt die Bilanz mit den

Abb. 45: Export-Import-Bilanz der Bundesrepublik Deutschland bei forschungsintensiven Gütern 1988 (prozentuale Differenz zwischen Ausfuhr und Einfuhr)

	beim Handel mit Spitzen-technologie	beim Handel mit höherwertiger Technologie
Japan	- 75,4	- 49,5
USA	- 39,3	240,8
EG-Länder	- 1,0	147,1
Südostasien	28,3	72,5
Osteuropa	343,5	1008,8
Ausland insg.	26,1	148,2

zusammengestellt nach Angaben des Institut für Systemtechnik und Innovationsforschung in: BMFT 1990, 6

wichtigsten Wettbewerbern in der Triade - mit Japan und den USA - negativ aus. Sich mit höherwertigen Produkten zufrieden zu geben bedeutet, einen minderen Rang hinzunehmen und die Realisierung künftiger Chancen anderen zu überlassen. Mit gutem Grund brüstet sich kein Entwicklungsland damit, mehr Rohstoffe einer bestimmten Art zu exportieren als zu importieren, und kein Schwellenland, mehr einfache industrielle Massenware in die fortgeschrittenen Länder zu verschiffen als es von dort bezieht.

Besonders auf dem Gebiet der IuK-Techniken sind die Europäer gegenüber den USA und vor allem gegenüber Japan fast hoffnungslos ins Hintertreffen geraten. Vom Weltumsatz mit Chips in Höhe von 55 Mrd. Dollar entfallen 22 Mrd. Dollar allein auf Japan, 17 Mrd. auf die USA, nur 9 Mrd. auf Westeuropa[108]. Unter den zehn größten Chip-

[108] Harenberg 1989, 72

herstellern finden sich nur japanische und amerikanische Unternehmen. Siemens steht gegenwärtig auf Platz 20. Auch beim Umsatz mit Informationstechnik im weiteren kommt Siemens mit nur halb soviel Umsatz wie IBM erst auf Platz 7[109]. (Auf dem TK-Weltmarkt immerhin ist Siemens nach AT&T und Alcatel Nummer drei)[110]. Der Weltmarkt für sonstige Computer-Komponenten wird zu 41 Prozent von Japan, zu 31 Prozent von den USA, aber nur zu 17 Prozent von Europa bedient. Europa erzeugt weniger als ein Viertel seiner Computer und Elektronikgüter selbst. Europas Handelsdefizit mit Computern beläuft sich gegenwärtig auf 10 Mrd. Dollar, das mit Unterhaltungselektronik sogar auf 17 Mrd. Dollar[111]. Ob Großcomputer, Mikroelektronik, Bürotechnik und Unterhaltungselektronik, in allen diesen wichtigen IuK-technischen Bereichen zeigt sich das gleiche Bild. Wiederum spiegelt es sich in der Patentstatistik wieder (vgl. Abb. 46).

Abb. 46 : Patentdokumente wichtiger IuK-technischer Bereiche 1987

	Japan	USA	BRD
Großcomputer	15334	1128	404
Mikroelektronik	17408	878	289
Bürotechnik	6500	216	286
Unterhaltungs-elektronik	9714	681	359

Quelle: Harenberg 1990, 202

Die europäischen IuK-Konzerne - Philips, Thomson, Ericsson, Bull, Olivetti, Siemens-Nixdorf u.a. - sind dem internationalen Wettbewerb immer weniger gewachsen. Der Nettogewinn 1990 betrug für IBM 6 Mrd. Dollar, bei den japanischen Konzernen 1 bis 2 Mrd. Dollar, bei Olivetti jedoch null, und bei Nixdorf bereits enstand ein Verlust von abgerundet 0,5, bei Bull von 1,2 und bei Philips von 2,4 Mrd. Dollar[112]. Angesichts ihrer zunehmenden Verluste fordern immer mehr von ihnen

109 Nefiodow 1991, 162; Harenberg 1989, 72
110 Handelsblatt, Nr.53, 15.3.91, 1
111 The Economist Febr. 16th 1991, 63
112 The Economist June 8th 1991, 18

einen europäischen Schutzzoll gegen japanische IuK-Importe. Dies kommt einem Offenbarungseid gleich[113]. Sollte die EG-Kommission dem nachkommen, würde dies den endgültigen Abstieg der europäischen IuK-Industrie besiegeln.

Eine, wenn auch schwache, Spezialisierungs-Chance für die Europäer könnte noch im Bereich der kundenspezifischen Individual-Software liegen. Den Markt für Standardsoftware und Datenbanken beherrschen, wie bereits ausgeführt, die Amerikaner. Aber der Bedarf an kunden- bzw. problemspezifischer Software steigt weiter. Im Verhältnis zwischen Hardware samt ihrer Wartung und Sofware & Services verschieben sich die Wertschöpfungsanteile zunehmend zugunsten der Software & Services. Zählt man alles zusammen auf 100, so lag der Hardwareanteil noch 1985 bei 60 und ist inzwischen auf unter 40 gefallen. Der Anteil von Software & Services dagegen ist von 30 auf 50 gestiegen, mit weiter anhaltender Tendenz[114].

Richtig an dieser Überlegung bleibt sicherlich, daß mit den sehr vielfältigen Anwendungen und dem Folgebedarf der IuK-Techniken insgesamt größere Märkte erschlossen werden als mit den IuK-Komponenten und IuK-Anlagen im engeren Sinn. Jedoch zeigt das Beispiel der Halbleiter- und Computerindustrie, daß diese eben doch *die* strategische Komponente bilden, und daß, wer ihre Erzeugung beherrscht, auch bei den Anwendungen und der Deckung des Folgebedarfs große Vorteile und Vorsprünge erwirbt.

Ein ähnlich gelagerter Fall findet sich auf dem Gebiet der Feinmechanik, Optik und Telekommunikation. In diesem Schnittfeld stellen Laserstrahlquellen eines der strategischen Güter dar. Benötigt werden sie zum Beispiel in der Telekommunikation für die Impulsgebung in Glasfaserkabeln u.a., in der Materialbearbeitung, in der Chirurgie sowie in der Meßtechnik. Der deutsche Welthandelsanteil an Laser-

[113] VDI-Nachrichten, Nr.18, 3.5.91, 3
[114] VDI-Nachrichten, Nr.17, 26.4.91, 21

strahlquellen beläuft sich aktuell auf 28 Prozent[115]. Hier nimmt die Bundesrepublik zusammen mit den USA eine Spitzenstellung ein, während Japan zurückgefallen ist. Allerdings besitzt der Markt für Laserstrahlquellen, der immer noch in Millionen gezählt wird, nicht annähernd das Gewicht des milliardenschweren Halbleiter- und Computermarktes.

Traditionell schwere Gewichte in die Waagschale zu werfen hat die deutsche Industrie dagegen im Bereich der Chemie und der Pharmazie. Diese Märkte sind ebenfalls milliardenschwer. BASF, Bayer und Hoechst rangieren hier deutlich vor der ausländischen Konkurrenz. Dennoch bleibt eine einmal errungene Spitzenstellung, obschon sie Vorteile bringt, nicht automatisch erhalten. Die chemische Industrie verbindet sich heute zunehmend mit der Biologie in Richtung Bio- und Gentechnik. Die Träger der chemischen Industrie von heute werden im wesentlichen auch die biotechnische Industrie von morgen tragen. Ihre Märkte liegen vor allem in Medikamenten, Landwirtschaftsprodukten, Feinchemikalien und umweltanalytischen Nachweisverfahren. Auf allen diesen Gebieten droht die Bundesrepublik ins Hintertreffen zu geraten: Von den in den 80er Jahren angemeldeten biotechnologischen Patenten stammen 42 Prozent aus den USA, 18 Prozent aus Japan, 13 aus Deutschland und 9 aus Großbritannien[116].

SCHLESWIG-HOLSTEIN

Im Hinblick auf die Innovationsdynamik in Schleswig-Holstein und die Präsenz des Landes in technologischen Schlüsselfeldern fällt zunächst folgendes auf. Die Landwirtschaft ebenso wie der staatliche Sektor ziehen in Schleswig-Holstein im Vergleich zum Bundesdurchschnitt überproportionale Anteile auf sich, während die industriellen Anteile an der Bruttowertschöpfung unterproportional ausfallen (vgl. Abb. 47).

---

115 iwd, Nr.36, 7.9.89,8; iwd, Nr.14, 5.4.90, 3

116 Pressemitteilung des BMFT vom 20.11.1990, 5, zur technologischen Wettbewerbsfähigkeit der deutschen Industrie.

Beträchtliche Anteile des Industrieumsatzes entfallen auf Grundstoffe und Produktionsgüter. Der Schiffbau, obwohl bereits merklich geschrumpft, bildet lokal immer noch eine bedeutende Größe. Der verbleibende Rest entfällt auf Verbrauchsgüter, wobei die Nahrungs- und

Abb. 47 : **Sektorenstruktur in Schleswig-Holstein und im Bundesgebiet (Anteile an der Bruttowertschöpfung in Prozent)**

	SH	Bund
Produzierendes Gewerbe	34	42
Dienstleistungen	27	28
Handel und Verkehr	16	15
Staat	19	13
Landwirtschaft	3,9	1,6

Quelle: Zahlenbilder 1989, 21

Genußmittelindustrie mit 17 Prozent einen besonderen Stellenwert besitzt[117]. Unter den Dienstleistungen fällt der Fremdenverkehr besonders ins Gewicht. Im produzierenden Gewerbe sind forschungsintensive Bereiche sowie die gesamte Investitionsgüterindustrie (15 Prozent) nur geringfügig vertreten. Insbesondere IuK- sowie biotechnologische Unternehmen sind erheblich unterrepräsentiert (vgl. Abb. 48).

"Die Anzahl der Unternehmen des Landes, die sich mit anspruchsvollen Produkten auf überregionalen Märkten behaupten, bewegt sich", so eine Studie des Instituts für Stadtforschung, "in einer Größenordnung, die als kritische Masse für eine selbsttragende Entwicklung nicht ausreicht, um das Land als Standort technologieintensiver Unternehmen interessant zu machen"[118].

117 IHK Kiel, Strukturbericht 1991, 16
118 Denkfabrik Kiel/Institut für Stadtforschung Berlin, November 1990, 47

Abb. 48 : **IuK-technische und biotechnische Unternehmen nach Bundesländern (je Mio. Einwohner)**

	IuK-technische Unternehmen	Biotechnische Unternehmen
Hamburg	114	39
Hessen	105	25
Berlin (West)	64	23
Baden-Württemberg	58	17
Bayern	57	8
Niedersachsen	49	13
Nordrhein-Westfalen	47	9
Bremen	41	8
Schleswig-Holstein	17	6
Rheinland-Pfalz	13	7
Saarland	10	1
Bundesgebiet	54	13

Quelle: Henckel 1989, 237-245

Freilich sollte dies als Ansporn und nicht als Grund zur Resignation genommen werden. "Schleswig-Holstein", wie ein Teilnehmer der Umfrage sagte, "hat heute im Prinzip die gleichen Chancen wie Bayern sie früher hatte". Damals gaben die Teilung Deutschlands und der Umzug von Siemens aus Berlin und anderen Großunternehmen nach München der Region die Initialzündung. Ein vergleichbarer exogener Faktor könnte heute in der deutschen Vereinigung liegen, wenn diese dem Norden insgesamt wieder ein größeres Gewicht verleihen sollte. In jedem Fall eröffnen sich für Schleswig-Holstein, außer der weiteren Förderung seiner endogenen Potentiale, auch exogene Potentiale dadurch, daß die Entwicklungsdynamik in den typischen High-Tech-Regionen schon so weit kulminiert, daß zunehmend negative Effekte auftreten: horrende Lebenshaltungs- und andere Kosten, Ballungsraum-Stress, Verkehrsüberlastung, Kriminalität u.a. Je stärker solche Effekte in bisherigen Zentren auftreten, umso größer wird die Chance Schleswig-Holsteins, Anteile des High-Tech-Zuwachses auf sich zu ziehen und so, zusammen mit seinen endogenen Potentialen, zu einer fortgeschrittenen K-Region zu werden, die solche negativen Effekte vermeidet. Dies setzt allerdings u.a. eine gezielte Entwicklungsförderung der K-Faktoren voraus, sowie auch ein klares Raumentwicklungskonzept - in dem außer Schleswig-Holstein selbst auch Hamburg eine wichtige Rolle spielen muß. Darauf wird noch einzugehen sein.

Anlaß zur Zuversicht gibt auch die Tatsache, daß sich die Merkmale der Strukturschwäche in Schleswig-Holstein langfristig nicht weiter vertiefen, sondern abschwächen. 1990 legte das Bruttoinlandsprodukt in den alten Bundesländern um 8,4 Prozent, in Schleswig-Holstein jedoch um 9 Prozent zu. Zugleich verringerte sich die Arbeitslosigkeit um 17 Prozent, in den alten Ländern aber nur um 13 Prozent. Die Zahl der Insolvenzen verringerte sich spürbar um ein Fünftel, im Bundesgebiet nur um ein Zehntel[119].

Im Sektorenmix haben zukunftsträchtige Bereiche wie Medizintechnik, Nachrichtentechnik, Mikroelektronik, Prüf-, Meß- und Regeltechnik, Meerestechnologie, Solartechnik und Raumfahrt deutlich an Gewicht gewonnen. Es bestehen somit interessante Anknüpfungspunkte für die Entwicklung eines endogenen Potentials. In der elektrotechnisch-elektronischen Produktion sind heute mit rund 18 000 Beschäftigten bereits doppelt so viele Menschen wie im Schiffbau tätig. Dieser selbst wird zunehmend zu einem spezialisierten, teilweise hochtechnologischen Bereich. Ähnlich wie Flugzeuge als "fliegende Computer" apostrophiert werden, könnte man bei vielen Schiffen von "schwimmenden Computern" sprechen. Im Fremdenverkehr, die als "weiße Industrie" eines der umsatzträchtigsten Wachstumsfelder überhaupt darstellt, sind inzwischen über 60 000 Menschen beschäftigt[120].

Obwohl sich die Experten der relativen Rückstände des Landes offensichtlich sehr bewußt sind, sehen sie auch die chancenreichen Vorzüge und Stärken, so daß tatsächlich aus den meisten Statements auch eine gewisse verhaltene Aufbruchstimmung spricht. Hierbei wird betont am Vorhandenen angeknüpft:

---

119 Statistische Monatshefte Schleswig-Holstein, Heft 4, April 1991, 77, 100 und 104
120 Zahlenbilder 1989, 28

"Man muß immer vom Bestand ausgehen. Es hat keinen Sinn, etwas aufzupropfen. Eine Umstrukturierung ist auch immer vom Umfeld abhängig".

"Das Wichtigste an neuen Techniken ist die Verbindung mit alten Techniken. Nehmen Sie das Beispiel Baden-Württemberg im Maschinenbau. Die haben das durch Verbindung ihres hergebrachten Know-Hows mit Verfahrensinnovationen in der Teilefertigung, der Montage oder Prozeßleittechnik geschafft".

"Es hat keinen Sinn, in Schleswig-Holstein mit Krampf etwas Nichtvorhandenes zu installieren. Wir dürfen nicht nur auf Neuansiedlungen schielen, sondern fast noch wichtiger ist die Bestandspflege".

"Man muß vorhandene Stärken verstärken. Künstliche Ansätze laufen nicht. Deshalb bin ich auch skeptisch, was Technologiezentren und sowas betrifft".

Aufgrund der Strukturanalyse der Wirtschaft Schleswig-Holsteins ebenso wie aufgrund der gezielten Angaben der von uns befragten Experten lassen sich eine Reihe von Wirtschaftsbereichen unterscheiden, die chancenreiche Anknüpfungspunkte als Innovationsträger für Schleswig-Holstein bieten. Jeden dieser Bereiche muß man sich von vornherein mit entsprechenden Bildungs- und Forschungseinrichtungen in integrierter Weise verbunden denken. Sie sind in Abb. 49 zusammengestellt.

Abb. 49 :	Zukunftsbranchen in Schleswig-Holstein als einer K-Region
(1)	Hochtechnologischer Komponenten-, Werkzeug-, Geräte- und Maschinenbau (Getriebe, Medizintechnik, Mikroelektronik, Feinmechanik, Optik, nachrichtentechnische Geräte u.a.)
(2)	Meerestechnologie (Schiffbau, Unterwassertechnik, Off-Shore-Technik, Seeverkehr-Ausstattung und -Logistik, Navigation)
(3)	Umwelttechnik, Meeresumwelttechnik
(4)	IuK-Software & Services
(5)	Biomaterial-verarbeitende Industrie: Landwirtschaft, Biomasse, Biotechnologie, Nahrungsmittelindustrie
(6)	Fremdenverkehr und Freizeitindustrie

Es ist sicherlich nicht ohne weiteres möglich, die in Abb. 49 aufgeführten sechs Bereiche auf die offizielle Branchensystematik abzubilden. In Branchen zu denken, ist ohnedies nur auf hochaggregierter Ebene sinnvoll. Außerdem ist zu bedenken, daß sich gerade neue Technologien durch eine geradezu universelle Anwendungsbreite auszeichnen, und daß Herstellungs- und Anwendungsaspekte immer schon enge Verflechtungen und Verflechtungsschwerpunkte bilden. Die genannten sechs Bereiche sind also am besten als Verflechtungsschwerpunkte zu verstehen. Auch untereinander überlappen sie teilweise. Deshalb sind sie synergiefähig. Und deshalb eignen sie sich, identitätsstiftend und imagebildend zu wirken und Schleswig-Holstein ein spezifisches Modernitäts-Profil zu verleihen. Im folgenden wiederum eine Reihe von Statements zu den verschiedenen Verflechtungsfeldern:

Zu (1)
Hochtechnologischer Komponenten-, Werkzeug-, Geräte- und Maschinenbau (Getriebe, Medizintechnik, Mikroelektronik, Feinmechanik, Optik, nachrichtentechnische Geräte u.a.)

"Ansatzpunkte in Schleswig-Holstein haben wir wirklich eine Reihe. Zum Beispiel in der Feinwerktechnik, im Maschinenbau, Getriebe haben wir hier auch und die Mikroelektronik ist im Kommen".

"Der Elektronikbereich ist überhaupt nicht mehr unterentwickelt. In Schleswig-Holstein haben wir jetzt 35 Mikroelektronik-Betriebe. Da arbeiten längst mehr Leute als im Schiffbau. Aber Kiel ist als technischer Standort nicht bekannt genug".

"Mikroelektronik ist für uns eine Zukunftsoption, auch wenn das noch sorgfältig diskutiert werden muß".

"Ansatzpunkte für eine positive Entwicklung gibt es in der Medizintechnik, in der Optik, in der Feinmechanik, auch im Druckgewerbe und ein wenig in der Luftfahrt. ... Das ginge alles noch besser, wenn es mehr Grunddienstleistungen an Prozeßtechnik gäbe, das heißt, Meß-, Steuerungs- und Regeltechnik. Das muß alles in einem Umkreis von 100-200 km vorhanden sein, wenn man Erfolg haben will".

"In der Medizintechnik haben wir hier zum Beispiel IuK-Technologie, um Organdarstellungen zu simulieren und sie dann am Modell nachzubauen, um Operationen vorzubereiten. So muß man die Leute nicht schon vorher aufschneiden".

"Schleswig-Holstein besitzt keine Großindustrie, aber zum Beispiel Forschungsressourcen auf dem Gebiet der Material- und Werkstoffkunde. Dieses Wissen gilt es interdisziplinär auf andere Gebiete zu übertragen, zum Beispiel zahnmedizinische Werkstoffe für den Rechner-, Roboter- und Automobilbau, oder Sandwichtechniken (Sensor, Auslöser), Spezialpumpenbau".

"Motor der deutschen Wirtschaftsentwicklung ist immer noch zu einem großen Teil die Autoindustrie. Da muß Schleswig-Holstein Zulieferleistungen entwickeln. Daimler bekommen wir ja nicht hierher, aber in der Zulieferung liegt ein Potential".

"Die Großen werden nicht kommen. Das Industrieprojekt bei Brunsbüttel ist ja auch nicht so verlaufen, wie man sich das mal vorgestellt hat, um es vorsichtig auszudrücken. Die Zukunft für Schleswig-Holstein liegt bei den Klein- und Mittelunternehmen. Da haben wir zum Beispiel Spezialbetriebe im Maschinenbau, und auch Mikroelektronik in kleineren und mittleren Unternehmen".

"Wir suchen im Elektronikbereich Synergien heute auf der Zulieferseite. Auf der Zulieferseite gibt es Chancen für Neugründungen oder Unternehmensausbauten, von ehemaligen Handwerksbetrieben angefangen, Spin-Offs, die wir selbst begünstigen. Da gibt es viele Möglichkeiten, von der Materialbeschaffung über einfache Dreh- und Fräsarbeiten bis zu komplizierten Entwicklungsaufgaben".

Zu (2)
Meerestechnologie (Schiffbau, Seeverkehr-Ausstattung und -Logistik, Unterwassertechnik, Off-Shore-Technik, Navigation)

"Wir müssen hier unsere natürliche Lage zwischen zwei Meeren als Standortvorteil nutzen, das heißt Meerestechnik, Werften, Schiffbau".

"Im Bereich Meerestechnik, Werften sollen wir alte Traditionen natürlich fortsetzen. Aber was am Markt nicht geht, muß man absterben lassen. Der Rest wird sich spezialisieren und so seine Zukunft finden".

"Mit den Werften, da liegt immer noch was drin. Zum Beispiel Container- und Containerschiffbau, Seetransport, Seetransport-Logistik und -Managementsysteme, Spezialschiffe etwa im Gewässerschutz, Fähren, aber auch zum Beispiel Freizeitschiffe, elektronisch gesteuerte Segelschiffe, auch für windreiche Schwellen- und Entwicklungsländer wie z.B. Indonesien, wobei man hier die ganze Palette der neuen Werkstoffe anwenden kann, faserverstärkte Kunststoffe und so".

"Transportwesen, Logistik, Umschlagwesen, die ganze Steuerung. Aus der Not der langen Wege aufgrund seiner Randlage kann Schleswig-Holstein hier eine Tugend fortgeschrittener Transport-Rationalisierung machen. An der Schnittstelle See-Land für beide Anwendungsbereiche".

"Für Schleswig-Holstein sehe ich u.a. den ganzen maritimen Bereich. Meeresforschung als solche ist zwar noch kein Industrieansiedlungsfaktor. Aber in Verbindung mit Meerestechnik und Werften schon. Wir werden sowieso in vielen Bereichen aufs Meer hinausgehen, auch mit der Produktion. Der Schiffbau ist zukunftsträchtig, obwohl immer was andres behauptet wird. Schiffbau ist heute auch High-Tech, und zwar komplexer Natur. Das ist nicht nur der schwimmende Rumpf, sondern ein komplexes System unterschiedlichster Techniksparten. Da werden ganze Kleinstädte mit der damit verbundenen Infrastruktur hergestellt".

Zu (3)
Umwelttechnik, Meeresumwelttechnik[121]

"Windenergie ist so ein Bereich. Schleswig-Holstein könnte sich ein Beispiel daran nehmen, wie die Dänen mit ihren elektronisch optimierten Windrädern Energie für kleine Länder auf hochtechnischer Grundlage erstellen".

"Schleswig-Holstein hat die Windenergie nicht verschlafen. GROWIAN war von der SCHLESWAG bewußt als größere Anlagentechnik geplant, weil die Dänen die kleineren Anlagen bereits besser beherrschten. Gut, es erwies sich als Irrtum. In Dänemark beschloß man eben früh den Ausstieg aus der Kernenergie und wandte sich folglich stärker auch alternativen Energien zu. Schleswig-Holstein war und ist durch den Kohlevertrag geknebelt. ... Maritime Umwelt-Technik ist auch noch ein weites Feld".

"Bei den Werften kann man den Umweltschutzbereich ausbauen".

"Der Seehafen in Flensburg verlandet langsam aber sicher. Dabei hätten wir für den Schlamm eine Lösung, wenn das Land das Problem sehen würde und den Hafen tiefseefähig halten wollte. Wir können diesen Schlamm mit der Asche aus Heizkraftwerken verdichten. Daraus entsteht ein leistungsfähiger Baustoff, der wie Glas aussieht. Anwendungsmöglichkeiten gäbe es genug".

"Umweltschutz ist ein so großer Bereich, da müssen wir unsere Nische finden, wobei Wasser unbedingt da rein gehört. Bei den Betrieben gibt es auch eine große Aufgeschlossenheit gegenüber Umweltfragen. Auch die Bevölkerung hier im Norden ist da sehr sensibel. Wahrscheinlich, weil man hier der Natur ganz anders ausgesetzt ist als anderswo".

---

121 In der Frage der Umweltindustrie muß vor naiven Extrapolationen gewarnt werden. Eine nachhaltig hohe Umweltqualität kann nur durch eine langfristig angelegte Strategie der ökologischen Modernisierung gewährleistet werden. Nachgeschaltete Umwelttechniken (end-of-pipe, downstream) wie zum Beispiel Filter, Kläranlagen, Verbrennungsanlagen oder Deponien verlieren dabei *relativ* an Bedeutung zugunsten von sog. integrierten Lösungen, das heißt, innovativen Verfahren und Produkten, die Umweltbelastungen von vornherein möglichst überhaupt nicht erst entstehen lassen. Neue Technologien - außer im Bereich der IuK-Technik z.B. auch in der Chemie, Bio- und Energietechnik, Fahrzeug- und Verkehrstechnik - spielen hierbei eine wesentliche Rolle.
Ein hoher Entfaltungsgrad der heute so genannten Umwelttechniken und hohe Aufwendungen für nachträglichen Umweltschutz sind ähnlich problematisch wie hohe Gesundheitsausgaben und ein hoher Bedarf an Krankenhausbetten und Pflegeplätzen - eher Indiz einer beschädigten denn einer intakten Umwelt. Emissionsfreie Produktions- und Konsumkreisläufe kann es zwar so wenig geben wie das sagenhafte Perpetuum Mobile. Ein gewisses Maß an entsorgender Umwelttechnik wird immer erforderlich bleiben, aber die langfristigen Renditechancen liegen nicht bei "Waste Management Inc.", sondern in der intelligenteren *integrierten* Umwelt- und Rcssourcenpflege durch Verfahrens- und Produktinnovation. Darin liegt im übrigen auch ein wichtiger Aspekt des Kostenwettbewerbs zwischen Unternehmen bzw. Regionen. Die Umweltkosten bewegen sich heute am Beginn eines langanhaltenden Take-Offs. Wer auf sog. Umwelttechnik setzt, rennt in den Kosten-Knock-Out.

"Der landwirtschaftlichen Umweltschutz spielt eine wichtige Rolle. Durchbrechende Erfolge im Umweltschutz wird man nicht durch 'Zurückblättern' erreichen, und auch nicht alleine durch so etwas wie ökologischen Landbau. Vielmehr geht es darum, mit Hilfe neuer Technologien und wissenschaftlich begründeter Verfahren die Stoffeffizienz zu erhöhen.

Es ist wenig bekannt, daß tatsächlich weniger als 5% der Pflanzenschutzmittel wirklich benötigt und aufgenommen werden. Bekannter ist schon, daß unterschiedliche Böden und unterschiedliche Pflanzen usw. unterschiedliche Düngung und sonstige Behandlung benötigen. Es werden jetzt immer bessere Dünge- und Pflanzenschutzgeräte entwickelt, die entsprechend steuerbar sind. Es gibt sogar solche Geräte mit Bildsensoren (Mustererkennung), die automatisch durchs Feld fahren und nur dann und dort spritzen, wo sie ein entsprechendes Unkraut feststellen, und nur so viel, wie wirklich nötig ist.

Eine vergleichbare Entwicklung findet in der Tierhaltung statt. Man hat heute das Gülleproblem und entwickelt Verfahren, um die Gülle aufzubereiten. Anstelle dieser nachgeschalteten Form von Umweltschutz wäre es viel besser, wenn man i.S. einer integrierten Lösung die Tiere von vornherein gezielter füttert. Bei gezielter Fütterung fallen 50% weniger Stickstoff an. Das ist wirtschaftlicher und effizienter".

Zu (4)
IuK-Software & Services

"Die Entwicklung geht immer mehr in Richtung Software. Vor einigen Jahren betrug der Software-Anteil bei uns etwa 25 Prozent, jetzt sind es 50 Prozent, und in Zukunft wird er vielleicht 75 Prozent unserer Aktivitäten ausmachen".

"Das Problem ist heute nicht die Hardware, der Engpass ist die Software".

"Wir können hier noch mehr Software-Schmieden herbekommen, weil die Ruhe brauchen, und deshalb gerne nahe bei einem Zentrum sitzen. Das Zentrum ist Hamburg. Wir haben hier solche Unternehmen. Die waren früher in Hamburg und sind dort weg".

"Es ist ja nicht so, daß wir hier keine EDV-Unternehmen hätten. In den Statistiken tauchen die nur selten auf, weil die meisten dieser Betriebe weniger als 20 Beschäftigte haben. Als wir alle mal eingeladen haben, da waren wir selbst überrascht, wieviele das sind. Durch die Konzentrationsprozesse in der EDV-Branche besteht nun die Gefahr, daß Kompetenz abwandert. Im Extrem müßte man überlegen, ob man die vorhandenen Kompetenzen zu einem Regionalunternehmen bündelt".

"In der computergestützten Produktion ist das so: Erst orientieren wir die Unternehmen und dann kommen die und fragen 'Wer schreibt uns jetzt das Programm?' Hier in Schleswig-Holstein ist noch keiner in den Unternehmen, der neue Produktionskonzepte auch bis zum Ende durchziehen und umsetzen kann. Das muß sich ändern".

"Es zeigt sich allerdings, daß sich Software-Entwickler und ähnliche Leute doch vor allem in den Zentren ansiedeln, weil sie eine Art Wissens- und Vermittlungspool brauchen, also Nähe zu Kollegen, zur 'Szene', zu den neuesten Informationen, zur Uni und anderen Instituten, zur Industrie".

"Es entsteht eine neue Problematik, die Schnittstellenproblematik. Das kann man rein technisch verstehen, als maschinelles Anschluß- und Kompatibilitätsproblem, aber auch in einem umfassenden kulturellen Sinn. Die Dinge und Menschen müssen neu aufeinander bezogen werden. Damit entstehen neue Berufe, diese Problematik zu bearbeiten. Dazu gehören alle Leute, die irgendwie beratend tätig sind, in der EDV, im Marketing, Finanzen, alle möglichen Agenturen, Diensteleister, auch im sozialen Bereich".

"Wissensbasierte Tätigkeiten, das ist ein Feld mit zunehmender Bedeutung. Zwischen Ausgaben für Hardware, Software und Ausbildung besteht heute noch ein Mißverhältnis. Aber der Hardware-Anteil geht zurück, der Software-Anteil nimmt schon lange zu, und nun immer mehr der Ausbildungsanteil. Ein gutes FiBu-Programm bekommt man heute schon für 1.500 Mark, aber die Kosten für die Zeit, bis die Leute gelernt haben, das anzuwenden, liegen höher. Und da liegt ein Markt für entsprechende Weiterbildungs- und Beratungsangebote.

Flensburg hat zum Beispiel eine große PH, fast schon wie eine Uni. Aber man bildet da einfach herkömmliche Lehrer für den Staatsdienst aus. Dies ist eine sehr einseitige Orientierung. In einer von IuK-Techniken durchdrungenen Gesellschaft muß sich jeder immer und überall fort- und weiterbilden, und zwar, das ist das Entscheidende, im beruflichen Feld, in Verbindung mit der beruflichen Praxis, auch in der Form berufsbegleitend. ... Diese Bildungsarbeit muß nicht unbedingt von den Herstellern kommen. Die sind technisch vereinseitigt und voreingenommen. Das müßten Pädagogen machen, Leute mit guten didaktischen Fähigkeiten".

"IuK-Dienstleistungen sind ein weites Feld. Die haben ja auch keine Transportprobleme, deshalb können die auch gut in Schleswig-Holstein zu Hause sein. Zum Beispiel Software-Häuser wie SAP können alles über Datenfernübertragung machen. Da spielt es keine Rolle, ob das die Strecke Hannover-Berlin oder Flensburg-Berlin ist".

"IuK-Techniken könnten insbesondere vom Fremdenverkehr, der Gastronomie und dem Hotelgewerbe umfassender genutzt werden. Da stecken viele Möglichkeiten drin. ... Das mit dem zentralen Buchungssystem ist allerdings zu teuer, wenn die Vermieter 15 Prozent oder so ihrer Einnahmen an das System abführen müssen. Von daher ist dann auch die Akzeptanz dieses Systems geringer als wünschenswert wäre".

"IuK-Techniken spielen heute in allen Bereichen der landwirtschaftlichen Verfahrenstechnik und praktisch auch sämtlicher angrenzender Gebiete eine immer wichtigere Rolle. Zum Beispiel besteht in der Tierhaltung eine Tendenz von der Einzelhaltung zur Gruppenhaltung, wobei jedoch das einzelne Tier in der Gruppe eine äußerst individuelle Behandlung benötigt. Ähnliche Entwicklungen sind im Pflanzenbau vorhanden, wo man von der Einheitlichkeit weg zur Variabilität geht.

Dies läuft auf erweiterten Wissens-, Informations- und Datenbedarf hinaus, insbesondere aber auf eine sehr viel bessere Datenverdichtung, da man sonst Gefahr läuft im Datenmüll zu ersticken. Die gezielte Selektion und Verdichtung von Daten und Ergebnissen ist ein großes Problem bzw. eine sehr wichtige Aufgabe.

Auch wird die Gewinnung der Daten maschinisiert bzw. automatisiert. So tragen z.B. Sauen kleine Sender. Man kann damit automatisch erfassen, wie oft und wieviel und was die Tiere fressen gehen. Oder wie oft sie an der Eberbucht aufhalten, das indiziert ziemlich präzise, ob sie gedeckt werden müssen oder nicht. Oder es gibt z.B. neue Erntegeräte, die sofort den Ertrag nach vielerlei Parametern erfassen, speichern und auswerten".

Zu (5)
Biomaterial-verarbeitende Industrie: Landwirtschaft, Biomasse, Biotechnologie, Nahrungsmittelindustrie

"Außer in der landwirtschaftlichen Verfahrenstechnik gibt es auch auch im Bereich der Biotechnologie vielversprechende Entwicklungen, in der biotechnologischen Verarbeitung landwirtschaftlicher Produkte, und zwar nicht nur durch die Nahrungsmittelindustrie (deren Wertschöpfung in Schleswig-Holstein übrigens größer ist als die der Landwirtschaft), sondern auch anderweitig.

Z.B. dienen Stärkekartoffeln heute nicht mehr nur der Ernährung. Sie sind inzwischen unser wichtigster nachwachsender Rohstoff, der in verschiedensten Applikationen weiterverarbeitet wird. Aus rund einem Drittel der Kartoffelernte werden heute z.B. Kleber, Verpackungsmaterialien, Baustoffe u.a. Aus anderer Biomasse können Faserstoffe gewonnen werden usw.

Solche Entwicklungen können auch einen Beitrag leisten, um von fossilen Energieträgern wegzukommen. Biomasse kann zur Energiegewinnung genutzt werden. Auch werden heute z.B. zur Ernteverfrühung überall auf der Welt Unmengen Quadratkilometer von Plastikfolien benutzt, die dann letztlich meist auch irgendwo im Land herumliegen bleiben. Wenn man diese Folien aus Stärke oder Erbseneiweiß herstellt, braucht man kein Mineralöl und sie zersetzen sich schneller und naturverträglicher. Im Moment sind diese Folien noch etwas teuer, aber die Stärkeindustrie ist da schon hinterher.

Allerdings sind die Entwicklungen auf diesem Gebiet alle sehr langwierig. Da braucht man Geduld. Denn Entwicklung, Produktion, Verwertung und Vermarktung müssen hier vielfach ineinander spielen. Das alles verspricht Erfolge, aber keine schnellen Erfolge. Je kompetenter die Experten, umso kleiner sind ihre Erwartungen".

"In der Landwirtschaft muß was passieren. Wenn jetzt immer mehr Flächenstillegungen kommen, stellt sich die Frage, was passiert mit den freien Flächen? In der Diskussion sind schnell wachsende Hölzer oder auch Elefantengräser. Dann der Aufbau einer Stärkefabrik auf Proteinbasis, das könnte eine Option sein. Und Pharmavorprodukte. An der Westküste werden jetzt schon Kamillefelder angelegt. Da sind wir aber erst am Anfang".

"Die Biotechnologie hat Zukunft. Da haben hier in Schleswig-Holstein zum Beispiel ein Zahnmediziner und ein Mineraloge aus Algen, die nur bei Helgoland vorkommen, eine Substanz entwickelt, die Knochensubstanz bei Operationen ersetzen kann. Außer der Medizin zeigte plötzlich auch die Autoindustrie daran Interesse, eventuell als idealer Werkstoff statt Plastik.

Generell müssen wir in die Richtung der Verbindung von Landwirtschaft - Nahrungsmittelindustrie - Biotechnologie denken, eventuell auch mit Energie- und Umwelttechnologie. Ein Problem hierbei ist aber, daß in der Öffentlichkeit ebenso wie bei den Grünen und Teilen der SPD allenthalben Biotechnik mit Gentechnik gleichgesetzt wird und von daher große Widerstände bei geringer Sachkenntnis bestehen".

"Die Frage hier in Schleswig-Holstein ist, wie wir eine moderne Landwirtschaft aufbauen, also den Umstieg auf umweltfreundlichen Anbau. Dabei spielt etwa Rapsöl als Energieträger eine Rolle".

"Für Schleswig-Holstein bestehen Chancen auf dem Lande. Da könnte Schleswig-Holstein im Umwelt- und Ressourcenschutz durch Biotechnik sogar eine Vorbildfunktion einnehmen. Die Biotechnologie gewinnt immer größere Bedeutung, auch nachwachsende Rohstoffe".

"Zehn bis zwanzig Prozent der Fläche könnten wir aus der Produktion herausnehmen. Man wird aber verstärkt danach Ausschau halten, wie sich landwirtschaftliche Produkte auch industriell verwerten lassen. Ein Teil der Agrarfläche kann verwendet werden für die Energieversorgung, aber auch für chemisch-pharmazeutische Grundprodukte, für Fasergewinnung, Baustoffe u.a.".

"Die Lebensmitteltechnologie ist ein Anknüpfungspunkt, auch im Agrarbereich neue Produkte entwickeln, zum Beispiel Pflanzenzucht auf bio- bzw. gentechnischer Grundlage, und Landwirtschaft als Landschaftspflege, und dabei auch Biomasseproduktion für regionale Energie".

Zu (6)
Fremdenverkehr und Freizeitindustrie

"Für Schleswig-Holstein liegt eine Chance darin, den Fremdenverkehr intelligent auszubauen".

"Unsere Stärke liegt im Tourismus. Das kann ausgebaut werden, weil auch das Urlaubsverhalten sich ändert. Die Saison wird länger, die Leute kommen sogar schon im Winter hierher, eben wegen des Klimas".

"Eine ökologisch vorbildliche Landwirtschaft käme auch dem Fremdenverkehr zugute. Schleswig-Holstein hat einen hohen Freizeitwert, das haben sogar schon die Japaner entdeckt, für die das auch immer wichtiger wird".

"Der Fremdenverkehr muß weiter ausgebaut werden. Z.B muß die Westküste den Fremdenverkehr von den Inseln runter aufs Festland ziehen. Dazu muß die Attraktivität dieser Region steigen. Bei schlechtem Wetter kriegen Sie da doch Depressionen. Noch hat die Ostküste mehr zu bieten".

"Da die Arbeitszeit immer mehr verkürzt wird, wird der Freizeitbereich immer mehr entwickelt. Wir kümmern uns zu wenig darum. Die Disneyparks in den USA sind ein gutes Beispiel. Das muß man hier vielleicht anders machen, aber die Idee ist gut.

Eine große Attraktion auf der Kieler Woche ist ja die Spiellinie, ein Workshopbereich seit den Olympischen Spielen 1972. Da können alle Altersgruppen mit Anleitung kreative Sachen machen.

Schleswig-Holstein könnte den Freizeitbereich dauerhaft entdecken, auch weil das Hinterland mit Mecklenburg jetzt größer ist. Dafür müssen ausgebaut werden: populäre Museen, Museen, die Fabrikgeschichte aufarbeiten, der kreative Bereich, Unterhaltung vom Feinsten, und die bildenden Künste".

Wirtschaftskraft durch Investitionen und Wachstum

Innovation braucht Investition. Nach den K-Faktoren Bildung, Wissen, Forschung und Innovation, die um Kompetenz und Kreativität kreisen, wird mit den Investitionen die Rolle des Kapitals und finanzkräftiger Investoren angesprochen. Aufgrund der zuvor genannten Zahlen versteht es sich wie von selbst, daß die innovativen Branchen bzw. die innovativen Länder in der Regel auch die sind, wo am meisten investiert wird. Abb. 50 macht diesen Zusammenhang deutlich.

Abb. 50 : Investitionen in ausgewählten Branchen der deutschen Industrie 1987 (in % des Umsatzes)

Büromaschinen, EDV	12,8
Zellstoff und Papier	8,9
Druckerei	7,6
Feinkeramik	7,2
Kunststoffe	6,9
NE-Metallgießerei	6,6
Feinmechanik, Optik	5,9
Automobilindustrie	5,8
Chemikalien	5,7
Elektrotechnik	5,6
Luft- und Raumfahrzeugbau	5,2
... ...	...
Schiffbau	3,3
Nahrungs- und Genußmittel	3,3
Stahlbau	2,8
Ledergewerbe	2,2
Bekleidung	1,6
Mineralölverarbeitung	1,2

Quelle: Institut der deutschen Wirtschaft 1989, 27

Auch für Länder und Regionen trifft dieser Sachverhalt zu. Internationale Ländervergleiche ergeben diesbezüglich das erwartete Bild. In Japan und der Schweiz wird deutlich mehr investiert als sonst auf der Welt (siehe Abb. 51).

Abb. 51:	Investitionen in ausgewählten Industrieländern 1990 (je Einwohner in DM)
Japan	13.600
Schweiz	12.530
Kanada	10.490
Vereinigte Staaten	8.460
OECD-Durchschnitt	8.390
Bundesrepublik	8.090
Frankreich	7.760
Niederlande	7.610
Italien	7.230
Großbritannien	6.900
Spanien	6.700

Quelle: iwd, Nr.21, 23.5.1991

Man muß dem allerdings hinzufügen, daß Investitionsanstrengungen sowohl nach Branchen wie nach Ländern im Zeitverlauf manchmal beträchtlich schwanken. Dies hängt teilweise mit konjunkturellen Schwankungen zusammen, teilweise aber auch mit sehr langfristigen Innovationszyklen, mit den sog. langen Wellen der Weltwirtschaft, in deren Verlauf sich die jeweils neuen Schlüsseltechnologien etablieren und der gesamte Kapitalstock sich erneuert. Deren jüngste Welle, die IuK-technische "dritte industrielle Revolution" zeigt sich als Modernisierungswelle zum Beispiel in der Bundesrepublik seit Mitte der 70er Jahre in einem beständigen Anstieg der Ausrüstungsinvestitionen in Prozent der Anlageinvestitionen. Dieser Prozentsatz stieg von seinem Tiefpunkt bei 35,5 Prozent in 1976 auf 45,5 Prozent in 1990, oder, in Prozent des Bruttosozialproduktes ausgedrückt, von 7,3 auf 10 Prozent. So hoch war dieser Prozentsatz schon einmal Anfang der 50er Jahre im damals einsetzenden Wirtschaftswunder[122].

Eine unmittelbare Folge hoher Investitionen ist eine verjüngte Wirtschaftsstruktur, das heißt, Anlagen und Ausrüstungen, Verfahren und Produkte auf dem neuesten Stand. So verjüngte sich zum Beispiel das Durchschnittsalter der Bauten in der bundesdeutschen Wirtschaft im

[122] iwd, Nr.5, 1.2.1990, 3; Institut der deutschen Wirtschaft 1989, 26

vergangenen Vierteljahrhundert von 31 auf 23 Jahre, das der Anlagen von 26 auf 19 Jahre, und das der Ausrüstungen von 10 auf 8 Jahre[123]. In der Folge bedeutet dies verbesserte Wettbewerbsfähigkeit, erhöhte Einnahmen und somit gestärkte Wirtschaftskraft. Deshalb erzielen die Länder bzw. Branchen mit den beständig hohen Innovations- und Investitionsraten auch die höchsten Einkommen. Ihre Bürger genießen den größten Wohlstand. Es handelt sich um die fortgeschrittensten, die starken, die reichen Industrienationen.

Geringe Investitionen bedeuten dementsprechend veraltete Anlagen und Ausrüstungen, überholte Verfahren und Produkte, in der Folge dann mangelnde Wettbewerbsfähigkeit, sinkende Einnahmen und schwindende Wirtschaftskraft. Dies trifft nicht nur auf Branchen zu, die den Strukturwandel verpassen und den Anschluß verlieren, sondern in sinngemäß gleicher Weise auch auf Regionen und Nationen. Ähnlich wie Branchen von Subventionen und ihre Mitarbeiter von Arbeitslosen- und Sozialunterstützung abhängig werden können, so sind auch viele Entwicklungsländer in Teufelskreise der Verarmung und Abhängigkeit geraten. Das Bruttosozialprodukt pro Kopf, wie eingangs in Abb. 6 und Abb. 7 wiedergegeben, zeigt diese Verhältnisse recht zuverlässig an.

In diesem Zusammenhang bedürfte das schwierig zu lichtende Dickicht der Umverteilungen und Subventionen, insbesondere der Erhaltungssubventionen, einer vertieften Analyse, die hier jedoch nicht geleistet werden kann. Zahlenangaben zu Subventionen sollten grundsätzlich nur mit größter Vorsicht entgegengenommen werden. Allzu kompliziert sind die Zurechnungs- und Abgrenzungsprobleme, allzu vertrackt das Geflecht erwünschter und unerwünschter Struktureffekte. Dies vorausgeschickt, vermitteln die in Abb. 52 wiedergegebenen Angaben doch eine gewisse Vorstellung von Größenordnungs-Relationen.

---

[123] Henckel et al, 1986, 44

Abb. 52 :	Subventionen ausgewählter Wirtschaftsbereiche 1989	
	DM je Erwerbstätigen	Mrd. DM insgesamt
Kohlebergbau	35.300	9,0
Eisenbahnen	33.000	9,5
Tabakverarbeitung	25.900	„
Schiffahrt, Häfen	17.400	„
Landwirtschaft	15.500	18,4
Versicherungen	15.500	2,9
Kultur	13.100	„
Luft-/Raumfahrt	10.600	„
Stromversorgung	9.300	2,9
Gesundheitswesen	7.300	4,4
Schiffbau	7.200	„

Quelle: DIW; E.Hamer, Mittelstands-Institut Niedersachsen; Die Zeit 15/1991

Daß ein ungezähmter und politisch nicht gestalteter Strukturwandel mit teilweise unmenschlichen und unsozialen Folgen einhergehen kann, aber nicht soll, gehört in einem Sozialstaat zum öffentlichen Konsens. Befristete Subventionen zur sozialen Abfederung des Strukturwandels in besonders betroffenen Branchen und Regionen sind deshalb im Prinzip nicht strittig. Die Crux liegt darin, daß solche befristeten Übergangssubventionen dazu tendieren, sich zu unbefristeten Erhaltungssubventionen zu verfestigen. In diesem Fall fördern Subventionen den innovativen Strukturwandel nicht mehr, sondern behindern ihn. Sie wirken dann kontraproduktiv, und zwar auch für den Sozialstaat, dessen wirtschaftliche Basis geschwächt statt gestärkt wird.

SCHLESWIG-HOLSTEIN

Die Kenngrößen der Investitionen, des Wirtschaftswachstums, der Einkommen und Steuereinnahmen für Schleswig-Holstein fallen eher ungünstig aus, wobei sich jedoch, was Anlaß zur Zuversicht gibt, in jüngster Zeit Anzeichen für eine Positionsverbesserung ergeben.

Das Bruttoinlandsprodukt BIP, als Kennwert der Gesamtproduktivität, lag in Schleswig-Holstein 1988 mit 60.690 DM um fast 7 Prozent niedriger als im Bundesdurchschnitt[124]. Wie Abb. 53 zeigt, lag auch das Wachstumstempo dieses Kennwertes in den 80er Jahren deutlich unter dem Bundesdurchschnitt.

Abb. 53 : Regionale Unterschiede im Wachstumstempo des Bruttoinlandsproduktes 1980-1989 in %

Südregion		24,7
	Bayern	27,2
	Baden-Württemberg	22,1
Mittelregion		19,8
	Hessen	22,8
	Rheinland-Pfalz	15,6
	Saarland	15,2
Nordregion		13,2
(ohne NRW)		(15,5)
	Niedersachsen	17,4
	Hamburg	16,2
	Schleswig-Holstein	13,0
	Nordrhein-Westfalen	11,5
	Bremen	7,3

Quelle: Institut für Arbeitsmarkt- und Berufsforschung, BeitrAB 101, 1989/90, 94

Dem relativ geringeren Wirtschaftswachstum in Schleswig-Holstein entsprechen vergleichsweise geringere Verdienste der Arbeitnehmer sowie auch geringere Steuereinnahmen der öffentlichen Hand. Diese Relationen sind in Abb. 54 und Abb. 55 wiedergegeben. Positiv ist jedoch anzumerken, daß sich die öffentliche Verschuldung Schleswig-Holsteins relativ günstig im Mittelfeld bewegt. Auch die öffentlichen Sachinvestitionen belegen einen respektablen Mittelplatz (siehe dazu Abb. 56 und Abb. 57).

124 Zahlenbilder 1989, 20

Abb. 54: Bruttoverdienste nach Bundesländern 1989 in DM

	Bruttomonats-verdienst der Angestellten	Bruttowochen-verdienst der Arbeiter
Hamburg	4.454	848
Baden-Württemberg	4.364	773
Hessen	4.251	774
Nordrhein-Westfalen	4.212	788
Berlin	4.208	745
Rheinland-Pfalz	4.201	773
Bremen	4.198	825
Bundesgebiet	4.190	768
Saarland	4.100	800
Bayern	4.073	716
Niedersachsen	3.948	779
Schleswig-Holstein	3.764	746

Quelle: Statistisches Jahrbuch 1990, 505, 512

Abb. 55: Steuereinnahmekraft nach Ländern 1988 (in DM je Einwohner)

Hamburg	1597,41
Baden-Württemberg	1256,89
Hessen	1229,58
Bremen	1145,63
Nordrhein-Westfalen	1116,76
Bundesgebiet	1104,45
Bayern	1092,55
Rheinland-Pfalz	973,50
Berlin (West)	933,62
Schleswig-Holstein	924,48
Niedersachsen	912,10
Saarland	776,10

Quelle: Statistisches Jahrbuch 1990, 478

Abb. 56: Öffentliche Verschuldung nach Bundesländern 1988

(Summe der Landes- und Kommunalschulden, Schuldenstand je Einwohner in DM)

Bayern	3 566
Baden-Württemberg	4 698
Bund	6 400
Hessen	6 717
Niedersachsen	6 804
Schleswig-Holstein	7 036
Rheinland-Pfalz	7 058
Nordrhein-Westfalen	7 591
Hamburg	10 289
Saarland	10 997
Bremen	18 349

Quelle: Burdack 1990, 129

Abb. 57: Öffentliche Sachinvestitionen der Bundesländer 1987

Baden-Württemberg	1017
Bayern	1012
Hessen	829
Rheinland-Pfalz	744
Hamburg	724
Schleswig-Holstein	720
Bremen	599
Niedersachsen	587
Nordrhein-Westfalen	569
Saarland	550

Quelle: Burdack 1990, 130

Positiv ist darüber hinaus zu vermerken, daß sich bei den oben genannten Relationen in jüngster Zeit eine Veränderung ergibt. Das BIP-Wachstum in Schleswig-Holstein und Hamburg hat überdurchschnittlich zugelegt (vgl. Abb. 58).

Abb. 58 : Veränderungsrate des BIP im Jahresdurchschnitt 1990 in %

Berlin (West)	5,7
Bayern	5,2
Hessen	5,2
Schleswig-Holstein	5,2
Hamburg	5,2
Baden-Württemberg	5,0
Niedersachsen	4,8
Bremen	4,7
Rheinland-Pfalz	4,3
Nordrhein-Westfalen	4,0
Saarland	1,9

Quelle: iwd Nr.21, 23.5.1991, 7

Der Norden scheint demzufolge gegenüber dem Süden wieder aufzuholen. Sollte diese Veränderung in den Folgejahren anhalten, dürfte man darin einen bedeutenden Trendbruch sehen. Für einen solchen Trendbruch spricht die deutsche Einigung, die als Hauptgrund hinter den neuen BIP-Zuwachsraten steht. Profitierte vor allem der Süden von der Teilung Deutschlands, so sollte vor allem der Norden von ihrer Aufhebung profitieren. Gegen einen Trendbruch spricht jedoch die EG-Integration. Bei Fortbestand der aktuellen EG-Dynamik werden die Regionen im unmittelbaren Einzugsbereich der "Euro-Banana" (vgl. Abb. 3) im Vergleich zu Nicht-Ballungsräumen außerhalb derselben sicherlich nicht dauerhaft an Boden verlieren.

Wirtschaftskraft durch Kooperation zwischen finanzstarken Großunternehmen und florierenden Klein- und Mittelbetrieben

Die Unternehmen, die am meisten investieren, sind Großunternehmen. Von den FuE-Gesamtaufwendungen der Wirtschaft entfallen 82 Prozent auf Unternehmen mit mehr als 1000 Beschäftigten[125]. Sie tragen den Löwenanteil an Forschung und Entwicklung, den Löwenanteil an Innovationen, und sie allein waren bisher imstande, auf großen und internationalen Märkten in kurzer Zeit Stückzahlen und Umsätze in der Größenordnung zu realisieren, die nötig sind, um kostspielige Entwicklungen zu finanzieren. Wie schon festgestellt, verkürzen sich die Produktlebenszyklen besonders bei den höherwertigen und Spitzenerzeugnissen. Zugleich jedoch verlängern sich deren Forschungs- und Entwicklungszeiten, und auch der FuE-Aufwand pro Zeiteinheit nimmt zu. So beträgt zum Beispiel die FuE-Dauer für Medikamente inzwischen 8-10 Jahre mit weiter steigender Tendenz. Pro Medikament bewegen sich die FuE-Kosten in einer Größenordnung von 200-300 Millionen DM[126]. Diese Kosten müssen aus den laufenden Verkaufserlösen gedeckt werden. Die Entwicklung komplexer TK-Systeme erfordert sogar Summen von mehr als einer Milliarde Ecu. Obschon auch öffentliche Mittel in solche Entwicklungen fließen, trägt die Telekommunikations-Industrie selbst im großen und ganzen doch 85 Prozent davon[127]. Ähnliches gilt für Computer, Automobile oder Flugzeuge.

Solche Summen können nur erwirtschaftet werden, wenn die betreffenden Unternehmen in kurzer Zeit große Umsätze machen. Grundig zum Beispiel war Marktführer in der Unterhaltungselektronik und an Qualität nur schwer zu überbieten. Das Unternehmen mußte aber deshalb aufgeben, weil rechtzeitige beherzte Schritte zu sehr viel größeren Stückzahlen und deren weltweitem Vertrieb im Wettbewerb mit den Japanern unterblieben.

---

[125] BMFT Faktenbericht 1990 (b), 62
[126] Röglin/von Grebmer 1988, 44f.
[127] Zeidler 1991, 3

Ch. Dräger, Leiter eines der führenden Unternehmen in Schleswig-Holstein, sagt zu dem Thema:

> "Die Entwicklung eines neuen Beatmungsgerätes, das wir 1980 vorstellten, kostete uns ungefähr 8 Mio. DM. Acht Jahre später stellten wir ein neues Narkosegerät, genauer gesagt, den integrierten Arbeitsplatz eines Anästhesisten, auf dem Internationalen Kongress für Anästhesie in Washington vor. Die Entwicklung dieses Gerätes kostete uns schon 15 Mio. DM. Es ist nun ganz ausgeschlossen, daß diese immer höher steigenden Entwicklungskosten durch Produktionen eingespielt werden und durch Absatzmengen, die sich ausschließlich auf dem deutschen Markt orientieren. Auch von dieser Seite her ist es zwingend notwendig, daß ein technologieorietiertes Unternehmen den europäischen Markt als sein zukünftiges Absatzgebiet ansieht, und darüber hinaus den Weltmarkt als sein Absatzgebiet ansehen muß. ... Etwas verkürzt gesagt: Man kann in Europa nur erfolgreich sein, wenn man auch auf dem Weltmarkt erfolgreich ist"[128].

Wer also mit Hoch- und Spitzentechnologie Umsätze machen will bzw. muß, ist gezwungen, europa- und weltweit zu agieren. Wer Milliardensummen in Hoch- und Spitzentechnologie investiert, ist auf Gedeih und Verderb vom Export abhängig. Dies wiederum bedeutet nicht nur, international zu konkurrieren, sondern auch zu kooperieren, denn die Fähigkeit, im internationalen Wettbewerb zu bestehen, erwächst ihrerseits nicht zuletzt aus europa- und weltweiten Kooperationen.

Kooperation ist nötig, um diversifizierte und spezialisierte Kompetenzen und Know-How zusammenzuschließen, aber auch, weil für die Summen, um die es vielfach geht, selbst Großunternehmen häufig zu klein sind. Dies wird in nationalen Fusionsdebatten meist nicht genügend berücksichtigt[129]. Dem Hering mag der Hecht groß erscheinen, aber was ist der Hecht vor dem Hai? Daimler gilt in Deutschland schon als übermächtig, aber im Weltvergleich, wie in Abb. 59 zu sehen, gehören Daimler, Siemens und VW eher zur Mittelklasse.

---

[128] Dräger 1989, 43
[129] Vgl. Spahn 1991

Abb. 59 :	Die größten Industrieunternehmen in der OECD nach ihrem Umsatz 1988 in Mrd. DM		
1	General Motors	USA	213
2	Ford	USA	163
3	Exxon	USA	141
4	Shell	GB/NL	138
5	IBM	USA	105
6	Toyota	J	99
7	General Electric	USA	87
8	Mobil Oil	USA	85
9	BP	GB	81
10	Matsushita	J	75
11	Daimler	D	74
12	Samsung	S.Korea	72
13	Hitachi	J	68
14	Chrysler	USA	62
15	FIAT	I	60
16	Siemens	D	59
17	VW	D	59
18	Texaco	USA	59
19	DuPont	USA	57
20	Unilever	GB/NL	55

Quelle: Fischer Weltalmanach 1991, 919

Studien über die Entwicklungsdynamik verschiedener Länder bzw. Regionen kommen immer wieder zu dem Ergebnis, daß es weniger der Branchenmix ist, der einer Region Dynamik verleiht, als vielmehr das Vorhandensein bestimmter Unternehmen, die finanzstark und innovativ gleichermaßen sind:

"Wegen der wachsenden Bedeutung der dispositiven und informationellen Tätigkeiten ist für die Abschätzung der Entwicklungsperspektiven von Regionen die Analyse der *Tätigkeitsstruktur* wesentlich aussagefähiger als die bislang übliche Betrachtung der Branchenstruktur"[130].

"... läßt sich somit der Schluß ziehen, daß die Standortqualitäten der Industrieländer immer weniger den sektoralen Strukturwandel prägen. Über die Wettbewerbsfähigkeit der Branchen entscheidet mehr und mehr die Leistungsfähigkeit der darin operierenden Unternehmen. Es sind unternehmensspezifische Vorsprünge, die durch erfolgreiches Management erworben werden. ... Wenn unternehmensspezifische Vorsprünge die Wettbewerbsfähigkeit bestimmen, dann verdient z.B. die Entwicklung der Unternehmensstruktur besondere Aufmerksamkeit. Es stellt sich dann z.B. die Frage,

[130] Henckel et al 1986, 227

ob die Ausstattung mit Großunternehmen für ein Land von Vorteil ist. Es spricht einiges dafür, daß die hohe Präsenz von multinationalen Konzernen, die ihre Produktion, ihren Absatz und ihre Beschäftigung regional diversifizieren können und weltweit den Technologietransfer organisieren, für die Bundesrepublik vorteilhaft ist. Multinationale Unternehmen sind auch in der Lage, natürliche oder administrative Handelsbarrieren zu überwinden und für sich auszunutzen"[131].

"Der regionale Erfolg hängt nicht speziell vom Wirtschaftszweig oder der Technologiesparte ab, an der man anknüpft, als mehr von den Großunternehmen, den Weltkonzernen, die da jeweils tätig sind. Die Rolle von KMU wird überschätzt. Deshalb ist für mich zum Beispiel Baden-Württemberg längst nicht so modern wie etwa Frankfurt als Finanzplatz oder München mit seiner Elektronik-, Computer-, DV-, Telekommunikations-, Luft- und Raumfahrtindustrie. Das sind alles große Konzerne, die das tragen. Und die Erfahrung zeigt, daß man einen Fuß in der Herstellung der betreffenden Techniken drin haben muß, um mithalten zu können. Die Anwendung alleine bringt es nicht".

Solche Feststellungen widersprechen offenbar heute gängigen Thesen, wonach sich Großunternehmen vermeintlich in der Krise und mit zunehmender Entwicklung der K-Gesellschaft auf dem absteigenden Ast befinden sollen:

"Die Firmengiganten, die das Rückgrat der Schornsteinindustrie bildeten, sind für das rasante Geschäftsgeschehen von heute zu schwerfällig und zu langsam. ... In vielen Bereichen schwinden die einst größenbedingten Einkommensvorsprünge in dem Maße, als neue Techniken eine billige Personalisierung ermöglichen, die erforderlichen Lagerbestände reduzieren und wenig kapitalintensiv sind. ... Die meisten klassischen Gründe für Größe sind inzwischen ziemlich wertlos, kontraproduktiv oder irre führend"[132].

Im Zusammenhang mit derartigen Ausführungen wird gerne auch das Ende der economies of scale, das Ende der Massenproduktion proklamiert:

"Das Zusammenwirken von immer kleineren Marktnischen, die Verlagerung der Gesamtaktivitäten auf hochkomplexe Kommunikationsleistungen, der automatischen Maßkonfektion auf Abruf und der steigenden Anforderungen an die Qualität setzen das Gesetz der Massenproduktion weitgehend außer Kraft"[133].

Ausgehend vom Konzept der flexiblen Spezialisierung nach Piore/Sabel neigt man dann im Gegenzug dazu, sich die Wirtschaft in der K-Gesellschaft als ein nettes Netzwerk freundlicher Klein- und Mit-

---

131 Härtel 1990, 114
132 Toffler 1991, 225f.
133 Lutz 1986, 71

telbetriebe und sonstiger "kleiner Netze" vorzustellen. Begünstigt wurde dies durch die Feststellung, daß Großunternehmen in den zurückliegenden Jahren in den USA eben wie in Westeuropa per Saldo mehr Arbeitsplätze vernichteten als schufen, während KMU mehr Arbeitsplätze schufen als vernichteten (vgl. Abb. 60). So werden sie gegenwärtig als "Hoffnungsträger der Beschäftigung" angesehen[134]. Auch legten die KMU in den zurückliegenden Jahren in ihren FuE-Aufwendungen geringfügig überproportional zu[135]. Mehr als die Hälfte der Patentanmeldungen stammt von freien Erfindern oder KMU[136].

Abb. 60 : Beschäftigungsgewinne und -verluste in Groß- und Kleinbetrieben

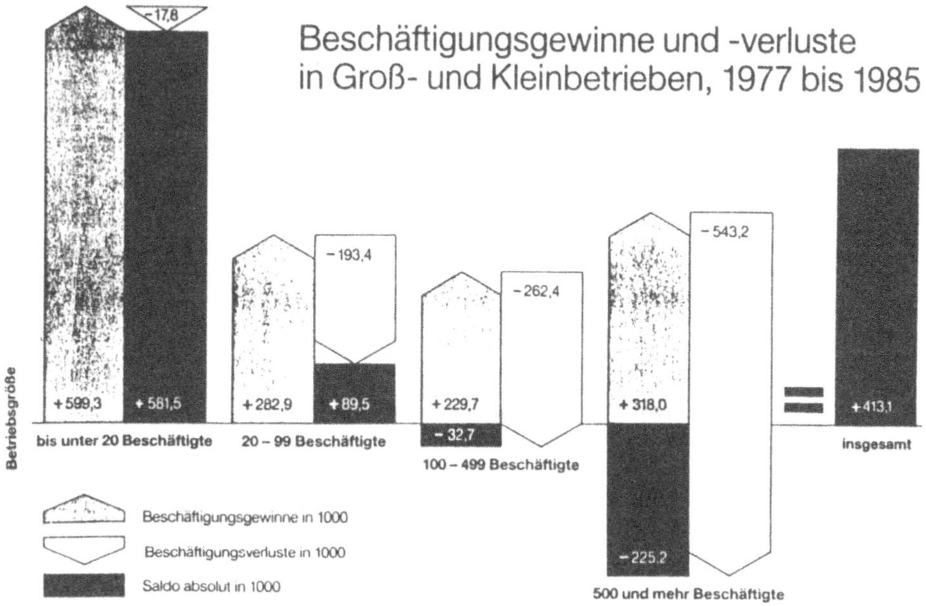

Quelle: Mitteilungen aus der Arbeitsmarkt- und Berufsforschung, Heft 1/1987

134 Vgl. auch Berger 1990, 12ff.; Cramer 1990, 19ff.; Fritsch 1990, 243ff.
135 BMFT 1990, 12; Danach stiegen die FuE-Aufwendungen von 1981-1987 in Großunternehmen um 60 Prozent, in KMU um 61 Prozent.
136 Nefiodow 1991, 419

Die genannten Zahlen mögen stimmen. Die Schlüsse, die in Überverallgemeinerung daraus gezogen werden, stimmen nicht. Die These vom vermeintlichen Ende der Massenproduktion und dem daraus abgeleiteten vermeintlichen Niedergang der Konzern-Giganten stellt einen ebensolchen strategischen Kardinalirrtum dar, wie die These von der vermeintlichen De-Industrialisierung. Wenn Produktqualität und Produktwert (value) in den Vordergrund treten, so bedeutet dies nicht Qualität *statt* Quantität (value *instead* of volume), sondern Qualität in der Quantität, aufgrund von Quantität (value in volumes). Wenn die "economies of scope" entdeckt werden - das heißt, eine flexibel spezialisierte Produktion für spezifische Marktsegmente - so bedeutet dies nicht, daß diese die economies of scale ersetzen, sondern daß die economies of scale *in Form* der economies of scope stattfinden, daß also wiederum "scope *in* scale" realisiert wird. Wenn sich durch CAD-Technik die Entwicklungs- und Konstruktionszeit verkürzt, so wird dadurch ein häufigerer Modellwechsel möglich, aber jedes Modell muß nach wie vor in bestimmten Stückzahlen verkauft werden, um sich zu rentieren.

Die Verkennung dieses Zusammenhangs könnte auch für die Bundesrepublik Anlaß zu Sorge geben, wie ein Teilnehmer der Befragung formulierte:

> "Ich frage mich, wie wir den Druck von Seiten der Japaner und auch der USA auf Dauer aushalten. Das soll man nicht unterschätzen. Japan hat die großen Stückzahlen, im Automobilbau, aber auch im Maschinenbau und bei Werkzeugmaschinen, der Elektronik und Unterhaltungselektronik, der Robotik, Steuerungstechnik. Wir werden immer mehr ein Land mit kleinen Stückzahlen mit schwierigen Spezialprodukten. Das ist zwar hochentwickelt, aber sehr teuer. Wenn das zu einseitig in diese Richtung geht ... Man braucht auch Massenumsätze mit hochwertigen Standardprodukten".

Wenn schließlich gesagt wird, der Markt in der K-Gesellschaft wandle sich von einem Anbietermarkt zu einem Käufermarkt, so bedeutet dies nicht die Fleischwerdung der Fiktion des "Prosumenten", das heißt, des Konsumenten, nach dessen Vorgaben die Fabriken produzieren, sondern es bedeutet, daß große wie kleine Anbieter durch kundenorientiertes Marketing und kürzer geschlossene Kommunikations-Rückkopplungen sehr viel individueller und flexibler als früher auf Wünsche und Vorlieben der Kunden reagieren. Auch wenn Kunden bestimmte Produktvarianten elektronisch ordern können, so können sie deshalb noch lange nicht forschen, entwickeln, innovieren, Produktlinien installieren, den Vertrieb organisieren oder finanzieren. Der Prosument schafft kein Angebot, und er trägt auch nicht dessen Risiko. Er wählt weiterhin, wenn auch vielleicht auf feiner abgestimmte Weise, zwischen Produktvarianten, welche die Hersteller anbieten[137]. Der Prosument ist ein typischer High-Tech-Mythos, ähnlich wie das papierlose Büro oder die menschenleere Fabrik, der allwissende Große Bruder oder die Arbeitsgesellschaft, der die Arbeit ausgeht, weil "Kollege Computer" bzw. "Kollege Roboter" diese vermeintlich übernehmen. Man muß sich wundern, wie es kommt, daß selbst nach nunmehr bereits zehn bis zwanzig Jahren Erfahrung mit den neuen IuK-Technologien solche Geschichten immer noch erzählt werden.

Übrigens wurde schon E. F. Schumacher zum Thema Kleinheit und Dezentralisierung mißinterpretiert. Zu seinem Slogan "small is beautiful" sagte er, daß er sich hätte vorstellen können, im Hinblick auf andere Umfeldbedingungen auch Vorträge zum Thema "big is beautiful" zu halten. Es bleibe hier dahingestellt, ob big beautiful sein kann, fest steht, daß big powerful ist. Es gibt auch in der K-Gesellschaft so gut wie nichts, das sich ohne eine feste Machtbasis zu behaupten vermöchte. Im Unterschied zu seinem Lehrer L. Kohr und seinem Mitstudenten I. Illich ging es E. F. Schumacher nie darum, große Einheiten aufzulösen, sondern, wie es im Original lautet, "to achieve smallness within large organization".

"Smallness within large organization" entsteht heute auch und gerade in den Konzernen. In Großunternehmen wird genauso flexibel spezialisiert, um nicht zu sagen noch mehr, wie in KMU. Zumindest wird die Lagerhaltung vor allem bei den Großen reduziert (just-in-time). Dies führt faktisch zu engen Produktions- und Liefer-Vernetzungen zwischen

137 Zur Fiktion des Prosumenten vgl. Toffler 1980, 272

wenigen Großen, einer Reihe von Mittleren und vielen Kleinen - auf Initiative und unter Führung der Großen. Zugleich bilden sich Kooperationen und Vernetzungen auch zwischen KMU, sozusagen "large organisation among small units". Die Betriebseinheiten mögen kleiner werden, die Unternehmen, denen sie zugehören, werden weiterhin größer. Es gibt immer mehr Kleine *und* immer Größere. Darauf haben auch A. Andersson sowie Ch. Lutz hingewiesen:

> In a C-region, there are "small plants and large corporations. ... In most countries, the road network is more as twenty times as dense as the railroad network. The telecommunication networks are even denser. Practically any location is thus accessible. This means that every point where there is a resource pool, is of interest to any corporation. ... However, there are still economies of scale of R&D, marketing and finance necessitating large corporations. Thus, there is a strong tendency of decreasing production and distribution *unit size* simultaneously with an increasing size of corporations"[138].

> "Der Trend zu kleineren Betriebseinheiten ist nicht gleichbedeutend mit einem Verschwinden der Großunternehmen oder einer Absage an das Unternehmenswachstum. ... Die Verbindung zwischen verschiedenen Betrieben wird auch in Zukunft ihre Vorteile bringen in Form von gemeinsamen Beschaffungs- und Vertriebsnetzen, größerem Gewicht gegenüber Kunden und Behörden, oder der kollektiven Nutzung zentraler Dienste einschließlich der Forschungs- und Entwicklungsabteilungen"[139].

Untersucht man die Innovationsaktivitäten von Groß- und Kleinunternehmen detailliert nach Branchen und über lange Zeit hinweg, so ergibt sich in Wirklichkeit ein sehr widersprüchliches Bild, das u.a. von Phasen verstärkter und verringerter Aktivität gekennzeichnet ist[140]. Manche Anzeichen sprechen für einen konjunkturell-kontrazyklischen Zusammenhang. Demnach würden Großunternehmen in Prosperitätsphasen stärker wachsen als Kleinunternehmen, Kleinunternehmen dafür in Stagnations- und Erholungsphasen stärker als Großunternehmen. Andere Anzeichen sprechen für einen produktzyklischen Zusammenhang[141]. Demnach würden KMU vor allem in der prototypischen Entwicklungs- und Einführungsphase neuer Technologien eine besondere Rolle spielen. Großunternehmen kämen dagegen mit der Weiterentwicklung, Verbreitung und Ausdifferenzierung der Produkte - also

---

138 Andersson 1990a, 24
139 Lutz 1986, 72f.
140 Matzner/Schettkat/Wagner 1988, 54ff.
141 Dazu Irsch 1990, 60

mit steigenden Kosten und Marktvolumina - immer mehr ins Spiel. Dieser produktzyklische Zusammenhang läßt sich gerade in der Entwicklung der Chip- und Computerindustrie sowie besonders auch auf dem Gebiet der Biotechnologie klar und vielfach belegen.

Mithin findet man zu der Einsicht, zu welcher der gesunde Menschenverstand von Beginn an hätte raten wollen, daß es nämlich auf eine gute Mischung und Verbindung von Großunternehmen, Mittelstandsunternehmen und Kleinunternehmen ankommt. Als eine Folgerung hieraus ergibt sich,

> "daß Großbetriebe in der Diskussion um die Bedeutung des kleinbetrieblichen Sektors nicht vernachlässigt werden dürfen. Groß- und Kleinbetriebe stellen keine voneinander isolierten bzw. unabhängigen Sektoren dar, sondern es können vielfältige Interaktionsbeziehungen zwischen ihnen bestehen. ... Entsprechend soll sich die Förderungspolitik mit ihren Bemühungen nicht auf den kleinbetrieblichen Sektor beschränken. ... Als ein wesentliches Kriterium zur Feststellung der Förderungswürdigkeit schlagen Storey/Johnson vor, entsprechend der Export-Basis-Theorie solche Betriebe von der Förderung auszuschließen, die überwiegend für den lokalen Markt produzieren. ... Starkes Wachstum setzt relativ große und/oder stark expandierende Märkte voraus und dies dürften in der Regel eben überregionale (Export-)Märkte sein, die von 'fernabsatzorientierten' Betrieben bedient werden"[142].

Es sind gerade diese Kriterien, denen neuartige Kooperationen und Vernetzungen unter KMU heute entsprechen. Angestoßen, wenn auch vielleicht nicht beabsichtigt, werden sie von den Großen, insbesondere durch deren Just-in-time-Bedürfnisse. Im Maschinenbau zum Beispiel entfielen 90-95 Prozent der Zeit auf Transporte und Lagerung, also nur 5-10 Prozent der Durchlaufzeit dienten der eigentlichen Produktion[143]. Hier lagen enorme Rationalisierungsreserven. Just-in-time ist der Versuch, die Lagerhaltung soweit wie möglich abzubauen und die Teile-Fertigung und den Teile-Transport im und außerhalb des Betriebs so pünktlich und effizient wie nur möglich aufeinander abzustimmen.

Das dadurch freigesetzte Kapital muß allerdings teilweise in Computer, TK-Netzwerke und Software investiert werden, denn eine solche Logistik erfordert hochstehende IuK-Systeme. Dennoch macht sich diese

---

142 Fritsch 1990, 253, 258, 264
143 Brödner 1989, 26

Investition mehr als bezahlt. So berichtet ein italienischer Hersteller von Haushaltsgeräten, seine Bestandskosten durch Just-in-time um 60 Prozent gesenkt zu haben. Das Verhältnis zwischen Ausstoß- und Vorhalteeinheiten, das zuvor 4:1 betrug, liegt jetzt bei 10:1[144]. In der deutschen Industrie wurden die Vorräte in den 70er Jahren knapp sechs mal pro Jahr umgeschlagen, in den 80er Jahren stieg diese Umschlags-Geschwindigkeit dann zum Beispiel in der Autoindustrie von 7,7 auf 10,4 mal pro Jahr[145]. Weitere Einsparquellen liegen im damit zurückgehenden Flächenbedarf für Lagerhaltung[146].

Die Kehrseite davon findet sich auf den Straßen wieder. Auch wenn, aus der Sicht der Leitzentralen, die ganze Produktion sich nurmehr in Form elektronischer Repräsentationen abspielt, so vaporisieren die Güter deshalb nicht. Wie ein schwedischer Manager geradeheraus sagt: "Unser Ziel ist, unser Fließband auf die Autobahnen Europas auszudehnen"[147]. Man kann darin ohne weiteres eine Abwälzung von Kosten und Risiken auf andere erblicken - auf die Allgemeinheit der Steuerzahler, welche die Hauptlast der Verkehrskosten tragen; auf die übrigen Verkehrsteilnehmer, welche die Zeit-, Geld- und Nervenverluste durch überfüllte Verkehrswege mittragen müssen; auf die zuliefernden KMU, die das Produktionsrisiko nunmehr alleine tragen.

Freilich sind die Abhängigkeiten gerade im letzteren Fall nicht so einseitig, wie es auf den ersten Blick scheinen könnte. Auch wenn das Risiko formal beim Zulieferer liegt, so gerät im Konzern gleichwohl die Produktion ins Stocken, wenn der Zulieferer versagt - was ungleich höhere Schäden impliziert. Die zentralen Systemführer ebenso wie ihre Zulieferer und Abnehmer sind *intern und extern* in einem komplexen Netzwerk miteinander verbunden und im selben Maß auf Gedeih und Verderb voneinander abhängig und aufeinander angewiesen. Dies hat im übrigen schon immer gegolten, wird jedoch durch die Möglichkeiten

---

144 toffler 1991, 122
145 iwd Nr.2, 11.1.1990, 7
146 Henckel et al 1986, 123ff.
147 Andersson 1986, 10

des Verkehrs und der IuK-Technologien schubartig verstärkt. Die juristischen Gesellschaftsgrenzen samt Zuständigkeiten, Verpflichtungen, Berechtigungen, Haftbarkeiten und Verantwortlichkeiten sind eine Sache, die faktischen Kooperations- und Netzwerkgrenzen eine andere.

"Just-in-time und Unternehmensvernetzungen sind ein großes technologisches Paradigma unserer Zeit. Wichtig ist aber, daß die Partner nicht allzu weit auseinander liegen. Auch weitgehende Flexibilität ist wichtig, damit das funktioniert. Der Nachteil liegt in der Verlagerung auf die Straße, die das mit sich bringt. Auch wird durch Computer-Integrated-Manufacturing, Produktions-Planungs-Systeme u.ä. dem Zulieferer die Materialwirtschaft des Abnehmers aufgezwungen. Es führt aber aus Gründen der Konkurrenzfähigkeit kein Weg daran vorbei. ... Auch wenn die kooperierenden Partnerunternehmen dezentral organisiert sind, so bilden sie heute praktisch bei Just-in-time computertechnisch einen großen Betrieb".

"Just-in-time kann man inzwischen bald wieder vergessen. Das war ja eine kurzsichtige Betriebslogik, die von den Großunternehmen allen anderen aufgedrängt worden ist. Der Verkehr zwischen den Werkstoren wurde da als Black-Box behandelt. Aber in der Black-Box herrscht das reine Chaos. Die Zeitplanung kann praktisch kaum noch eingehalten werden bzw. nur eingehalten werden auf dem Rücken der kleinen Zulieferer und LKW-Fahrer. Die müssen dann versuchen, im Wettrennen auf der Landstraße bzw. im Überstunden- und Zusatzschicht-Wettrennen das wieder auszugleichen. Ein Wahnsinn. Das wird zusammenbrechen.

Man wird längere Puffer planen müssen. Also so etwa für ein bis zwei Wochen wird man Pufferlager brauchen. Im übrigen, wenn man da besser plant, kann man die Sachen auch wieder mehr per Schiff transportieren. Das Wasserwegenetz ist gut ausgebaut. Die Kähne sind im Vergleich zu LKW riesengroß. Umschlagplätze sind da. Man muß denen halt zwei bis drei Wochen Zeit lassen. Aber das kann man doch so planen. Wichtig ist doch nur, daß die Sachen pünktlich ankommen".

"Die Prämie einer reduzierten Lagerhaltung ist derart hoch, daß sich fast alles lohnt an technischen Maßnahmen für Just-in-time. Auch der Handel denkt fast nur noch in Just-in-time. Ein Autositzhersteller kriegt von Daimler z.B. 2 Stunden vor Einbau in das Auto über ein Computernetzwerk den Auftrag. Dann müssen die sofort liefern, und das klappt hervorragend. Auch weil die in der Nähe sind. Dadurch bekommen natürlich Ballungsräume mit einer guten Infrastruktur zusätzliche Vorteile gegenüber ländlichen Räumen".

"Mit der Bahn zwischen Nord- und Süddeutschland geht das nicht. Mit der Bundesbahn ist Just-in-time in größerem Rahmen praktisch nicht machbar. Mit dem Auto sind die Wegezeiten und die Zuverlässigkeit und Koordination des Verkehrs entscheidend. Da kann man sich nicht drauf verlassen. Im regionalen Verbund ist sowas aber organisierbar. Eigentlich geht das nur bei regional vernetzter Produktion, sodaß eine gewisse Nähe gegeben ist".

Intensivierte Vernetzungen zwischen Groß-, Mittel- und Kleinbetrieben legen außer der verringerten Lagerhaltung auch eine verringerte Eigenfertigung zugunsten von Zulieferern nahe. Das Selbstverständnis in den Unternehmen wandelt sich vom Leitbild der großen Fabrik zu dem des Service-Zentrums. Die Zentralen bekommen zunehmend Holding-Charakter, nicht unähnlich frühkapitalistischen Verlagsunternehmen, die selbst praktisch nichts produzierten, sondern Handwerker im Auftrag für sich produzieren ließen, die jedoch die Produktion finanzierten und die Produkte unter ihrer Regie zentral vermarkteten. So weit allerdings gehen die neuen Auslagerungen längst nicht. Lediglich wird genauer als früher geprüft, welche Teile andere besser und billiger machen können, umgekehrt aber ebenso, was man mit neuen Technologien selbst vielleicht besser und billiger machen kann[148].

Man diskutiert diese Verringerung der hauseigenen Fertigungstiefe unter der Frage "make or buy". Tendenzen zur Auslagerung und Ausgründung sind heute in der Groß- und Mittelindustrie allgemein verbreitet. Es ist mittlerweile auch empirisch belegt, daß es einen Zusammenhang zwischen der Ausbreitung von IuK-Technik und der Bildung kleinerer Betriebseinheiten gibt. Die Gründe dafür sind offenbar vielfältig und tatsächlich ungeklärt, aber statistisch steht fest, *daß* es diesen Zusammenhang gibt. Studien von Brynjolfsson und Malone am M.I.T. haben eine starke Korrelation zwischen einer Verdopplung bis Verdreifachung der Investitionen in IuK-Technik und einer Schrumpfung der Betriebsgrößen um 20 Prozent erbracht. Die durchschnittliche Betriebsgröße in Ländern wie den USA, Großbritannien oder der Bundesrepublik sinkt stetig, und dies ziemlich genau seit 1968-1971, der Zeit der großflächigen Einführung der EDV und neuer Telekommunikationsmedien[149]. Wie erläutert, kann man hieraus nicht schließen, Großunternehmen würden künftig keine Rolle mehr spielen, wohl aber, daß sich für KMU neue Chancen der Kooperation untereinander und mit Großunterunternehmen eröffnen, unter der Voraussetzung, daß sie IuK-Technologien optimal anzuwenden verstehen. Mit der Fertigungs-

---

148 Vgl. Beuschel/Gensior/Sorge 1988, 313ff.
149 zit. The Economist, December 15, 1990, 60

tiefe und der Produktionshierarchie flacht auch die Führungshierchie im Unternehmen zugunsten von Koordinations-Netzwerken ab.

"Bei einem vernetzten Verbund wie zum Beispiel Just-in-time, kann man alles flach machen. Die Kauferei ist im Verbund ja integriert. Wichtig ist: je größer die Fertigungstiefe von Unternehmen, je mehr sie also selber machen, desto schlechter gehts dem Mittelstand und den kleinen Unternehmen. In Brasilien etwa machen VW und Ford praktisch jede Schraube selbst. Da gibts denn auch überhaupt keinen Mittelstand und keine kleinen Unternehmen, die mit hoch gezogen würden. Das führt da auch zu sozialen Spannungen".

"Den Trend zu 'buy' haben wir in allen Studien festgestellt. Unternehmen müssen heute immer flexibler gehandhabt werden. In Zukunft haben wir Konzernzentralen mit einem Kranz von KMU um sich herum".

"Man sollte die Ausgliederung von kleinen Einheiten noch mehr ermuntern, auch junge Leute zu Firmengründungen ermuntern und dafür Hilfestellungen geben".

"Wir haben viele Ausgründungen. Bis vor zwanzig Jahren war hier (im Umfeld der TU) nichts. Heute dagegen gründen sich um unser Institut herum viele kleine Firmen. Leute, die von uns kommen und sich selbständig machen: Consulting, Software, Ausbildung, Vermittlung, aber auch Kleinproduktion, so kleine Features, Teile, Zubehör und so".

"Wir haben 99 Jahre lang Manometer hergestellt. Es gab sicher niemanden auf der Welt, der bessere baute. Aber es gibt einige Firmen, die sich darauf spezialisiert haben, deshalb wesentlich größere Stückzahlen produzieren, deshalb wesentlich wirtschaftlicher fertigen können und deshalb wesentlich billiger anbieten können als wir. Nun werden wir unter dem Zwang der zu steigernden Wettbewerbsfähigkeit unsere Druckmesser bei einem der größten europäischen Spezialisten dafür einkaufen, unsere eigene Fertigung einstellen. Die Einsparung: 30 Prozent"[150].

"Vor allem internationale Firmen in Deutschland sind immer schlanker organisiert. Mittlere Ebenen werden ausgedünnt. Man konzentriert sich auf das, was man gut kann, und was man weniger gut kann, läßt man bleiben. Solche Firmen arbeiten dann auch stärker mit externen Beratern zusammen und fragen auch sonst vermehrt externe Dienstleistungen nach".

Das Potential für weitere Rationalisierungsgewinne durch Auslagerungen und Ausgründungen dürfte noch längst nicht erschöpft sein. Dafür spricht schon allein die Tatsache, daß die veränderte Einstellung zur eigenen Produktionsaufgabe sich noch keineswegs allgemein durchgesetzt hat:

"In Deutschland herrscht der 'make'-Gedanke noch vor, besonders beim Mittelstand. 'Buy' wird mit Kosten in Verbindung gebracht, das schreckt ab, obwohl das in

150 Dräger 1989, 43

vielen Fällen eben nicht stimmt. Aber die Mentalität ist da. Die großen Unternehmen kalkulieren da schon genauer mit Lizenznahmen, Auftragsvergabe an Subunternehmer. Siemens macht das inzwischen in großem Stil".

Wenn große Organisationen als Rahmen mit Planungs-, FuE-, Finanz- und Marketingfunktionen durch Produktionsverlagerung auf kleinere Einheiten erfolgreich sind, so sollten umgekehrt auch Klein- und Mittelbetriebe durch gemeinsame Rahmenorganisationen für Planung, FuE, Finanzierung und Marketing Erfolge erzielen können. Hierin liegt das Prinzip der kleinbetrieblichen Netzwerke, die in vergangenen Jahren in bestimmten Gegenden Europas Aufsehen erregt haben. Vielfach erwähnt werden die Produktionsgemeinschaften in Italien, besonders in der Emilia Romagna. Sie stellen vor allem Textilien, Schuhe, Schmuck und Lederwaren her, aber auch elektronische Geräte. Teilweise sind ganze Klein- und Großfamilien in Form einer buchstäblichen Hauswirtschaft eingebunden. Ein beträchtlicher Teil ihrer Produkte wird über gemeinsame Vertriebsorganisationen exportiert. CITER, eine Pionier-Organisation auf diesem Gebiet, wurde von Loredana Ligabue, einer lokalen Ökonomin und Beraterin ins Leben gerufen:

"Ich sprach zuerst mit den Firmenbesitzern. Wir identifizierten Stärken und Schwachpunkte, und wir gründeten CITER, um das Strickgewerbe in Carpi auf eine breitere Grundlage zu stellen. Zuerst veränderten wir die Produktpalette - mehr Mode - so daß wir höhere Preise nehmen konnten. Zweitens schafften wir neue Technologien an, um die Produkte, für die wir uns entschieden hatten, effizienter herstellen zu können. Drittens mußten wir unsere Absatzmärkte ausweiten, um die Abhängigkeit von Deutschland zu verringern. Wir trugen die besten Marktinformationen aus der ganzen Welt zusammen (mit Kosten, die eine einzelne Firma nie aufbringen könnte), dann schickten wir Leute auf Handelsmission, betrieben Öffentlichkeitsarbeit. All das wurde immer in Gruppen getan".[151]

Heute erbringt CITER Marketing- und technologische Dienstleistungen für mehr als 600 zahlende Mitgliedsfirmen. Keine einzige von ihnen könnte sich jemals Zugang zu den teuren Informationen, Beratungs-Know-How und den fernen fremden Märkten verschaffen. Aber zusammen können die 600 sich dies leisten.

Ein Experte in Deutschland sagte dazu:

---

151 Hatch 1991, 4

"Diese Dinge haben auch in der Bundesrepublik, etwa im Südwesten, schon eine regelrechte Tradition. Es geht eigentlich darum, daß man KMU Stabsfunktionen wie bei den Großen ermöglicht. Verwirklicht wird das heute immer mehr über Berater und die Verbände, besonders auch die Kammern.

Der Bedarf ist mit Sicherheit da. Die Frage ist, wie weit er realisiert bzw. überhaupt wahrgenommen wird. Zum Beispiel gibt es da kleine Fräsereien und Drehereien, die im Auftrag von Großen arbeiten. Die haben CNC-Zentren und so. Ihre Stärke ist, daß sie Aufträge flexibel annehmen und schnell abwickeln. Dazu brauchen sie hochqualifizierte Leute, aber auch diese hochentwickelten Geräte, und außerdem: viele Werkzeuge. Das aber ist ein Problem für sie, daß sie so viele Werkzeuge parat halten müssen. Da könnte man z.B. einen regionalen Werkzeuge-Pool bilden, wo diese Werkzeuge für alle bereit gehalten und gewartet werden. So eine Art Werkzeuglager für alle".

Das dänische Industrieministerium hat 1989 ein nationales Netzwerk-Programm aufgelegt. Für zunächst drei Jahre wurden 140 Mio. Dollar bereitgestellt. Gefördert werden sollten damit die Bildung von KMU-Netzwerken, ihre technologische Modernisierung und ihr Export. Zuerst wurden Wirtschaftsberater für ihre neue Aufgabe als "network brokers" trainiert. Ihre durchaus schwierige und delikate Aufgabe besteht darin, Firmen, die sich auf lokaler Ebene als Konkurrenten ansehen, in einem größeren Verbund zu Kooperanten zu machen, Geschäftsgelegenheiten auf Gegenseitigkeit herauszufinden, Modernisierungsbedarf festzustellen und Dienstleistungen der Öffentlichkeitsarbeit, der Produkt- und Marktforschung und auch der Finanzierung für alle Netzwerkmitglieder zu erstellen. Um einen Anreiz für die Netzwerk-Bildung zu stiften, konnten Gruppen von Firmen gratis Machbarkeits-Studien für sich erstellen lassen. Ein kurzer formloser Brief, von mindestens drei Firmen unterschrieben, genügte zur gänzlich unbürokratischen Antragstellung. Bereits ein Jahr darauf konnte die Regierung mitteilen, das Netzwerk-Programm funktioniere bestens und sei selbsttragend geworden. Produziert und vertrieben wird, worin man schon immer gut war: Möbel und andere Gegenstände der Wohnungseinrichtung, medizinische Diagnostika, sogar schlüsselfertige Golfplätze. 3000 Firmen sind inzwischen zahlende Netzwerk-Mitglieder geworden[152].

Wenn man so will, kann man in diesen Netzwerk-Kooperationen das Modell für "neue Genossenschaften", eben neue Kooperativen er-

152 Hatch 1991, 5

blicken. Im Unterschied zu jenen der ersten industriellen Revolution bilden diese Kooperativen der K-Gesellschaft jedoch keine Kollektive, schon gar nicht mit der Vorsilbe "Einheits-" oder "Zentral-". Es handelt sich stattdessen um Netzwerke, um einen Verbund von Selbständigen, die sich in Wettbewerb und Kooperation autonom verantworten.

SCHLESWIG-HOLSTEIN

Schleswig-Holstein ist ein Land der Klein- und Mittelbetriebe. Deshalb sollten hier in Kooperationen durch Netzwerke noch Chancen liegen. Dies gilt umso mehr, als in Schleswig-Holstein im Fehlen einer genügenden Zahl von Großunternehmen ein deutliches Manko festgestellt werden muß. Kein Konzern von europa- und weltweiter Geltung hat in Schleswig-Holstein seinen Sitz. Wenigstens, so ein Trost, ist dem Land deshalb auch die Ruhr-Saar-Problematik erspart geblieben, wo der Anteil der Beschäftigten in Großbetrieben (über 1000 Beschäftigte) besonders hoch ausfällt, es sich dabei aber tatsächlich vielfach um die problematischen Schornsteinindustrien handelt. Statistisch gesehen, sind in einer gut entwickelten Industrieregion etwa 35-45 Prozent der Industriebeschäftigten in Unternehmen ab 1000 Beschäftigten tätig. Dies ist zum Beispiel in Bayern, Baden-Württemberg, Hessen, Hamburg oder Berlin der Fall. In Schleswig-Holstein dagegen liegt diese Kennzahl mit 23 Prozent extrem niedrig[153].

Immerhin besitzt Schleswig-Holstein eine Reihe von renommierten Unternehmen in den zukunftsträchtigen Bereichen Maschinenbau, Medizintechnik, Mikroelektronik, Nachrichtentechnik, Feinmechanik/ Optik u.a. Gleichwohl liegt auch die allgemeine Industriedichte Schleswig-Holsteins (d.h. die Zahl der im produzierenden Gewerbe Erwerbstätigen in Betrieben mit mehr als 20 Beschäftigten pro 1000 Einwohner) vorerst immer noch sehr niedrig. Sie beträgt 65, im Vergleich zu 116 im Bundesdurchschnitt[154]. Zuwachsraten und Renditen

---

153 Burdack 1990, 58
154 IHK Kiel Strukturbericht 1991, 55

der Unternehmen in Schleswig-Holstein bleiben hinter dem Wachstum der Märkte, auf denen sie tätig sind, meist zurück[155]. Der Subventionsgrad der schleswig-holsteinischen Wirtschaft beträgt nach Angaben des Instituts für Weltwirtschaft 13,8 Prozent im Unterschied zu 10,4 Prozent im Bundesdurchschnitt[156]. In Schleswig-Holstein arbeitete 1988 ein größerer Prozentsatz der Beschäftigten als im Bundesdurchschnitt in schrumpfenden Industriezweigen wie Mineralölverarbeitung, Schiffbau, Bekleidung, und ein kleinerer Prozentsatz in expansiven Sektoren wie Elektrotechnik, Büromaschinen, EDV oder Spezialchemie[157]:

	SH	Bund
Beschäftigte in schrumpfenden Zweigen	2,4 %	1,1 %
Beschäftigte in wachsenden Zweigen	18,4 %	23,8 %

Diese Unterschiede dürfen allerdings als weniger gravierend gelten. In sich stellen diese Zahlen eine gesunde Verteilung auch für Schleswig-Holstein dar, umso mehr, wenn man bedenkt, daß im Vergleich zu Anfang der 80er Jahre inzwischen eine deutliche Verbesserung eingetreten ist.

Die Tatsache, daß dem Land Großindustrie weitgehend fehlt, hat in Schleswig-Holstein mit gutem Grund zu einer Tradition der Mittelstandsförderung als dem endogenen Potential des Landes geführt. Zulieferfunktionen für Konzerne werden in Schleswig-Holstein in einer Reihe von Fällen getätigt, aber auch in diesen Fällen erschwert durch die mangelhafte verkehrliche Erreichbarkeit des Landes. Ob Schleswig-Holstein künftig größere Stücke vom wachsenden Zuliefer-Kuchen der Konzerne im norddeutschen Raum bekommen kann, dürfte in erster Linie tatsächlich von der Verkehrsinfrastruktur und der Transportlogistik abhängen.

Darüber hinaus besitzt der Mittelstand in Schleswig-Holstein ein durchaus eigenständiges Entwicklungspotential im Bereich der Hoch- und

[155] R. Berger 1989, 35f.
[156] Denkfabrik/Institut für Weltwirtschaft 1990, 61
[157] Denkfabrik/Institut für Weltwirtschaft 1990, 24

Spitzentechnologien. Wenn also ein Kranz von KMU um landesansässige Konzerne nicht erreichbar ist, so ist doch ein expansives Geflecht von Kleinunternehmen um den technologieorientierten Mittelstand des Landes ohne weiteres denkbar:

"Unsere Fertigungstiefe ist unüblich. Das ist zu teuer. Deshalb bauen wir die ab und brauchen Zulieferer. Eines der Probleme dabei ist die geringe Transparenz der Ansiedlungen in Schleswig-Holstein. Jeder stellt sein Licht unter den Scheffel oder will sich nicht hineingucken lassen. Woanders gibt es Zulieferverbände, von den Zulieferern selbst organisiert. In Schleswig-Holstein nicht. Warum nicht? ... Wenn hier was organisiert ist, dann im Bereich Landmaschinen und Werften. Dabei ist der Markt doch längst in Investitionsgüterindustrien und IuK-Technik".

"Wir müssen hier in Schleswig-Holstein leistungsfähige Unternehmen mit Hilfe einzelbetrieblicher Ansätze unterstützen. Zum Beispiel haben KMU keine eigene Forschung und Entwicklung. Über 90 Prozent der Betriebe in Schleswig-Holstein sind aber KMU. Wie entwickeln die ihre Produkte weiter? Da brauchen die Unterstützung, mit Informationen u.a. Die Informationen müssen aber dezentral vorgehalten werden. Nur vor Ort funktioniert das".

"Von Unternehmenskooperationen wird bei uns mehr geredet als daß sie stattfänden. Die Kleinen wollen ihr Spezialwissen für sich behalten. Außerdem haben sie auch Angstgefühle, und Akademikerkomplexe und all sowas. Wenn man da Technologieberatung machen will, oder z.B. gemeinsam ein EDV-Programm für die Auftragsabwicklung erstellen, braucht man eine sehr einfühlsame Organisation".

"Handwerksmeister sind da zurückhaltend und konservativ, wenn es um ihre Rolle als Zulieferer geht. ... Auch sonst sind da bei KMU psychologische Barrieren. Manche denken, sie müßten von uns Geld bekommen, wenn wir sie beraten, und nicht umgekehrt".

"Manche Zulieferer aus Schleswig-Holstein überlegen 'Warum sind wir überhaupt noch hier oben'? Das ist schon eine logistische Anstrengung für die, in München pünktlich zu liefern. Im Warenhausbereich ist der Wettbewerb für Zulieferer noch härter. Wer einmal unpünktlich ist, der fliegt raus. Für Unternehmen mit Sitz in Schleswig-Holstein ist das ein großes Problem".

"Mit den Staus auf der Autobahn wird das immer problematischer. Der Mittelständler sieht sich jetzt praktisch gezwungen, bei VW um die Ecke zu bauen, weil sonst nichts mehr läuft".

In Schleswig-Holstein wurden in den zurückliegenden Jahren eine Reihe von Maßnahmen und Aktivitäten ergriffen, um technologieorientierte KMU zu fördern. Dazu gehören beispielsweise das schon erwähnte BITT, der Verein InKom u.a., weitere Technologie-Beratungs- und Transfer-Stellen an den Fachhochschulen, sonstige IuK-technische Beratungsinstitutionen, Gewerbe- und Technologiezentren wie man sie auch an anderen Orten kennt, sowie nicht zuletzt auch das Konzept des "Technologie-Dreiecks" Kiel - Eckernförde - Rendsburg - Neumünster (KERN). Das Konzept soll ein Erfolgsimage und Aufbruchstimmung vermitteln, denn es sind Erfolgsgeschichten, die solche "Dreiecke" andernorts bekannt gemacht haben, zum Beispiel das "technology triangle" in Nord-Carolina oder das "triangolo" Turin-Ivrea-Novara.

Im Grunde sind die Voraussetzungen nicht schlecht. In der Gegend von Hamburg bis Kiel sind tatsächlich eine ganze Reihe technologieorientierter KMU beheimatet, günstig verbunden durch ein großes Autobahn-Dreieck, günstig an der Peripherie des Hamburger Umlandes gelegen, in einer schönen Landschaft mit hohem Freizeitwert, auch noch mit einem Naturschutzgebiet, und obschon aus der Anbindung an den geplanten aber verworfenen Großflughafen Kaltenkirchen vorerst nichts wurde, verweisen die Konzeptbefürworter auf die Anbindung an 26 Golf-Clubs in ganz Schleswig-Holstein. Golf ist sicherlich schick, aber populär sind, wenn schon nicht mehr Fußballplätze, so doch Tennisplätze, und unpopulär aufgenommen wurde das Konzept von all jenen, die nicht im Dreieck liegen - von Geesthacht bis Itzehoe, Brunsbüttel, Heide und Husum, von Lübeck über die Holsteinische Schweiz bis Eckernförde und Flensburg.

Es gehört nicht zu den Aufgaben dieser Studie, die vorhandenen Förderinstrumente zu evaluieren. Dennoch soll gesagt werden, daß die meisten der Maßnahmen, wie sie im Förderleitfaden des Wirtschaftsministerium zusammengestellt sind, an und für sich richtige und sinnvolle Schritte darstellen, soweit sie forschungsintensive, technologie- und exportorientierte KMU bevorzugt fördern. Jedoch fehlt ein integriertes Konzept, das die vielen Einzelmaßnahmen in eine verbindende Perspektive stellt und ihren Stellenwert im einzelnen deutlicher werden läßt. Ein Mittelständler sagte:

> "Die Mittelstandsförderung in Schleswig-Holstein, da ist nicht viel. Es gibt zwar viele Programme, aber keines mit viel Geld".

Die oben beschriebene und für Schleswig-Holstein aufgrund seiner Unternehmens-Struktur naheliegende Bildung von KMU-Netzwerken im Zusammenhang mit der K-Faktoren-Entwicklung in der Region könnte möglicherweise dazu beitragen, verschiedene Förderungsmaßnahmen neu zu bündeln. Die schon vorhandenen Beratungs- und Transfer-Einrichtungen müßten hierbei eine aktive Rolle spielen.

Eine wegweisende Initiative wurde mit der INTEGRAL Technologie GmbH im Technologie- und Gewerbezentrum Flensburg begonnen. Diese Gesellschaft kann als Nukleus für regionale KMU-Kooperations-Netzwerke fungieren. Sie versucht, auch international große Aufträge zu akquirieren und diese in Unteraufträgen an regionale KMU weiterzugeben. INTEGRAL trägt das Auftrags- und Abwicklungsmanagment, holt Marktinformationen ein usw. Die Gründer von INTEGRAL sind die Gesellschaft für Wagniskapital, verschiedene Kreditinstitute, acht Industrieunternehmen sowie die Industrie- und Handelskammer.

Die Initiative wird mithin von der Wirtschaft und ihren Organen getragen. Auch dies darf als wegweisend gelten. Politisch, gar parteipolitisch induzierte Maßnahmen der Wirtschaftsförderung stehen häufig unter Opportunitätsdruck. Das politisch Opportune und das ökonomisch Richtige liegen vielfach im Konflikt. Eine finanzstarke und florierende Struktur von technologie- und exportorientierten Groß-, Mittel- und Kleinunternehmen erwächst am besten aus sich selbst. Der Staat als Partner soll und kann jedoch für zuträgliche Rahmenbedingungen sorgen und durch eine kompetente und funktionierende Verwaltung gewisse Hilfestellungen leisten. Auch das gesellschaftliche Umfeld, statt sich gleichgültig bis ablehnend zu verhalten, kann eine solche Entwicklung im gemeinsamen Interesse freundlich unterstützten. Förderliche Umfeldbedingungen, wie sie im folgenden besprochen werden, sind nicht zu unterschätzen.

Gut funktionierendes Verwaltungs- und Rechtswesen

Wiederholt vorgebracht wurde in unserer Befragung der Hinweis auf eine kompetente und reibungslos funktionierende öffentliche Verwaltung sowie überhaupt die Existenz eines zuverlässigen rechtsstaatlichen Rahmens. Zuverlässigkeit der Behörden, Planungssicherheit und Rechtssicherhheit stellen Erfordernisse dar, deren Gewährleistung man sich offenbar häufig nicht sicher ist. Außer der öffentlichen Verwaltung sind hiermit auch die Gerichte und sonstigen Institutionen der Rechtspflege angesprochen. Danach war nicht gefragt worden, so daß diesem Ergebnis umso mehr Gewicht zukommt.

Der soziale und zunehmend auch ökologische Rechtsstaat verlangt den Unternehmen heute eine Vielzahl von Planungs-, Genehmigungs-, Kontroll- und Berichtspflichten ab. Sie sind zeitaufwendig und kostenträchtig. Grundstücke zu kaufen und zu verkaufen, zu bauen, einen neuen Betrieb, Anlagen oder auch nur bestimmte Maschinen zu installieren, Personal zu beschäftigen, Güter ein- und auszuführen u.a. ist mit einer Vielzahl solcher Pflichten verbunden. Sie zurückzunehmen, wird in einem komplexen Staatswesen kaum möglich sein, denn stets steht hinter ihrem Zustandekommen ein praktisch unabweisbarer Regelungsbedarf. Stets wird man sich allerdings fragen, ob die Regelungen im einzelnen immer so sein müssen, wie sie sind, oder die Dinge sich auf andere Weise nicht besser regeln würden. Desungeachtet bleibt das Erfordernis, die freiwillige oder gesetzliche, in jedem Fall umfangreiche Zusammenarbeit zwischen Betrieben und Behörden möglichst rationell, effizient, möglichst schnell, und dabei auch noch möglichst menschlich abzuwickeln. Dieses Vermögen, so es an einem Ort vorhanden ist, kommt der Entwicklung der bisher genannten K-Faktoren so sehr zugute, daß es selbst als ein wichtiger K-Faktor gelten kann.

Bei einer international vergleichenden Studie der Forschungsstelle für Umweltpolitik an der Freien Universität Berlin ergab sich, daß die Länder im Umweltschutz am besten abschneiden, die auch im sonstigen technisch-wirtschaftlichen Strukturwandel am weitesten fortgeschritten sind. Die Modernisierungskapazität dieser Länder gilt offenbar auf allen relevanten Gebieten, und sie hängt, wie festgestellt wird, außer mit der Innovationsfähigkeit auch mit Konsensbildung zusammen sowie der Fähigkeit der politisch-administrativen Institutionen, Ziele langfristig und koordiniert umzusetzen:

> "Die Modernisierungsfähigkeit eines Landes läßt sich nach bisheriger Erfahrung durch vier Faktoren bestimmen, die ein sich gegenseitig verstärkendes Syndrom bilden:
> 1) die Wirtschaftsleistung
> 2) die Innovationsfähigkeit, als Summe aller Entfaltungsmöglichkeiten für Innovateure und Vertreter neuer Interessen
> 3) die Strategiefähigkeit, als politische Fähigkeit eines Landes, langfristige Ziele koordiniert und über längere Zeiträume durchzusetzen, und
> 4) die Konsensfähigkeit, als Fähigkeit eines Landes, über einen kooperativen Politikstil zu ausgehandelten Lösungen zu gelangen. ...
>
> Strategiefähigkeit betrifft vor allem den Staatsapparat. Zur Strategiefähigkeit gehört nicht zuletzt die Fähigkeit zur Koordination von Verwaltungstätigkeiten. Koordinationsprobleme können durch Formen des Föderalismus entstehen, aber vor allem auf gleicher Ebene im Hinblick auf Verwaltungen mit gegensätzlichen Interessen. Es wird allgemein unterschätzt, welch gewaltige Widersprüche der bürokratische Staat zuläßt: Im selben Ministerium gibt es Abteilungen für Rüstung und für Rüstungskontrolle. ... Allgemein formuliert gehört zur Strategiefähigkeit die Fähigkeit, Teilbereiche des Staates auf neue Ziele hin zu integrieren und Widersprüche wie Zielkonflikte abzubauen. Hier weisen allerdings alle Industrieländer erhebliche Defizite auf"[158].

Die hier genannten vier Faktoren der Modernisierungsfähigkeit lassen sich ohne weiteres auf die von uns unterschiedenen K-Faktoren abbilden. Wirtschaftsleistung und Innovationsfähigkeit stellen praktisch Sammelbegriffe für die bisher schon erläuterten Faktoren dar. Der Begriff Strategiefähigkeit scheint uns allerdings nicht ganz passend abgegrenzt. Er enthält, wie im folgenden noch zu diskutieren sein wird, eine gewisse Fixierung auf Aktivitäten der Regierungs- und Verwaltungsspitzen. Damit soll deren herausragende Bedeutung nicht bezweifelt werden. Lediglich halten wir es sachlich für zutreffender, die staatlichen Bedingungen eines gut funktionierenden Rechts- und Verwaltungswesens zu unterscheiden von der zivilgesellschaftlichen und politischen Fähigkeit, durch kultivierte Verfahren Konsens und Kom-

---

[158] Jänicke 1990, 213, 226

promisse zu bilden. Letzteres betrifft nicht nur die Parteien und die staatliche Politik, sondern auch die Verbände, den Führungs- bzw. Politikstil in den Unternehmen, den Beitrag der Medien, sowie überhaupt die Diskurskultur in der Gesellschaft. In Ersterem dagegen sollte mehr der Exekutivfaktor gesehen werden, wie dies in folgendem Statement zum Ausdruck kommt:

> "Man unterschätzt gemeinhin die enorme Bedeutung einer guten Verwaltung. Der Frust der Investoren über verschleppte Genehmigungen, Bürokratie usw. nimmt heute ständig zu. Wenn man aber mit einer zügigen kompetenten Verwaltung für sich werben kann, hat man ein echtes Standortplus. Wenn zum Beispiel ein Unternehmer eine Geschichte erzählen könnte: 'Nach einem halben Jahr war das Grundstück da, nach einem Jahr hatten wir gebaut, und ebenfalls nach einem Jahr hatten wir ein Qualifikationsprogramm für Arbeitskräfte aus der Region am Laufen'. Sowas dann in die FAZ bringen. Das wäre wirkungsvoll. Ein Land sollte von sich sagen können: Wir haben eine vorbildlich funktionierende Verwaltung. Wir haben kompetente Leute. Bei uns wird nicht alles zerredet oder liegengelassen. Bei uns wird schnellstens und klar entschieden".

Im Infrastruktur-Kapitel über den Verbreitungsgrad neuer Technologien wurden bereits andere Statements zitiert, welche die Modernisierung der Verwaltung und ihre Ausstattung mit IuK-Technik zum Gegenstand hatten. Dazu noch folgendes:

> "Modern wäre ein Land, in dem es ein effizientes Netzwerk der öffentlichen Verwaltungen gäbe, ein Landesverwaltungs-Netzwerk, mit any-to-any-Verbindungen, wo Informationen und Dokumente leicht zugänglich sind. Die Verwaltung sollte für die Wirtschaft attraktiv und leicht zugänglich sein. Das setzt voraus, daß die Verwaltung mit mit den gleichen elektronischen Medien und Netzwerken arbeitet, und nicht mit Ärmelschonern".

SCHLESWIG-HOLSTEIN

Inwiefern das Land Schleswig-Holstein im Hinblick auf die Notwendigkeit eines gut funktionierenden Rechts- und Verwaltungswesens im Vergleich zu anderen Ländern Vor- und Nachteile aufweist, kann, da diese Frage nicht systematisch Gegenstand der Interviews gewesen ist, im Rahmen dieses Gutachtens nicht beantwortet werden. Ein gewisses Manko wurde in der Ausstattung der öffentlichen Verwaltung mit modernen Arbeitsmitteln der IuK-Technik eingangs bereits festgestellt. Andererseits gab es Hinweise darauf, daß das überschaubare Land in

Gestalt unkomplizierter Verwaltungskontakte und überhaupt einer Verwaltung der kurzen Wege Vorteile für sich verbuchen kann. Darüber hinaus wurden positive Kommentare zur öffentlichen Verwaltung in Schleswig-Holstein ebenso abgegeben wie Kritik:

"Schleswig-Holstein ist ein Land für den Mittelstand. Für den muß auch besonders viel getan werden. Auch in Abgrenzung und Ergänzung zu Hamburg. Schleswig-Holstein sollte sich als schöne Provinz verstehen, diesen Begriff wieder aufwertend, im Gegensatz zur hektischen und komplizierten Metropole Hamburg. Vor allem wegen der komplizierten Bürokratie geht in Hamburg alles schwer. In Schleswig-Holstein aber wird man vom Bürgermeister eingeladen. So ist das. Von Hamburg profitieren, ohne seine Nachteile zu haben, eine gute Arbeitsteilung. Eine gut funktionierende Verwaltung, klein und überschaubar, mit kurzen Wegen und guten Beamten scheint mir dabei immer mehr in den Vordergrund zu treten".

"Ich habe zum Beispiel den Eindruck, daß Schleswig-Holstein aufgrund seiner Überschaubarkeit - relativ dünn besiedelt, wenige Leute in einem schönen Land - eine sehr persönlich geprägte Verwaltung hat. Da läßt sich schneller und flexibler was erreichen. Das ist eine Chance zu größerer Bürgernähe und Wirtschaftsnähe. Das ist ein großes Plus im Vergleich sagen wir einmal zum Ruhrgebiet. Die Ansprechbarkeit und Reaktionsfähigkeit von Verwaltungen wird immer wichtiger".

"Ein sehr wichtiger Standortfaktor ist eine leistungsfähige Verwaltung. In München zum Beispiel habe ich zwanzig Jahre lang keine Probleme mit meiner Einkommenssteuererklärung gehabt. Seit ich hier in Schleswig-Holstein bin, gab es jedes Jahr Schwierigkeiten. Nicht, weil diese Leute meine Dinge nicht anerkannt hätten, sondern weil die Verwaltung einfach handwerkliche Fehler gemacht hat. Es geht auch um Brieflaufzeiten mit Ministerien, die hier unendlich lang sind. Es gibt hier auch keine exakte Schulverwaltung. In Schleswig-Holstein funktioniert eigentlich nichts so richtig. In Bayern wird auch in den Verwaltungen eine erstklassige Personalpolitik gemacht. Davon ist hier nichts zu sehen. Warum soll eigentlich eine Verwaltung anders behandelt und bewertet werden als zum Beispiel die Lufthansa?"

Kommunikative Kompetenz: Konsensfähigkeit und Diskurskultur

Mit der kommunikativen Kompetenz, besonders einer entfalteten politischen Kommunikations-Kultur, erreichen wir den letzten und gewiß nicht unwichtigsten Punkt im Kranz der K-Faktoren. Mit dem Begriff der kommunikativen Kompetenz sollen hier möglichst wenig normative Vorgaben verbunden werden. Auf keinen Fall soll kommunikative Kompetenz als ausschließendes Gegenteil einer "instrumentellen Vernunft" begriffen werden, um hernach darüber zu diskutieren, auf welcher Seite die besseren Menschen mit der überlegenen Moral stehen. Die K-Gesellschaft ist mehr als jede andere zuvor auf Schnittstellen und Transfers, auf ebenso sinnvolle wie zweckmäßige Verständigung angewiesen. Es genügt, kommunikative Kompetenz als die Fähigkeit zu sinnvoller und zweckmäßiger Verständigung zu begreifen. In welchem *Modus im einzelnen* dies geschieht, ist eine Frage, die sich erst danach stellt.

Natürlich kann diese Frage sehr interessant sein, und ein Teil der Konflikte der K-Gesellschaft liegt mit Sicherheit darin, welcher der existierenden Kommunikations-Modi, Sprachspiele und Verfahrensformen, welche Arten und Weisen der Verständigung mehr gelten sollen als andere. Es handelt sich hierbei um kulturelle Vormacht-Kämpfe, insbesondere auch "Priesterkämpfe" um Deutungsmacht und Interpretationshegemonie. Wer wen mit welchen Sprach- und Denkwelten und mit welchen Verfahrensweisen überwältigt, ist alles andere als belanglos. Als Staatsbürger wird man sich im gegebenen Fall für einen bestimmten Modus engagieren, etwa so, wie man sich im gegebenen Fall für oder gegen bestimmte politische Position festlegt. Aber man erfaßt die K-Gesellschaft nicht genügend, wenn man kommunikative Kompetenz nach dem Motto definiert, daß nicht sein könne was nicht sein dürfe.

Kommunikative Kompetenz kann genau genommen auch nicht als *ein* Faktor dargestellt werden. Eigentlich handelt es sich um ein außerordentlich umfangreiches Bündel von Faktoren, die hier lediglich aus Gründen der Zweckmäßigkeit zusammengefaßt behandelt werden. So kann und soll man den Begriff zum einen sozialpsychologisch verstehen, aus der Sicht der einzelnen Personen, als deren Vermögen, ihre Mitmenschen und Umwelten hinreichend wahrzunehmen und angemessen mit ihnen umzugehen. Zum andern muß kommunikative Kompetenz jedoch auch gesellschaftswissenschaftlich verstanden werden, als Fähigkeit verschiedenster Institutionen, Schnittstellen und Transfers mit anderen zu unterhalten und in selbsttätiger Wechselwirkung mit ihnen Probleme zu erkennen und zu bearbeiten.

In diesem Sinne ist die Frage nach der kommunikativen Kompetenz einer Gesellschaft praktisch gleichbedeutend mit der Frage nach der Zukunft der Demokratie, der Politik, überhaupt der Formen der Macht- und Herrschaftsausübung, ihrer Begründbarkeit und Rechtfertigung, aber auch mit Fragen nach der Zukunft des Rechts, der Wissens- und Glaubensformen, der geltenden Normen u.a. Wichtige Einzelaspekte der kommunikativen Kompetenz auf gesellschaftlicher Ebene sind zum Beispiel

- Konsensfähigkeit, die man ebenso gut auch Dissensfähigkeit oder Konfliktfähigkeit nennen kann

- Sozialpartnerschaft, Konzertierte Aktionen, Runde Tische und andere institutionalisierte Verfahren der Kompromißbildung und des Interessenausgleichs auf dem Verhandlungsweg

- Kommunikativer Planungs- und Führungsstil in Politik und Wirtschaft, zum Beispiel durch interaktiv-rollende und partizipative Planung, durch Regieren durch Moderation, durch kooperativen Führungsstil in den Unternehmen

- Reagible Diskurskultur in Medien, Parteien und Parlamenten, Betriebsgremien, Schulen, Universitäten, und anderen Orten des öffentlichen ebenso wie des privaten Lebens.

Vernetztes Denken.
Das systemisch-evolutive Paradigma der K-Gesellschaft

Eine Voraussetzung für die genannten Aspekte kommunikativer Kompetenz liegt in der Verbreitung eines neuen Denkens in der K-Gesellschaft: jenem Denken, das von der Kybernetik, der System- und Evolutionstheorie herkommt. Im Sprachgebrauch hat sich dafür inzwischen der Ausdruck "vernetztes Denken" von F. Vester durchgesetzt[159]. Je mehr vernetztes Denken sich verbreitet, umso besser werden die genannten Aspekte entwickelt bzw. kultiviert sein. Der Paradigmenwandel zum kybernetisch vernetzten Denken wurde u.a. durch Erkenntnisse der neueren Atomphysik und Biologie ausgelöst, aber auch durch Interaktions- und Kommunikations-Theorien der Sozial- und Sprachwissenschaften sowie der Psychologie. Inzwischen entsteht auch eine allgemeine System- und Evolutionstheorie, durch die das neue Denken als wissenschaftsförmige Metatheorie formuliert wird, die den Gebildeten rund um den Globus als ein metakulturelles und interdisziplinäres Sprachspiel dient.

Das systemisch-evolutive Paradigma, im Unterschied zu früheren Wissensformen, beruht weniger auf Reduktivität (systematischer Ausblendung der wirklichen Variablenvielfalt), weniger auf Linearität, Objektivismus und der Suche nach mechanisch-deterministischen Gesetzen. Dafür achtet es mehr auf "Ganzheitlichkeit", berücksichtigt Rückkopplung, Interaktion, Interferenz, Interpenetration und Relationalität. Angestrebt wird damit nicht eine gänzlich andere, eher eine erweiterte und vertiefte Rationalität. Systemisch-evolutives Denken setzt mehr theoretisches Wissen und mehr praktische Fähigkeiten voraus. Wegen seiner interaktionistisch-kommunikativen Grundstruktur ist sein Wahrheits- und Wirklichkeitsbegriff plural (statt auf *die* vermeintlich einzige und alleinige Wahrheit und Wirklichkeit fixiert zu sein). Logik und Bewährungskriterien des neuen Paradigmas sind daher eher pragmatisch bzw. praxeologisch orientiert. Das heißt, Ideen, Werte und andere Prin-

---

159 Vester 1978

zipien müssen nicht nur in der wissenschaftlichen Empirie, sondern auch vor der Lebenserfahrung Bestand haben. Sie müssen sich praktisch bewähren. Das systemisch-evolutive Denken ist aufwendiger und schwieriger als bisherige Denkweisen. Es erfordert erheblich mehr Wissen, stellt höhere kognitive und emotionale Anforderungen und vollzieht sich in einem erheblich erweiterten und vollständigeren Horizont des Wahrnehmens und Handelns[160].

Kommunikativer Planungs- und Führungsstil in Politik und Wirtschaft

Sobald das neue Denken wirkt, ändern sich zum Beispiel die Vorstellungen und Methoden der Planung in Staat und Wirtschaft. Politische Führung ebenso wie Unternehmensführung beruhten noch bis in die jüngste Vergangenheit auf einer Reihe von Prämissen, zu denen, vereinfacht dargestellt, auch die folgenden gehörten: Es gibt einen souveränen Akteur. Dieser Akteur kann sich alle relevanten Informationen zugänglich machen und objektive Feststellungen treffen. Er kann daraus eindeutig richtige Schlüsse ziehen und ebensolche eindeutigen und richtigen Ziele setzen. Diese werden eindeutig und richtig operationalisiert, das heißt, es werden Unterziele abgeleitet, die durch genau bestimmte Maßnahmen erreicht werden sollen, wofür wiederum genau bemessene Geld-, Personal- und andere Ressourcen zugeteilt werden. Die Ausführung, Implementation genannt, geschieht streng sequentiell und wird durch eine strikte Hierarchie von Befehlslinien und Ausführungsmeldungen kontrolliert.

Es gibt Bereiche, und es mag auch sonst immer wieder Fälle geben, in denen die Wirklichkeit diesem Modell ziemlich nahe zu kommen scheint - etwa auf den operativen Ebenen einer Glühlampenfabrik. Aber auch schon dort stimmt es mit der Wirklichkeit nicht überein. Aus

160 Texte, die das sich herausbildende systemisch-evolutive Paradigma wiedergeben, sind u.v.a. Boulding 1978, Capra 1983, Cramer 1988, Jantsch 1979, Laszlo 1987, Luhmann 1984 und 1986, Maturana/Varela 1987, Vester 1978 und 1980, Willke 1989, auch Lutz 1990a, Huber 1989

systemisch-evolutiver Sicht sind alle genannten Prämissen unhaltbar, denn die Wirklichkeit geht jederzeit viel weiter und übersteigt in ihrer Komplexität unser Fassungsvermögen grundsätzlich. Man mag sich das am Beispiel von monopolistischen und/oder verstaatlichten Unternehmen verdeutlichen, die bis heute, mit "Versorgungsauftrag" ausgestattet, einen Mythos der Bedarfsplanung pflegen. Ein Bedarf mag kurzfristig hinreichend genau bestimmbar sein. Aber als ob irgendwer seinen längerfristigen Bedarf wüßte und dieser im vorhinein genau ermittelt werden könnte! Angebot und Nachfrage bedingen *einander*. Ein Bedarf *entwickelt sich interaktiv*, er ist nicht im vorhinein "gegeben". Energiewirtschaft, Bahn, Post u.a. haben in der jüngeren Vergangenheit mit einer ganzen Reihe von längerfristigen Bedarfsplanungen und darauf gründenden Investitionen mehr oder minder schief gelegen. Statt den kommenden Bedarf "objektiv" vorherzusehen, kommt es tatsächlich darauf an, den sich entwickelnden Bedarf schnell zu realisieren, darauf schnell zu reagieren, und dabei nicht zuletzt auch den sich entwickelnden Bedarf durch eigene Angebote aktiv mitzugestalten. Denn in Wirklichkeit steht es um die oben genannten Prämissen wie folgt.

Es gibt jederzeit viele Akteure. Sie haben unterschiedliche Interessen und wollen deshalb meist etwas anderes als die andern. Pluralismus ist eine Tatsache. Die Forderung lautet, die Tatsache anzuerkennen. Die Akteure sind nicht souverän, sondern stehen in vielfachen Abhängigkeiten voneinander, obschon sie unterschiedlich mächtig und durchsetzungskräftig sind. Sie handeln nicht uninformiert, aber immer unvollständig informiert. Die Informationsgesellschaft repräsentiert, wenn man so will, eine Stufe der Zivilisation, wo die Wissenschaft ebenso wie die Menschen allmählich mehrheitlich wissen, wie wenig sie wissen, je mehr sie erfahren und sich aus erster und zweiter Hand informieren. Je mehr Wissen man bildet, umso mehr kennt oder ahnt man die Wissenslücken. Schlüsse, die man folgert, und Ziele, die man setzt, bleiben mehr oder weniger widersprüchlich und mehrdeutig. Sie gelten nur bedingt, versuchsweise und vorläufig, bis auf weitere Erkenntnis, bis zu veränderten Umständen. Und sie erfordern ein gewisses Maß an willentlicher Selektion, an normativer Setzung, an Risikobereitschaft und Verantwortungswillen der handelnden Subjekte. Ergebnisse können aus all diesen Gründen paradox erscheinen. Es gibt keinen Laplace'schen Dämon, den titanischen Number-Cruncher im zentralen Planungsministerium, der alle Informationen verarbeitet und universal richtige und sinnvolle Vorgaben daraus ableitet. Man muß akzeptieren, daß mit allem Informiertsein mit allen Sicherheitsvorkehrungen im Zuge der Systementwicklung, die Grade an Unwissenheit, Ungewißheit, Risiko und Unsicherheit nicht etwa geringer werden, sondern mitwachsen.

International vergleichende Studien von G. Hofstede in westlichen und fernöstlichen Industrieländern haben erbracht, daß vor allem in Deutschland Ungewißheit schlecht ertragen wird[161]. In keiner anderen der untersuchten Kulturen versucht man, Gewißheit so geradezu zwanghaft herzustellen wie in der deutschen - durch genaueste Ordnung und Reglementierung (eine der früheren Anwendungen der Vorsilbe "hoch" lautete "hochnotpeinlich"), durch autoritäre und bürokratische Kontrollstrukturen, durch versteifte wissenschaftliche Methodik u.a. Im internationalen Wettbewerb der K-Weltregionen dürfte diese Spitzenposition auf dem Uncertainty-Avoidance-Index die Gesamtnote für ein Spitzenzeugnis deutlich drücken.

Aus gleichem Grund fällt es in Deutschland auch schwer, sich damit zurechtzufinden, daß Operationalisierungen und Implementationen von planerisch-politischen Vorgaben in Wirklichkeit nur selten so ordentlich erfolgen, wie oben beschrieben, sondern - weil unter konfliktualen, dynamischen, turbulenten Umfeldbedingungen - häufig "unordentlich". Die getroffenen Maßnahmen erweisen sich als von unterschiedlicher Güte und Effektivität, man mag sich zum zweiten Schritt vor dem ersten genötigt sehen, die Ressourcen werden häufig suboptimal verteilt, was wiederum als ungerecht empfunden wird usw. Um dies dann irgendwie noch zu reparieren, muß man tun, was man von vornherein auf elaborierte und kultivierte Weise hätte tun können: die Hierarchie

[161] Hofstede 1980; dargestellt und diskutiert in Jann 1983, 87ff.

durch heterarchische Netzwerke ergänzen, informelle Kanäle ins Spiel bringen, projekt- und problembezogene Gremien bilden, die Kooperation eines größeren Kreises von Akteuren suchen, ihre Meinung einholen, mit ihnen und in Auseinandersetzung mit ihnen Willen bilden, also kommunikativ, partizipativ, kollegial, moderativ, oder wie immer man diesen Planungs- und Führungsstil nennen möchte.

"Politiker wollen ja immer gerne alles kontrollieren, zum Beispiel in der Technikfolgenabschätzung. Aber ich setze da auf die Ethik der Wissenden. ... Die Politik maßt sich häufig an, alles zu steuern und zu regulieren. Da bin ich eher zurückhaltend".

"Zum Beispiel die Breitbandverkabelung war nicht vermittelt. Da gab es keine Rückkopplung und Demokratie. Ging promt daneben. ... Natürlich kann man technische Entwicklungen nicht per Volksabstimmung betreiben, aber durch kurzgeschaltete vermaschte Regelkreise der Diskussion mit den Entwicklern. Über das Ohmsche Gesetz kann ich nicht diskutieren, wie richtig gesagt wird. Das ist zunächst einmal eine Sache nur unter den Experten. Aber der Experte sieht sich immer mehr gezwungen, sich zu vermitteln. Das beginnt ja zum Beispiel mit der Forschungsantragsbewertung, etwa in der Deutschen Forschungsgemeinschaft. Das ist sozusagen die kollegiale Demokratie. Aber auch darüber hinaus muß schon im frühen Stadium der Entwicklung über diese diskutiert werden. Die Grenze der Demokratie liegt in der Grenze der Vermittelbarkeit. Je mehr vermittelt werden kann, umso besser wird die Entwicklung. Demokratie geht manchmal auf die Nerven, bietet aber meistens zuverlässige Selbstkorrektur. Deshalb glaube ich ja auch, daß die demokratischsten Länder auch die technisch effizientesten sind".

Akteure, die mit einer solchen systemisch-evolutiven Einstellung zu Werke gehen, leiden nicht mehr unter absolutistischen Manien. Sie glauben nicht mehr, daß die Dinge genau so und nicht anders "machbar" seien, wohl aber, daß sie ein kleines oder größeres Stück weit "gestaltbar" sein können und man nach besten Kräften und in tätiger Verantwortung seinen Einfluß dafür geltend machen soll. Manager und Politiker bedürfen dann auch keiner Ideologie der Art mehr, sie würden tun, "was der Markt verlangt" bzw. was "dem Wählerauftrag" entspricht. Der Markt verlangt normalerweise nichts, Nachfrage kommt meist als stummes Gebot. Der Markt ist kein Akteur, sondern eine Arena von Käufern, die Verkaufsangebote annehmen oder nicht. Ebenso werden Wähleraufträge allenfalls einmal in unmaßgeblichen Einzelgesprächen mitgeteilt. Die Politik im Staat wirkt aus eigenen Stücken, im eigenen Auftrag, und die politischen Kräfte werden, je nach dem wie das, was sie bewirken, Anklang findet, gewählt oder nicht. Entscheidend bleibt, ob die Unternehmen oder die politischen Akteure mit ihren *eigenen* Angeboten richtig liegen, und sie werden umso richtiger liegen, je mehr sie einen interaktiven und kommunikativen, einen kollegialen, kooperativen, partizipativen, moderativen Planungs- und Führungsstil kultivieren.

Führung beansprucht damit nicht länger, ähnlich dem legendären Kaiser von China den Lauf der Dinge definitiv bestimmen zu können und unter Kontrolle zu haben. Die Geführten werden derlei von ihren Führern auch nicht mehr erwarten, sondern es als Anmaßung, Bevormundung und unsachgemäße Einmischung ansehen. In einem komplexen selbstorganisierenden System müssen die Akteure im einzelnen selbst wissen, wie sie zu interagieren und zu kommunizieren haben. Sonst funktioniert ohnedies nichts. Der Durchmarsch entlang der Befehlslinie wird zur Ausnahme, die "by exception" nötig werden kann. Die übergeordnete Ebene wirkt ansonsten "by objectives", durch Vorgabe von orientierenden Zielsetzungen und praktisch wirksamen Rahmenbedingungen.

Führung wird unter solchen Bedingungen auch nicht mehr beanspruchen, keine Fehler zu machen - und die unvermeidlich gemachten Fehler zu vertuschen oder sie anderen in die Schuhe zu schieben. Man wird sich gewiß weiterhin bemühen, möglichst wenig Fehler zu machen, aber davon ausgehen, daß Fehler natürlich unterlaufen, und daß es darauf ankommt, sie schnellstmöglich zu erkennen und zu korrigieren. Dies setzt wiederum alles das voraus, was kommunikative Kompetenz ausmacht. D. Michael, Professor für Planning and Public Policy aus San Francisco, schreibt hierzu:

> "Die wachsenden Mengen an Information führen zu vermehrter Kreativität, die ihrerseits vermehrt zu unvorhergesehenen Konsequenzen führt. ... Deshalb müssen wir zu noch unerschlossenen Wegen des Regierens finden, denn die überall vorherrschenden Bedingungen sind Turbulenz, Ungewißheit, Grenzverschiebungen, Komplexität, Information Overload und alle möglichen Folgeerscheinungen zur Unzeit (feedback maltiming). ...

Mit einem hohen Maß an Ungewißheit umgehen zu lernen, gehört zu den wesentlichen Attributen der Kompetenz, die zum Regieren und Regiertwerden in einer Informationsgesellschaft erforderlich ist. ...

Fehlerbereitschaft ist ein anderes solches Attribut. Lernen bedeutet nichts anderes, als den Unterschied zwischen dem, was man erwartet und dem was eintritt, zu erkennen, d.h. Fehler oder Irrtümer zu erkennen. Kybernetische Systeme lernen durch Irrtumsinformation aus Rückmeldungen von jenen Teilumwelten, denen ihre Aktionen gegolten haben.

Deshalb würde eine kompetente Regierung in der Informationsgesellschaft Fehler nicht verheimlichen, sondern eigens Einrichtungen der Fehlerfindung schaffen, die auf Handlungsfelder, wo anerkanntermaßen ein hoher Grad an Ungewißheit herrscht, besonders sensibilisiert sind. Solche Einrichtungen würden sich offen umsehen, würden Fehlermeldungen wahrnehmen, um politische Programme und Aktivitäten entsprechend anzupassen"[162].

Man kann heute allgemein feststellen, daß der Führungsstil in Politik und Wirtschaft dem neuen Leitbild in mancher Hinsicht schon näher gekommen ist, ihm in anderer Hinsicht aber noch ferne steht. Normativ zumindest scheint der Paradigmenwandel bereits vollzogen. Als "autoritär" würde seinen Stil niemand mehr bezeichnen, als "kooperativ" dagegen fast jeder, auch wenn sich in der Praxis möglicherweise immer noch ein reichlich direktives bzw. dirigistisches Verhalten damit verbindet.

"Autoritäre Stile sind out. Der Konsens mit den Mitarbeitern steht im Vordergrund. Die sind auch viel zu intelligent, um einfach nur zu gehorchen".

"Die Zahl der qualifizierten Mitarbeiter wird weiter zunehmen, die der unqualifizierten abnehmen. Dadurch kommt man automatisch zu einem kooperativen Führungsstil. Komplexe Technologien haben die Eigenschaft, daß man sie ohne die Mitarbeiter nicht hinkriegt. Man kann das nicht einfach überstülpen, sondern muß die Mitarbeiter einbeziehen. Auch wegen der komplexen und flexibleren Organisationsanforderungen. Autoritäre Führungsstile würden sich die heutigen Mitarbeiter auch gar nicht mehr gefallen lassen".

"Der Führungsstil ändert sich zum Kooperativen hin. Hierarchie besteht weiter, aber formal, unter juristischem Aspekt. In der Sache bilden sich da große Gemeinschaften. Der Chef entscheidet nicht gegen seine Mitarbeiter. Dadurch entwickelt sich ein kameradschaftlicher Stil. Aber es muß klar sein, wer wofür zuständig ist, wer was bestimmen kann und zu verantworten hat".

"Es gibt immer Hierarchie. Aber die neuen Fragen gehen in die Richtung: Wie motiviere ich meine Mitarbeiter? Wie organisiere ich innerbetriebliche Kommunikation? Wie lege ich Ziele zusammen mit meinen Mitarbeitern fest ? Je qualifizierter die Leute sind, desto weniger werden sie Kontrolle und autoritäre Strukturen akzeptieren".

---

162 Michael 1991, 31, 33, 34

"Führen wird immer mehr Moderieren und Motivieren von Leuten, die eigentlich von alleine das Richtige tun können müssen, die ihre Arbeit selbst gestalten".

"Ein großes Problem liegt gegenwärtig darin, daß man sich immer mehr auf den einzelnen Mitarbeiter verlassen muß, dieser von oben aber immer weniger produktiv eingesetzt wird. Deshalb kommt es zu einer Verlagerung von Kompetenzen auf die Gruppenebene. Die Organisationsstruktur wird weniger hierarchisch, dafür mehr eine vernetzte Gruppenstruktur. Der Vorgesetzte fungiert als Moderator. Das ist eine schwierigere Rolle als die heute noch übliche. ... Ingenieure zum Beispiel sind darauf überhaupt nicht vorbereitet. Deren Ausbildung ist zu technisch ausgerichtet. Wenn man dann aber sieht, für welche Aufgaben sie in der Praxis zuständig sind, da sind die häufig völlig überfordert".

"Wir praktizieren heute einen lockeren, ausgeprochen kooperativen Führungsstil, was die Unternehmensteile und die qualifizierteren Mitarbeiter betrifft. Die Geschäftsleitung ist inzwischen praktisch eine reine Managementholding. Die Produktbereiche müssen eigenständig arbeiten, ihre Geschicke selbst bestimmen, sich selbst bewähren. Allerdings gibt es da Abstufungen gemäß der Hierarchie.

Bei den anderen Kräften geht es noch mehr traditionell zu. Herkömmliche Arbeiter sind an strikte Vorgaben, Zeit- und Arbeitsdisziplin gewöhnt. Wenn man das wegnimmt, funktioniert das nicht mehr. Dagegen würde bei den sog. jungen Wilden in der Elektronikentwicklung gerade das überhaupt nicht mehr funktionieren. Die brauchen ihre Freiheitsgrade, in der Arbeitszeit, im Arbeitinhalt, in ihrer eigenen Qualifikation und Weiterbildung".

"Der Führungsstil wird in Zukunft noch ein großes Problem sein. Bei unseren Fortbildungsveranstaltungen finden wir leider nur die Ebene bis zu den Betriebsleitern, darüber ist nichts mehr, obwohl die das auch nötig hätten".

"Soziale Kompetenz wird derzeit von der Industrie in Kursen ihrer Arbeitnehmerschaft vermittelt. Dieses Angebot muß notwendigerweise einseitig sein. Alternativen jedoch fehlen. Die Gewerkschaften sind stumm".

Neues Arbeitnehmerleitbild

In den obigen Aussagen wird ein Muster kenntlich, das gerade im Hinblick auf das Problem der Zwei-Drittel-Gesellschaft von Belang ist: Die Mitarbeiterschaft differenziert sich in einer Weise, die ihre gewerkschaftlich vorgestellte "Einheit" zunehmend illusorisch erscheinen läßt. Trotz, ja gerade wegen der allgemein beträchtlich gestiegenen Bildung und Qualifikation, entsteht in der Arbeitnehmerschaft eine fein abgestufte Wissenshierarchie. Kommunikative Kompetenz und kulturelle Modernität findet sich umso mehr, je mehr die Betreffenden mittlere, gehobene und höhere Positionen bekleiden. Je einfacher und geringer qualifiziert die Tätigkeiten sich dagegen darstellen, umso mehr fehlt den Mitarbeitern kommunikative Kompetenz, und es herrschen weiterhin autoritäre Arbeitsformen und kulturell rückständige Lebensstile. Historisch gesehen war dies im Prinzip sinngemäß immer so. Jedoch sollten gerade derartige klassenspezifische Muster durch den Aufbau den Sozialstaats und der Arbeitsgesellschaft als Arbeitnehmer-Gesellschaft überwunden werden. Paradoxerweise wurden diese Muster jedoch umso mehr reproduziert, je erfolgreicher der Sozialstaat den kollektiven Aufstieg breiter Arbeitnehmerschichten beförderte und sich damit zunehmend eine Gesellschaft von neuen Arbeitnehmer-Mittelschichten herausgebildet hat.

Andererseits geht die Emanzipation auch der besser gestellten Arbeitnehmer-Schichten nicht so weit, die neu gewonnene arbeitstechnische und organisatorische Selbständigkeit am Arbeitsplatz durch Formen der wirtschaftlichen und rechtlichen Selbständigkeit auszubauen. Der Wunsch nach einem ebenso sicheren wie interessanten und gut bezahlten Arbeitsplatz überwiegt das Bedürfnis, sich selbständig zu machen, oder auch nur unternehmerische Teilverantwortung mitzutragen. Formen der unternehmerischen Mitverantwortung werden klare Absagen erteilt. Die Heraufkunft des "Intrapreneurs", des Unternehmers im Unternehmen, muß wohl als ein weiterer Mythos der K-Gesellschaft angesehen werden. Diesem Mythos zufolge wären die Abteilungen und Arbeitsplätze eines Unternehmens nichts anderes als ein System von Subunternehmen. Die Mitarbeiter wären Mitunternehmer des Ganzen und Subunternehmer in jenem Teil, den sie selbst ausfüllen. Auch *im* Unternehmen gäbe es neben der Kooperation Wettbewerb. Die Teile hätten ein eigenes Finanzsystem, wären sozusagen lauter kleine profit center, und die Lohnfindung der Mitarbeiter wäre eng an das eigene und gesamte Betriebsergebnis gebunden.

Wir fragten nach dieser Vision des selbständigen Mitarbeiters, der unternehmerische Mitverantwortung trägt und so den Konflikt von Kapital und Arbeit in sich selbst aufhebt. Der Großteil der Befragten hält eine Entwicklung in diese Richtung ausdrücklich für erstrebenswert, aber praktisch niemand glaubt daran und rechnet damit, daß eine solche Entwicklung tatsächlich einsetzen oder sonderlich weit gehen würde:

"Ich meine, daß es eine gewisse empirische Tendenz zu 'Intrapreneure statt Mitbestimmung' gibt, aber es ist vor allem noch ein Leitbild. Die Möglichkeiten der Mitbestimmung sind meines Erachtens erschöpft. Man wird sie aufrechterhalten, das soll man ja, aber da ist nicht Neues mehr zu erwarten. Alle neuen Tendenzen gehen in Richtung mehr Unabhängigkeit für die Mitarbeiter, mehr Entscheidungskompetenz, mehr Dispositionsspielraum.

Zugleich nimmt der Wettbewerb und Leistungsdruck zu. Die Zeitkontrolle wird noch stärker, die Messung der individuellen Leistung bzw. Leistungsunterschiede noch präziser. Daraus folgt eine Bezahlungsweise, die zunehmend gewinnorientiert, umsatzorientiert, leistungsorientiert ausfällt. Die gewinn- oder umsatzbezogenen Gehaltsbestandteile werden zunehmen. Freilich heißt das noch lange nicht, daß die Arbeitnehmer echte Mitunternehmer werden. Aber ihre Tätigkeit und ihr Verhalten reichert sich doch mit gewissen unternehmerischen Elementen an".

"Ich meine, die Gewerkschaftsmentalität, dieses Versorgungsdenken muß weg. Sicherheit darf nicht starr begriffen werden. In dem Maß, wie wir eine ganzheitlichere Arbeitsplatzgestaltung bekommen, müßten die Arbeitnehmer zu so etwas wie wie einer freien Assoziation von Unternehmern werden. Wo soll sonst die nötige Freude an der Arbeit, die Identifikation mit dem Produkt und dem Unternehmen herkommen? Aber ich bin skeptisch".

"Wir haben ja heute schon viel flachere Hierarchien. Die Entscheidungsbefugnis wird immer mehr übergeben. Bei den leitenden Mitarbeitern macht sich das auch in der Gehaltsfindung bemerkbar. Bei den gewöhnlichen Mitarbeitern jedoch nicht".

"Die Verantwortung am Arbeitsplatz steigt. Der Arbeitnehmer wird auch Verantwortung für das Unternehmen übernehmen. Aber die Unternehmen werden internationaler und damit unübersichtlicher. Da wird's schwierig. Also am Arbeitsplatz ja, sonst insgesamt eher nein".

"Ich glaube, daß da eine gewisse Tendenz zum Unternehmerischen oder Mitunternehmerischen vorhanden ist, einfach weil, wie vorhin schon ausgeführt, unternehmerische Qualitäten immer mehr erforderlich werden. Vor allem, um die Wettbewerbsfähigkeit zu erhalten. Die Frage ist allerdings schon, wie weit das geht, wieviele Leute es betrifft, welche Bereiche ihres Handelns. Ich sehe nämlich zugleich, daß die Masse der Arbeitnehmer heute sich da nicht so bewegt. Für eine Vielzahl also trifft es nicht oder noch nicht zu. Man kann von daher schon eine gewisse Dichotomisierung, eine Spaltung in Wirtschaft und Gesellschaft erwarten wie es etwa im Bild von der Zwei-Drittel-Gesellschaft gezeichnet wird. Aber das kann seinerseits milde und krasse Formen annehmen. Aber offen gesagt, ich sehe das auf uns zukommen".

"Der Trend geht überhaupt nicht zu mehr unternehmerischer Verantwortung, im Gegenteil. Die Identifikation mit der Arbeit nimmt nach unten hin immer mehr ab. Selbstverwirklichungsmöglichkeiten werden dort heute eher in der Freizeit gesehen".

"Ich sehe keine neuen Tendenzen. Das berührt ja die Frage der Beteiligung am Produktivkapital. Da wird es Widerstand bei den Gewerkschaften geben, weil ihre Klientel dann nicht mehr so leicht 'manipulierbar' ist. Ich persönlich würde mir eine mitunternehmerische Verantwortung wünschen. Aber das ist schwer durchsetzbar. Das liegt auch an der Mentalität der Unternehmer. Wer ist schon bereit, zu teilen?"

"Der normale Arbeitnehmer will kein Risiko eingehen. Das wird auch so bleiben. Deshalb gibt es auch keine Entwicklung hin zu einer unternehmerischen Verantwortung. Beteiligungsmodelle sind aus meiner Sicht nach wie vor willkommen".

"Die Mitbestimmung ist ja stecken geblieben, weil sie ab einem bestimmten Punkt echte Mitverantwortung verlangt. Die Arbeitnehmer sind aber mehrheitlich nicht bereit, Risiko zu tragen. Gewinnbeteiligung ist erwünscht, aber Verlustbeteiligung nicht. Die wollen ihre Ruhe haben".

"Neue Tendenzen sehe ich eigentlich nicht, obwohl ich glaube, daß langfristig so etwas entstehen müßte. Irgendwie muß ja die Freude an der Arbeit und die Motivation erhalten bleiben. Dafür muß man die Arbeitnehmer stärker beteiligen. Einmal durch ihre Funktion, Job-Enrichment und so, zum anderen aber auch am Kapital, durch Ausgabe von Anteilen oder so. Eventuell sind nur so noch qualifizierte Kräfte zu bekommen.
Die Gewerkschaften sperren sich da, weil das ihren Standpunkt verwischt. Aber wahrscheinlich gilt das auch nur für höhere Kräfte, während für die einfacheren alles beim alten bleibt. Aber auch damit würde ja die Machtbasis der Gewerkschaften erheblich eingeschränkt.
Es müßte mehr unternehmensbezogene Lohnanteile geben. Wenn wir ein gutes Jahr haben, heißt es sofort 'Lohn rauf'. Aber wenn es im Jahr drauf schlecht läuft, zu sagen 'Lohn wieder runter', das geht nicht. Irgendwie bräuchten wir ertragsbezogene Lohn- und Gehaltsabschlüsse".

Stabile Sozialpartnerschaft.
Das Problem der 'Zwei-Drittel-Gesellschaft'

Die Einrichtung der Sozialpartnerschaft und die Fähigkeit der Tarifpartner, die sie betreffenden Konflikte der Arbeitsgestaltung und Einkommensverteilung im kultivierten Verfahren per Verhandlungsdiskurs zu lösen, wird von 90 Prozent der Befragten bejaht. Die Hauptaufgabe der Tarifpartner wird in der Erhaltung des sozialen Friedens, "dem Aktivum Nr.1 in unserer Standortbilanz" gesehen[163]. Wie Abb. 61 zeigt, ist der soziale Friede gegenwärtig nur noch in Japan so fest wie in der Bundesrepublik.

---

[163] Nölling 1990, 128

Abb. 61: Streiks im internationalen Vergleich (Streiktage je 1000 Arbeitnehmer 1989)

Japan	5
Bundesrepublik Deutschland	5
Frankreich	45
USA	170
Großbritannien	182
Italien	251
Kanada	340

Quelle: Institut der deutschen Wirtschaft

Die Zustimmung zu den Einrichtungen der Sozialpartnerschaft reicht von "uneingeschränkt positiv" bis zur Verbindung mit teilweise recht kritischen Anmerkungen:

"Das hat Zukunft. Die Kooperation der Sozialpartner ist überhaupt einer der Konkurrenzvorteile der deutschen Wirtschaft. Die IG Chemie ist dabei die modernere Gewerkschaft als die IG Metall. Aber das wird auch noch kommen".

"Wir möchten keinen Tag auf Gewerkschaften verzichten. Das Modell hat sich bewährt".

"Konfliktaustragung mit Einigungszwang - das war das Beste, was uns überhaupt einfallen konnte. Es müßte mehr solcher Einrichtungen der wirtschafts- und gesellschaftspolitischen Konfliktregelung im vorstaatlichen Raum geben".

"Das Verhältnis der Sozialpartner wird ja immer enger. ... Das ist so eine Art fester konzertierter Aktion, auch und gerade in Krisenzeiten".

Kritisiert wird, die Tarifpartner würden zu rituell verfahren und in verschiedener Hinsicht konservierend und innovationshemmend wirken:

"Es gibt immer wildes Geschrei, dabei ist das nur für die Öffentlichkeit".

"Ihr Verhalten ist aber häufig zu rituell und an alten sozialen Fragen orientiert statt an den neuen".

"Die Tarifparteien, und zwar beide, sind große Blockierer. Die Arbeitgeber, die da verhandeln, sind keinen Deut besser als die Gewerkschaftsfunktionäre. Die tendieren einfach von oben herab zu irgendwelchen betriebsfremden Einheitslösungen. Aber flexible Spezialisierung setzt nun einmal Betriebsnähe voraus".

"Manchmal haben die Gewerkschaften nicht den richtigen Zeithorizont. Es kann zu einem Zeitpunkt nur verteilt werden, was vorher verdient wurde. Auch kann es

Schwierigkeiten beim Strukturwandel geben, wenn die Gewerkschaften weiterhin nur für die Arbeitsplatzinhaber und nicht auch für die Arbeitslosen sprechen".

"Ich kenne beide Seiten. Jetzt bin ich Leiter, früher war ich auch Betriebsrat. Mit der Arbeitszeitpolitik, da haben wir jetzt eine Polarisierung, wo die Gewerkschaften ihrer Verantwortung nicht mehr gerecht werden. Das wird immer mehr zu einer Gefahr für die Betriebe, vor allem in den Dienstleistungen und der Verwaltung, weil wenn die Leute in so kurzer Zeit so viel verdienen, ich das aber nicht mit mehr Umsatz oder durch gesteigerte Leistung wettmachen kann, dann bindet der Personalbereich zu viele Mittel. In der Konsequenz wird der Sozialstaat Sozialleistungen einstellen müssen und es kommt zu einer Polarisierung".

Hier wird implizit die These formuliert, die Sozialpartner würden, ungewollt aber faktisch, zur Herausbildung der Zwei-Drittel-Gesellschaft beitragen. Darunter wird inzwischen allgemein eine Klassen- oder Schichtenstruktur verstanden, in der die Mehrheit der Bevölkerung zu den relativ gut integrierten Kerngruppen der Gesellschaft gehört, wenngleich auf unterschiedlichen Hierarchieebenen, während beträchtliche Minderheiten als Rand- und Problemgruppen abgekoppelt werden, insgesamt ein "Drittel", was nicht unbedingt wörtlich zu nehmen ist.

Für diese Entwicklung verantwortlich gemacht werden besonders die zunehmenden Leistungsanforderungen und das Leistungstempo. Die Industriegesellschaft war von Beginn an eine Leistungsgesellschaft. Mit der Hochtechnologie wird sie zur Hochleistungsgesellschaft. Ein Personalberater bemerkte hierzu:

"Früher war das erforderliche Qualifikationsniveau in etwa erreicht, wenn einer aufrecht durchs Werktor schreiten konnte. Heute verlangen alle nach der Olympiaqualifikation, obwohl das natürlich übertrieben ist".

Ziemlich genau zwei Drittel der von uns Befragten sehen die Zwei-Drittel-Gesellschaft kommen. Die Entwicklung zu einer größeren Zahl von Herausfallenden wird bedauert, aber für unvermeidlich gehalten.

"Die Zwei-Drittel-Gesellschaft haben wir doch schon. Das wird sich durch die erhöhten Leistungsanforderungen noch verschärfen. Aus dem erhöhten Qualifikationsniveau folgt, daß viele diese Hürden nicht mehr nehmen können. Je mehr höher qualifiziert sind, desto mehr fällt das auf".

"Ich fürchte, daß der internationale Wettbewerb den Leistungsdruck noch weiter erhöht. Da sehe ich durchaus Gefahren, daß sich einige abkoppeln, abkoppeln müssen oder abgekoppelt werden".

"Der Wille zur Leistung hört auf, wenn die Leute überfordert werden. Und da sehe ich Probleme".

"Wenn die Arbeitszeit weiter runtergeht, dann muß diese immer intensiver und effizienter ausgenutzt werden, um wettbewerbsfähig bleiben zu können. Das aber können viele nicht mehr mitmachen, die Beschäftigten nicht, und die Betriebe auch nicht, und es kann zu Konflikten kommen".

"Es wird dann Konflikte geben, wenn wir so tun, als ob es diejenigen nicht geben würde, die nicht mitkommen. Etwa wenn wir untere Lohngruppen abschaffen würden. Dann werden die arbeitslos und es kommt zu Konflikten".

"Es ist nicht nur der Leistungsdruck im herkömmlichen Sinn, sondern die sozialen Probleme werden auch andere, weil sich die Anforderungen an Selbstkontrolle und Selbstdisziplin verändern. Mehr Selbständigkeit erfordert mehr Selbstdisziplin. Nicht jeder kommt damit zurecht".

"Ich frage mich wirklich, wieviele Leute, in der Breite der Arbeitnehmer, von ihren Begabungen und Fähigkeiten her mit den neuen Ansprüchen mithalten können. Man setzt sich mit allen möglichen Erwartungen an sein Leben ja auch selbst unter Druck. Ein Teil fällt raus. Wie man damit fertig wird ... Tja. Ich weiß auch nicht".

"Auf alle Fälle muß ein Grundeinkommen für alle da sein. Es wird auch künftig viele geben, die arbeitslos sind, egal warum. Auch die müssen halbwegs anständig leben können".

"Ich glaube, das Problem beim Wegselektieren unter Leistungsdruck ist heute nicht mehr so sehr Armut, als vielmehr das Bewußtseinsproblem, den Anforderungen nicht mehr gewachsen zu sein, oder sonstwie in dieses komplizierte Gefüge nicht mehr hineinzupassen, seinen Platz nicht zu finden bzw. nicht behaupten zu können. So entstehen zum Beispiel auch Fluchtbewegungen, in Drogen, in Sekten, in vermeintlich heiles Leben".

Starke Zivilgesellschaft. Neue Mittelschichten und weitere Probleme der 'Zwei-Drittel-Gesellschaft'

Offenbar erzeugt der Sozialstaat eine Reihe von paradoxen Folgewirkungen: soziale Nöte nicht trotz, sondern wegen hoher Produktivität und hohem Wohlstandsniveau. Die Mehrheit der Bevölkerung in der K-Gesellschaft wird von den neuen Mittelschichten von Arbeitnehmern gebildet, in technischen oder kaufmännischen Berufen ebenso wie in kulturellen und sozialen Berufen. Von ihnen kommen die treibenden Impulse der gesellschaftlichen Entwicklung. Durch ihre Zahl und das Gewicht ihres Votums bestimmen sie, was als "sozial" und als eine

"Politik der Mitte" gilt. Dies wird immer eine Politik in ihrem Interesse und zu ihren Gunsten sein. Dadurch, daß die K-Gesellschaft eine Mittelschichts-Gesellschaft ist, besteht ein fortwährender Zielkonflikt zwischen einer Politik zugunsten der Mehrheit der Mittelschichten und einer Kleine-Leute-Politik zugunsten der beträchtlichen Minderheiten. "Spaltung oder Integration" lautet in diesem Sinne das Grundszenario der K-Gesellschaft.

Der Wohlstand in den Mittelschichten ist massenhaft *und* sehr differenziert (weder entlang der Hierarchie "nivelliert" noch einheitlich "vermasst"). Der Differenzierung der Milieus entspricht eine Pluralisierung der Lebenslagen und eine individuelle Distinktion der Lebensstile. Sie variieren nicht nur mit dem beruflichen Milieu, sondern auch mit dem Alter und anderen Bestimmungen der persönlichen sozialen Lage. Hierbei werden Ansprüche auf Partizipation, Kontrolle über das eigene Leben, "sich ausleben", "Selbstverwirklichung" u.a. zu bestimmenden Oberzielen des Lebens.

Die Familie unterliegt in diesem Zusammenhang weiteren Funktions- und Formwandlungen. Neuartige, quasi artefaktische soziale Netze bilden sich, neue intermediäre Institutionen u.v.a. Die gemeinschaftlichen Binde- und Fliehkräfte ordnen sich neu. Die Individualität der Menschen wird in bisher ungekanntem Maß freigesetzt. Aber wiederum bedeutet diese bislang unerhörte Freiheit in der K-Gesellschaft eher Bürde denn Lust, eher Ergreifens- und Bewährungszwang denn unbeschwertes Loslassen.

Hier liegt eines der größten und bisher weitgehend verkannten Probleme der K-Gesellschaft. Im Bereich der Technik hat man längst erkannt, daß mit den neuen Chancen auch neue Risiken entstehen. An der verantwortlichen Lebensgestaltung ist dies bisher vielfach noch vorbeigegangen. In ihren Gemeinschaftsvorstellungen leben die Menschen noch immer weitgehend in der Welt des Paternalismus und traditionaler Familienbande. So glaubt man zum Beispiel, lebensspendende soziale Beziehungen seien "einfach da". Man hat noch nicht genügend gelernt, daß die bewußte und systematische Kultivierung und Pflege sozialer Beziehungen zum curriculum vitae des modernen Menschen gehört. Dies gilt umso mehr, als mit zunehmender Differenzierung der sozialen Verhältnisse und zunehmender individueller Distinktion der Menschen, es nicht etwa einfacher, sondern unvergleichlich schwieriger wird, tragfähige Partnerschaften zu begründen und zu erhalten.

Ebenso ist der aktuelle Selbstverwirklichungs-Mythos in naiver Weise auf gesteigerte Leben*schancen* fixiert - und verkennt dabei die gleichermaßen gesteigerten *Risiken*, sein Leben zu "verpfuschen" und existenziell zu scheitern. Dies fällt umso mehr ins Gewicht, als die Kommunikationsgesellschaft eben eine Hochleistungsgesellschaft ist. Unrealistische Erwartungen und Ansprüche im Hochleistungswettbewerb führen unweigerlich zu Zusammenbrüchen vielfältigster Art.

Die Fähigkeit, sein eigenes Leben nicht nur zu beanspruchen, sondern es auch praktisch zu verantworten und die Konsequenzen in vollem Bewußtsein auf sich zu nehmen, scheint heute im allgemeinen eher unterentwickelt zu sein. Man erwartet vom Staat und der Politik, ersatzweise auch vom Arbeitgeber oder der Gewerkschaft, Glückseligkeitsdienste, die diese nicht erbringen können. Im Prinzip sinnvolle Einrichtungen des Sozialstaats werden dadurch unter Umständen in beträchtlichem Maße zweckentfremdet durch ein Verhalten, das sich Lebenschancen privat anzueignen sucht, die Kosten und Folgekosten dafür jedoch per Umlage auf die Allgemeinheit abzuwälzen trachtet. Der allgemeine Versuch einer "Externalisierung von Kosten" herrscht in Sozio-Ökonomischen nicht weniger als im Ökologischen.

Je weniger die hiermit angerissenen Probleme erkannt bzw. anerkannt werden, umso mehr wird sich die K-Gesellschaft für absehbare Zeit als Zwei-Drittel-Gesellschaft entwickeln. Die neue "Selbständigkeit" der Mehrheit der Arbeitnehmer-Mittelschichten geht mit einer neuen Randständigkeit von Sondergruppen einher, der neue Wohlstand der meisten mit einer neuen Armut oder anderweitigem Elend von anderen. Von den 320 Millionen Einwohnern der EG-Länder leben 44 Millionen - etwa ein Siebtel - offiziell in Armut[164]. Dem verschärften Wettbewerb zwischen den Menschen um Lebenschancen fehlt die Bändigung und Balance durch eine vertiefte Solidarität im Hinblick auf ihre Verantwortungen und Verpflichtungen. Der Mehrheit der starken Hochleistungs-Individuen stehen Minderheiten von Versagern, von Benachteiligten und zu kurz Gekommenen, Zurückgebliebenen und Draußengebliebenen gegenüber.

Es sind in erster Linie die Menschen in der Gesellschaft selbst, weniger Politik und Staat, die Wesentliches zur Lösung dieser Probleme beizutragen vermögen. Es bedürfte von Seiten der Bevölkerung weniger eines vom Lustprinzip inspirierten Meinungswandels als vielmehr eines am Realitätsprinzip orientierten Willenswandels: voll haftende Verantwortungsethik statt billiger Gesinnungsethik. Ein solcher Willenswandel zugunsten verstärkter Eigenverantwortung würde einen gewissen Funktionswandel der repräsentativen Demokratie und einen gewissen Formwandel des Sozialstaats nach ziehen. Die zivilgesellschaftliche Komponente würde gegenüber der staatlichen erheblich an Gewicht gewinnen. Diesbezügliche Policy-Perspektiven - jenseits von "Reagonomics" und "Thatcherismus", die ideologische Rückfälle in kruden Nationalliberalismus darstellen - fehlen jedoch weitgehend, zu schweigen vom politischen Willen. Die Thematisierung des Problems wird noch als Angriff auf früher einmal erzielte soziale Fortschritte fehlwahrgenommen.

Aufgrund der Steuerungsproblematik, der Problematik der "Unregierbarkeit" und Erfordernissen einer effektiveren Selbstorganisation, wird die Zukunft der Demokratie in der K-Gesellschaft darauf ausgerichtet sein müssen, staatliche Tutele zu minimieren und stattdessen die verantwortliche Stellung der Staatsbürger selbst, zivilgesellschaftliche Komponente, erheblich zu stärken. Dirigistischer Interventionismus

---

164 Vgl. Room/Henningsen 1990

wird damit abnehmen, Kontextsteuerung durch den Staat zunehmen. Anders wird ein Staat in einem Umfeld hoher Komplexität weder funktionieren noch menschlich sein.

Das Selbstverständnis des Gesetzgebers wird dabei seinen Schwerpunkt vom Ordnungsrecht zum Zivilrecht verlagern. Die Verantwortlichkeit, Zuständigkeit und Haftbarkeit von Personen und Unternehmen mit ihrem Ansehen und Prestige, ihrem Geld und ihrer staatsbürgerlichen Freiheit wird infolgedessen zunehmen, die vermeintliche Verantwortungs-Entlastung des einzelnen durch Bürokratie im Gegenzug abnehmen. Geschähe dies langfristig nicht, müßte die Demokratie in eine Art von Neocäsarismus münden. Der Staat der K-Gesellschaft würde - nicht trotz, sondern aufgrund einer Vielzahl von Schutz- und Ordnungsgesetzen - dem Gespenst des "Großen Bruders" doch noch näher kommen.

Technikdialog und Risikokommunikation

Das Medium, in dem eine selbstorganisierende Entwicklung der K-Gesellschaft gedeiht, besteht in einer entfalteten Diskurskultur durch vielfältige Kanäle und mithilfe einer Vielzahl von akteurspezifischen Verfahren. Abverlangt ist der Politik in diesem Diskurs keine missionarische Parteinahme für Visionen, die den einen als Verheißung und anderen als Bedrohung erscheinen mögen. Benötigt wird vielmehr Moderationsvermögen mit Kompetenz und Stil, auf der Grundlage strategischer Weitsicht und optionaler Prioritäten, im Sinne eines politischen Realismus auf verantwortungsethischem Fundament.

Ein aktuelles Feld, auf dem das öffentliche Diskurs- und Konsensvermögen in den zurückliegenden Jahren in besonderer Weise erprobt wurde, stellen die Technikdebatten dar. Sie sind durch die neuen sozialen Bewegungen zum Umweltschutz, zur Atomkraft, zur Gentechnik, zu Automobil und Verkehr u.a. in Gang gebracht und bisher auch in Gang gehalten worden. Es liegt in der Natur der Sache, daß man am Beginn von neuen Entwicklungen weniger mit Erfahrungen, als mehr mit Erwartungen operiert. Solche Erwartungen tendieren dazu, sich zu polarisieren (Technik als "Fluch oder Segen"). Im Technikdialog schlägt sich dies in kontrastierenden Szenarien der Verheißung und Bedrohung nieder. Die Verheißungen und Bedrohungen der Informationsgesellschaft wurden besonders in den 70er und 80er Jahren formuliert. Im Anhang sind die damaligen Erwartungen zu einem kontrastierenden Szenario zusammengefaßt.

Durch praktische Erfahrungen mit den neuen IuK-Technologien unterliegen die ursprünglichen abstrakten Erwartungen inzwischen spürbaren Änderungen. Dies entspricht einem allgemeinen Befund der empirischen Sozialforschung, der sogenannten "Angstlücke". Diese "Angstlücke" ist eine doppelte. Zum einen werden altbekannte und gewohnte Risiken (Sprengstoff, Autofahren) weniger stark gewichtet als neue (Bildschirmarbeit). Zum anderen werden sinnlich nicht direkt wahrnehmbare Risiken (Radioaktivität, Mikrowellen, elektrische Felder, Asbest) erheblich stärker bewertet als solche, die man unmittelbar selbst wahrnehmen kann (Rauchen). Es ist sehr interessant, sich hierzu die Verteilung von Risiko-Wahrnehmungen in Abb. 62 vor Augen zu führen. Geschehnisse im erlebbaren Nahbereich werden überwiegend positiv und konstruktiv verarbeitet, selbst wenn sie faktisch problematisch sind, während Entwicklungen in abstrakten Fernbereichen negativ eingestuft werden. Anders gesagt, "die Automation" und "die IuK-Technik" beunruhigen, aber der konkrete Computer oder die NC-Maschinen am eigenen Arbeitsplatz werden als etwas "ganz anderes", als positive Bereicherung angesehen[165].

> "Die Bevölkerung hat ein schizophrenes Verhältnis zur Technik. Im persönlichen Bereich Lust und Liebe (CD-Player, schnelle Autos, Haushaltsgeräte), bei großtechnischen Anlagen aber, die schlecht durchschaubar sind, herrschen Ängste und Vorbehalte vor".

> "Die Technikakzeptanz ist viel größer als uns eingeredet wird. Technikfeindlichkeit gibt es nicht. Es ist ja schon fast erschreckend, wie begeistert Kinder und Jugendliche mit Computern umgehen".

---

[165] Dazu Becker 1984, 352ff.

Abb. 62 : Wahrnehmung von Risiken

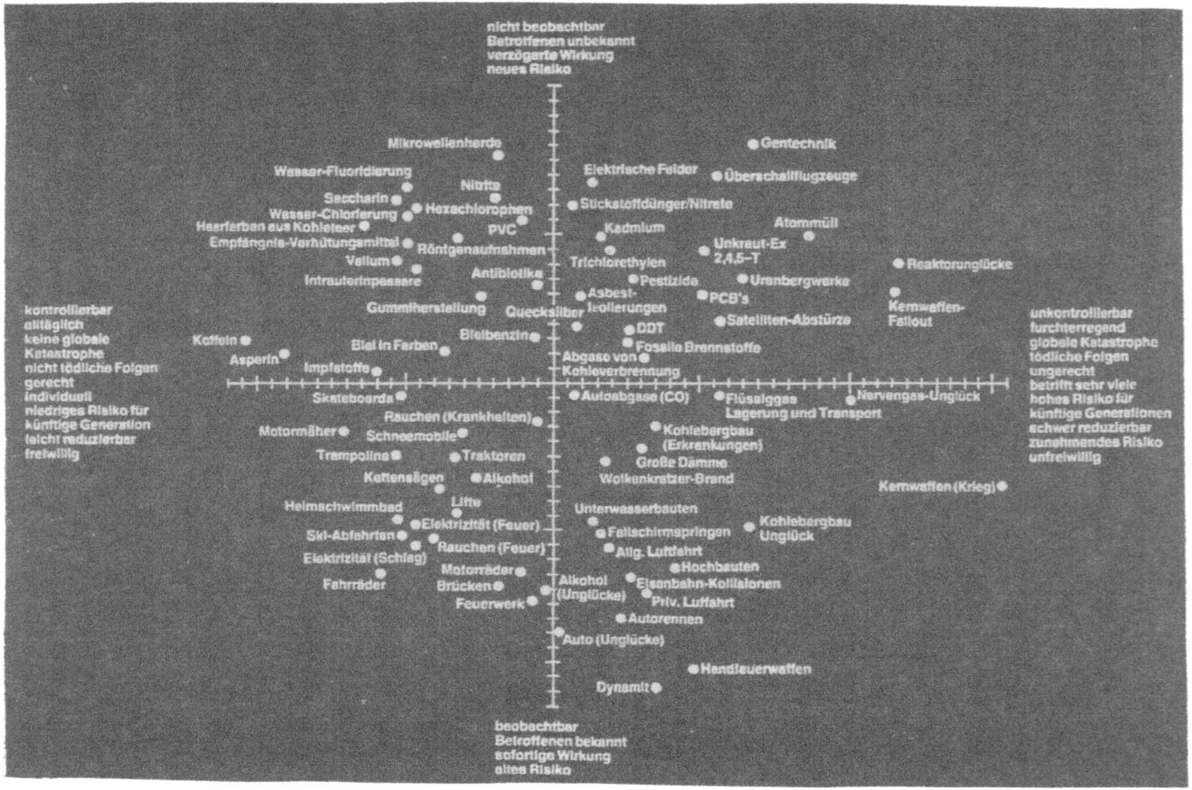

Quelle: Science, Vol. 236, 1987, 282

"Diese Diskussionen nehmen jetzt stark ab. Eventuell gibt es sie noch bei Studenten. Die technische Entwicklung wird jetzt wieder positiver gesehen. Der Unterschied ist nur, daß jetzt alles umweltverträglich sein muß. Technikfeindlichkeit im eigentlichen Sinn hat es meines Erachtens nie wirklich gegeben. Wenn schon, liegt das Problem in Technik-Unerfahrenheit. Aber es gibt auch kein großes Interesse für Technik, keine Technikbegeisterung. Für uns *ist* das bereits negativ, wenn sie im Vergleich dazu einmal an die Technik-Begeisterung der Japaner und Amerikaner denken".

"Die Akzeptanz wächst durch ständiges Arbeiten mit Technik. Vor allen Dingen bei der Jugend kann man das beobachten".

"Am Anfang ist da immer Skepsis, und das ist auch richtig und vernünftig. Wenn man mit Technik umgeht, reduzieren sich auch Ängste. Fernsehen und Telefonieren macht heute jeder. Voraussetzung ist aber wieder Lernfähigkeit und Lernbereitschaft".

"Bei den Computern und überhaupt der IuK-Technik ist die Akzeptanz besser geworden, maßgeblich gefördert durch die Ausbreitung der PC. Die Akzeptanz wird auch noch größer werden. Bei der Kernkraft, der Chemie, der Gentechnik müssen die Verantwortlichen der Branchen klar machen, zu was ihre Tätigkeit eigentlich notwendig ist. Sonst wird sich die Akzeptanz nicht wesentlich erhöhen. Eine größere Transparenz ist dazu notwendig".

Bis auf das letztgenannte Statement, das kommunikativ über sich hinausweist, implizieren Aussagen wie die zitierten die Vorstellung, Techniken und Produkte seien zu einem bestimmten Zeitpunkt "da", und die Frage sei dann, ob die Leute sie annehmen oder nicht. Diese Haltung entspricht der Akzeptanz-Forschung der 70er Jahre, und dieser Haltung entsprechen auch die herstellerzentrierten Verkaufs- und Werbestrategien jener Zeit und davor. Inzwischen hat man erkannt, daß diese Vorstellung unangemessen ist, ebenso wie die Handlungsstrategien, die darauf gründen. In Wirklichkeit steht die Entwicklung und Verbreitung von Produkten in vielfach vermaschten Rückkopplungs-Schleifen.

Die Antwort darauf ist nicht Agitation und Propaganda, Werbung als Reklameschlacht, sondern, wie sich diese Dinge längst auf dem Weg befinden: Produktkommunikation, Unternehmenskommunikation, Technikdialog, Risikodialog, ökologischer Diskurs. Man kann auf Dauer nicht mit zu vielen Täuschungen leben. Andernfalls kommt es unter der Häufung von Enttäuschungen zu Kommunikationszusammenbrüchen - was für die Industrie und ihre Gesellschaft gewaltige Verluste bedeutet. Technik- und Produktentwickler zum einen, Anwender bzw. Verbraucher zum anderen, sowie beide als Teil und im Kontext einer weiteren Öffentlichkeit, haben auf Dauer überhaupt keine andere Wahl, als Glaubwürdigkeit durch eine argumentative Darlegung ihrer Motive und Zwänge zu gewinnen, und Vertrauen aufgrund guter Erfahrungen und gegenseitiger Kenntnis zu erwerben. Man kann nicht Technik und Produkte demokratisch erfinden. Aber man kann Technik- und Produktentwicklung demokratisch diskutieren und ihrer Weiterentwicklung durch Vorgabe verschiedenster Rahmenbedingungen kontextual steuern.

Wiederum zwei Drittel der von uns Befragten äußern sich in diesem Sinne. Das Bemerkenswerte daran ist, daß bisher als unvereinbar angesehene Positionen - die Position der technischen Experten und die der kritischen Öffentlichkeit - im Rahmen einer solchen systemisch-evolutiven Sicht *beide* ihren relativen Stellenwert erhalten:

> "Technischer Fortschritt ist eine Sache der Experten. Sie können ja über's Ohm'sche Gesetz nicht abstimmen lassen".

> "Man kann nicht mit Unwissenden über Technik abstimmen. Über die Wirkungen kann man diskutieren, sicherlich, Transparenz ist wichtig. Außerdem, man befindet sich ja fast immer in einer Wettbewerbssituation. Da kann man nicht alles an die große Glocke hängen".

> "Technische Entwicklung ist eine Sache der Experten, wobei die Entscheidungen aber im Konsens fallen müssen. Demokratische Entscheidungsprozesse sind für die heutigen schnellen Innovationszyklen zu langsam".

> "Technischer Fortschritt ist Teil der gesellschaftlichen Entwicklung. Das läuft aber nicht sehr demokratisch ab. Zunächst ist die Erfindung Sache einzelner. Die weitere Entwicklung ist dann eher ein kalkulierter Fortschritt, der von wenigen forciert und gesteuert wird. Der Staat spielt da auch seine Rolle. Fördertöpfe werden auf- und wieder zugemacht. Der Staat kann eine Menge an Fortschritt herauskitzeln, wenn er es gut macht".

> "Technische Entwicklung wird im wesentlichen in Form eines Dialogs unter Fachleuten vorangetrieben. Solange die Fachleute sich am Anwender, am Kunden orientieren, kann eigentlich nicht viel schiefgehen. Das Problem ist aber, daß die Anwender oft überhaupt nicht wirklich wissen, was sie wollen, es ja gar nicht wissen können, weil die Anwendererfahrung ja erst gemacht werden kann, wenn die Technik schon da ist, nicht umgekehrt. Man muß in diesen Fragen viel kybernetischer denken".

"Es gibt Gestaltungsmöglichkeiten in dem Sinne, wie z.B. in Österreich durch das Referendum über Zwentendorf die nationale Weiterentwicklung der Atomtechnik dort unterbunden wurde. Aber das war erst eine nachträglich mögliche Intervention, wie man überhaupt einen Kraftwerks- oder Flughafenstandort oder ein gentechnisches Pflanzenversuchsfeld erst besetzen kann, wenn die schon da sind. Also die eigentliche Entwicklung im engeren Sinn, das machen die Experten alleine und unter sich, und in diesem Sinne ist das auch nicht demokratisch gestaltbar. Allenfalls eben Randbedingungen - und da kann es natürlich sehr viel ausmachen, ob man für bestimmte Forschungsrichtungen den Geldhahn auf- oder zudreht".

"Techniklenkung über Gremien ist ziemlich aussichtslos. Gremien vermögen dazu überhaupt nichts Vernünftiges beizutragen. Über Technikfolgen dagegen kann man debattieren".

"Der demokratische Staat hat hier schon einen Gestaltungsauftrag. Natürlich kann man technische Entwicklungen nicht von Staats wegen vorausbestimmen. Aber man kann doch vielerlei Weichenstellungen zugunsten oder eben auch zuungunsten bestimmter technologischer Entwicklungspfade vornehmen".

"Ich glaube, Technology Assessment ist ein Auslaufmodell. Die Zukunft gehört der Risk Communication, als einer öffentlichen Auseinandersetzung zwischen Forschern, Entwicklern, Herstellern, Verbrauchern, allen möglichen Gruppen und Parteien - eine Auseinandersetzung, die gut moderiert werden muß. Darin sehe ich eine Aufgabe der Politik, aber es ist auch eine eigene Aufgabe der Unternehmen, der Medien, auch der Schulen. Es ist eine Aufgabe für alle".

Mit dem Übergang von der einseitigen Akzeptanz-Frage zum wechselseitigen Risikodialog wird die Frage der Technikentwicklung nunmehr selbst in systemisch-evolutiver Perspektive reformuliert. Man hat erkannt, daß die Einstellungen zu Fortschritt, Technik, Industrie, Natur, Gemeinschaft u.a. kein fixes oder linear wachsendes Kulturinventar darstellen. Sie unterliegen selbst kulturellen Fluktuationen, Zyklen des Zeitgeistes von unterschiedlicher Reichweite. Durch längere Zeitreihen der Demoskopie ist zum Beispiel belegt, wie die Zahl der Technikoptimisten bis Mitte der 60er Jahre auf drei Viertel der Bevölkerung angestiegen war, um dann bis Anfang der 80er Jahre gegenüber dem wachsenden Gros der Technikskeptiker und Fortschrittspessimisten auf unter ein Drittel abzusinken[166]. Seither - ziemlich genau seit 1982/83, wie verschiedene Erhebungen nahelegen - ist wieder eine Wende in die Gegenrichtung in Gang gekommen. Besonders die jüngeren Generationen denken erneut technikfreundlicher. Quer durch alle Generationen

---

166 Vielfach veröffentlicht durch das Institut für Demoskopie Allensbach, u.a. in Becker 1984

und Geschlechter hat zum Beispiel die Zahl der Computerbefürworter, die bis 1983 auf 36 Prozent gesunken war, bis 1989 auf 54 Prozent zugelegt - bei den Männern weiterhin mehr als bei den Frauen (62 im Vergleich zu 48 Prozent)[167].

Zugleich hängt die Wahrnehmung von Chancen und Risiken der Technik eng mit Unterschieden zwischen und innerhalb von Kulturen zusammen. Warum empfinden Menschen in bestimmten sozialen Milieus Raketen als beunruhigende aggressive Bedrohung, und Menschen in anderen Milieus dieselben Raketen als beruhigenden Schutz vor Aggression? Warum gelten einige Tausend Drogentote als untragbar, aber noch viel mehr Autotote als ein zwar trauriger aber tragbarer Preis der Freiheit? Warum beteiligen sich Raucher an Asbest-Kampagnen, wo doch das Krebsrisiko durch Rauchen unvergleichlich höher liegt als durch Asbest? Warum neigt man bei radioaktiven Strahlengefahren zu Übertreibung, bei Strahlengefahren durch Sonnenbaden zur Vernachlässigung? Warum haben Amerikaner eine manische Ansteckungsangst vor Bazillen und Viren, Deutsche eine ebenso manische Erkältungsangst durch Zugluft im Büro oder in der Eisenbahn? Solche eklatant unterschiedlichen Technik- und Risikobewertungen sind überhaupt nicht anders verstehbar als durch kulturelle Unterschiedlichkeiten vielfältigster Art[168]. Dieser Pluralismus muß sich kommunikativ artikulieren, damit seine Träger sich in den Gang des Ganzen aktiv einbinden können.

---

[167] Studie des Sample-Institut im Auftrag von IBM Deutschland; iwd Nr.3, 18.1.1990, 7
[168] Vgl. Jann 1986, 368ff.

Freiheitlich-demokratischer Grundkonsens

Angesichts der Weite und Vielfalt der Differenzen in der Gesellschaft ist es ist völlig ausgeschlossen, zu einer einheitlichen Meinungs- und Willensbildung kommen zu können. Infolgedessen erlangen allgemein akzeptierte Verfahren der Entscheidungsfindung, institutionelle Verhandlungsformen, prozedurale Usancen, größte Bedeutung. Sie gewährleisten Handlungsfähigkeit trotz pluralistisch divergenter Interessens-, Meinungs- und Willensvielfalt. Demgegenüber werden Ideen substanzieller Demokratie ("so lange diskutieren, bis alle einer Meinung sind") oder direkter Demokratie ("unmittelbare Kontrolle der Basis") immer illusorischer und mit zunehmender Systemkomplexität auch auf gefährliche Weise irreführend. Erfahrungsgemäß enden Ideen substanzieller und direkter Demokratie in doktrinärer Unduldsamkeit - in sektiererischem Extremismus, solange sie erfolglos bleiben, in Totalitarismus, sobald sie Resonanz finden.

Politische Einheitslehren sind in Wirklichkeit unpolitische Ersatzreligionen. Politik ist die Kunst des Möglichen, und Einheit ist in der modernen Gesellschaft unmöglich. Stattdessen kommt es darauf an, sich in der Vielfalt praktisch auszukennen, viel über sie zu wissen, und sie auch ein großes Stück weit anzuerkennen. Dazu braucht man unter anderem ein breites soziales Rollen-Repertoire, Verhaltensflexibilität, geistige Beweglichkeit, Code-Switching als der Fähigkeit, in mehrerlei Sprachen, Idiomen, Begriffswelten und Milieus zu denken und zu sprechen, und deren verschiedene Sprachspiele und Verhaltensmuster aufeinander zu übertragen. Der weltgewandte Zeitgenosse hat - bildhaft gesprochen - etliche Arten von Kleidern im Schrank hängen. Deshalb besteht das große Charakterproblem der K-Gesellschaft auch nicht mehr im Autoritarismus, sondern im Opportunismus. Man wechselt sich nach Bedarf. Das Verhaltenskriterium wird nicht mehr in Wahrheit und Falschheit gesucht, sondern darin, was "in" und was "out" ist.

Das Problem des sprichwörtlichen 'Fachidioten' liegt dagegen darin, zu einer angemessenen Denk- und Verhaltensflexibilität unfähig zu sein. Der 'Fachidiot' besitzt ein restringiertes Sprachvermögen und ein minimales Verhaltensrepertoire. Alles, was sich seiner kleinen Welt nicht fügt, verunsichert und beunruhigt ihn. Er reagiert irrational, verweigert sich, wird ausfällig. Kommunikation und Kooperation brechen zusammen. Daß der 'Fachidiot' heute eine durchaus verbreitete Erscheinung darstellt, gehört zu den Problemen der sich bildenden K-Gesellschaft. 'Fachidiot' ist dabei auch im übertragenen Sinn zu verstehen: Die Menschen können sich heute Weltreisen leisten und viele Länder kennenlernen, Weltbürger aber sind sie weniger denn je. Räumlich gesehen gibt es in den A-Ländern keine wirkliche Provinz mehr, dafür nimmt die subkulturelle Provinzialisierung beängstigende Ausmaße an. Die Menschen kennen wenig außerhalb ihrer Bezugsmilieus. Die Ingenieure verstehen die Sozialpädagogen nicht, die Pastoren schütteln über die Kaufleute den Kopf, der Bürger mit seinem Problem versteht den Beamten mit seinen Rechtsgrundlagen nicht, die Manager ärgern sich über die Journalisten, die Bauern über die Politiker, nur die Lehrer pflegen es traditionell besser zu wissen. Kaum einer versteht den anderen, weil er kaum eine Ahnung davon hat, wie es im Leben des anderen wirklich zugeht.

Auch zwischen den Generationen wächst die subkulturelle Kluft. Zusammen mit ihren Rockstars fühlen sich "Teenies" als Teil einer Weltkultur und sind dabei doch nur Mitglied einer sozusagen hinterwäldlerischen Altersklassen-Provinz, in der es unmöglich ist, sich ein angemessenes Bild davon zu machen, was in der Welt jenseits des eigenen engen Bezugsmilieus vor sich geht. Schnittstellen und Transfers zwischen den verschiedenen, von Provinzialität bedrohten Subkulturen zu schaffen, insbesondere zwischen Altersmilieus und Berufsmilieus, gehört zu den großen gesellschaftspolitischen Aufgaben der K-Gesellschaft. Würde diese Aufgabe nicht angemessen bearbeitet, müßten die zentrifugalen Kräfte die Oberhand gewinnen. Der Grundkonsens, der die pluralistische Gesellschaft bisher trägt, ginge unwiederbringlich verloren.

Unter Demokratie wird in der Bevölkerung erfahrungsgemäß recht Unterschiedliches verstanden - Hide-Park-Corner oder Sozialversicherung und Wohlstand für alle, Parlamentarismus und Mitbestimmung, Wahlscheine ausfüllen oder kostenloser Schul- und Hochschulbesuch, über Politiker öffentlich schlecht reden dürfen, vor Gericht gehen können, das Recht auf bezahlte Arbeit (Vollbeschäftigung) und das Recht auf garantiertes Einkommen, Besitzstände gewahrt sehen wollen oder sie umverteilen wollen. Das politische Kernthema der K-Gesellschaft liegt deshalb über die Formen der *Demokratie* hinaus mehr noch in der unbedingt erforderlichen Existenz eines *freiheitlichen Rechtsstaats*. Es kommt darauf an, daß die Menschenrechte intakt bleiben, die Bürgerrechte und die Institutionen des freiheitlichen Rechtsstaats, etwa so, wie sie im Grundgesetz der Bundesrepublik formuliert sind[169].

Wir fragten die Teilnehmer an unserer Umfrage nach der Zukunft des demokratischen Grundkonsens, verstanden als gemeinsamer Bezug auf die Spielregeln der Verfassung, als Wille, die Institutionen des freiheitlichen Rechtsstaats zu erhalten, als Bereitschaft, bestehende Gesetze loyal zu erfüllen, und nicht, sich darüber hinwegzusetzen, sobald es um die eigenen Interessen geht. Fast alle Gesprächspartner waren der Auffassung, daß dieser Grundkonsens heute fest und stabil sei. Drei Viertel äußerten darüber hinaus die Erwartung, daß dies auch künftig so bleiben werde, trotz einer Reihe absehbarer Krisen und Belastungsproben. Als solche wurden vor allem drei genannt: erstens die Kluft zwischen den neuen und den alten Ländern in der Bundesrepublik, auch die problematische Ost-Integration auf gesamteuropäischer Ebene; zweitens die Integration von Zuwanderern aus dem Osten; drittens die soziale Abspaltung beträchtlicher Minderheiten infolge der Herausbildung der hochleistungsbetonten Zwei-Drittel-Gesellschaft. Trotz dieser Probleme äußerte sich nur ein Viertel der Befragten skeptisch bis pessimistisch über die Zukunft des demokratischen Grundkonsens.

---

169 Vgl. zu dieser Thematik Bobbio 1988

"Im Westen herrscht, einschließlich der Grünen, ein unheimlich breiter Konsens, der noch manches aushält. Homogene Lebensverhältnisse sind gut für den Konsens. Je mehr die Lebensverhältnisse auseinander driften, umso schwieriger wird es. Deshalb stellt sich die Frage für die ehemalige DDR sicherlich gesondert. Wenn die Ost-West-Spannungen zunehmen, könnte es in der DDR einen echten Rechtsradikalismus geben, wegen der Benachteiligung, wegen Neid usw. Aber auf längere Sicht erwarte ich, daß sich das angleicht".

"Da bin ich optimistisch. Ich glaube, daß auch bei härteren Verteilungskämpfen die Demokratie doch noch einiges aushält".

"Ich sehe keine Gefahren für den Grundkonsens. Wir sind doch auch bisher mit radikalen Parteien ganz gut auf demokratische Weise fertig geworden".

"Deutschland kann in ziemliche Spannungen geraten. Einmal wegen der Abdrift der ehemaligen DDR und dem Chaos im Osten. Zum anderen wegen der Zwei-Drittel-Gesellschaft. Aber ich glaube, die Bindung an freiheitlich-demokratische Grundprinzipien würde heute auch einer Radikalisierung der politischen Auseinandersetzung standhalten. Ich glaube auch nicht, daß in Deutschland faschistische Tendenzen wirklich noch einmal Platz greifen. Also, ja, ich glaube, Deutschland ist inzwischen doch politisch ziemlich stabil".

"Der Grundkonsens wird eindeutig stärker. Der ist heute tief verwurzelt, gerade auch in der Wirtschaft. Von den Vorständen und Aufsichtsräten, der Mitbestimmung, den Betriebsräten, und all den Gremien und Arbeitgruppen, das geht alles sehr demokratisch und korrekt zu".

"Der Konsens wird schwächer. Wenn Lambsdorff Steuern hinterziehen darf, wieso soll dann der Normalbürger Steuerehrlichkeit praktizieren? All die Skandale, von Barschel bis Späth, wo soll da noch Vertrauen herkommen?"

"Der Konsens wird stärker und schwächer zugleich. Mir scheint auch beides sinnvoll. Wenn es z.B. um Treue zu Umweltgesetzen geht, wird er immer stärker. Der Gesetzgeber läuft da zum Teil längst dem hinterher, was die Wirtschaft von sich aus vormacht, z.B. in der Galvanik, der Oberflächentechnik, beim FCKW-Ausstieg.

Dagegen finde ich es durchaus vertretbar, wenn die Wirtschaft bestimmten Publizitätspflichten nicht nachkommt i.S. einer wohlbegründeten begrenzten Regelverletzung. Das sind Bestimmungen, die haben sich Theoretiker in Brüssel ausgedacht, und würde man sich daran halten, würde das den ganzen Mittelstand erheblich in Bedrängnis bringen".

"In Westeuropa ist das sehr gefestigt. Aber ich vermag keine Prognose abzugeben, wie sich das in Krisenzeiten entwickeln würde".

"Wir leben heute in einer Weltgemeinschaft mit Konflikten arm gegen reich, Christentum gegen Islam u.ä. Da muß sich erst noch ein Grundkonsens zwischen den Nationen herausbilden. Das sind viel größere Konfliktfelder".

"Ob der Konsens grundsätzlich in die Brüche geht, hängt wesentlich von der wirtschaftlichen Entwicklung ab. Unklar ist, was bei einer etwaigen Weltwirtschaftskrise passiert, oder wenn die wirtschaftlichen Probleme in Osteuropa so groß werden, daß große Aussiedlerströme auf uns zukommen. Die Situation ist eben nicht so stabil wie wir gerne glauben".

"Ich befürchte, daß von einem Grundkonsens gar nicht geredet werden kann. Solange wir Zuwächse haben, solange wird's auch funktionieren. In Großbritannien oder den USA sehe ich aber, daß man durch Zwei-Drittel-Gesellschaften ganz andere Prozesse auslösen kann. Die Zusammenballung von Macht bei den Unternehmen wird auch zu einer Entmachtung der Gewerkschaften führen und somit Ungleichgewichte entstehen lassen. Insgesamt sehe ich im Moment, daß wir uns eher auf die USA oder auf Japan zubewegen als die auf unsere Seite".

"Wichtig für den Konsens ist, daß die Menschen miteinander reden und sich verstehen und akzeptieren lernen. Man muß so offen sein, daß man Vertrauen hat und genau weiß, wo der andere steht. Wir dürfen dabei nicht immer nur Funktionäre aufeinander loslassen".

SCHLESWIG-HOLSTEIN

Die uns gegenüber gemachten Aussagen zum Themenkomplex kommunikative Kompetenz, Diskurs- und Konsensfähigkeit bezogen sich durchweg auf die Bundesrepublik im allgemeinen. Zwischen Schleswig-Holstein und anderen Teilen Deutschlands werden offenbar keine relevanten Unterschiede gesehen. Dies gilt insbesondere für das Verhältnis der Sozialpartner. Man kann deshalb davon ausgehen, daß es um die Existenz dieser K-Faktoren in Schleswig-Holstein genauso bestellt ist wie im übrigen Land: im wesentlichen gut.

Anhaltspunkte für Besonderheiten ergaben sich in zweifacher Hinsicht. Zwar dürfte es sich auch in diesen Fällen um allgemein deutsche Phänomene handeln, jedoch wurden sie nur spezifisch über Schleswig-Holstein geäußert. Es handelt sich um die Ausprägung des freiheitlich-demokratischen Grundkonsens als faktischer "Großer Koalition", und um Fragen der Mentalität und des Führungsstils.

Zum freiheitlich-demokratischen Grundkonsens wurde gesagt:

"Schleswig-Holstein ist da ja fast ein Paradies. Eine echte Zerreißprobe hat es hier nie gegeben. Nein, auch die Barschel-Geschichte nicht. Jenseits des parlamentarischen Rituals gibt es hier auf die Interessen des Landes bezogen faktisch eine Art von 'großer Koalition'. Faktisch wohlgemerkt. Das würde so natürlich keiner sagen. Rhetorisch wirft man dem anderen immer vor, er würde vom Konsens der Demokraten abweichen, die Interessen des Landes verraten und so, aber wenn's soweit ist, entscheiden sie doch alle ziemlich gleich".

Sinngemäß ähnliche Statements wurden über die Sozialpartner abgegeben.

Der andere Hinweis betrifft kulturelle Unterschiede im Verhältnis zu den dänischen Nachbarn, genauer gesagt, einen unterschiedlichen Grad an Fortgeschrittenheit beim Wandel vom Mitglied der alten Industriegesellschaft zum Mitglied der K-Gesellschaft.

"Perspektivisch muß das auf mehr Mitverantwortung, mehr Teamverantwortung, auf mehr Eigenverantwortung hinauslaufen. Neue Tendenzen sind da noch sehr unterentwickelt, und das wird wohl noch länger so bleiben. Die Dänen haben da schon einen ganz anderen Stil. Wenn dänische Firmen hier eine Niederlassung aufmachen, kriegen die einen Kulturschock. Die dänische Firmenleitung kommt mit den unselbständigen deutschen Mitarbeitern nicht zurecht, und die deutschen Mitarbeiter klagen, sie bekämen von den Dänen keine klaren Anweisungen".

Es sollte jedoch betont werden, daß diese Anhaltspunkte zu vereinzelt waren, um allgemeinere Aussagen darauf zu gründen.

Dagegen kann mit einiger Zuverlässigkeit etwas zum Beitrag der Medien zum öffentlichen Diskurs in Schleswig-Holstein gesagt werden. Die Meinungen hierüber gehen ungewöhnlich weit auseinander. Schleswig-Holstein selbst besitzt als Medienstandort kein Image außerhalb Schleswig-Holsteins. Durchweg wird eine Dominanz durch den Medienstandort Hamburg konstatiert. Teilweise wird heftig über geringes Niveau und Provinzialität der Medien geklagt. Etwa zur Hälfte jedoch wird das Angebot, besonders von Schleswig-Holsteinern selbst, als zufriedenstellend beurteit, wobei auch hier eine Art Große-Koalition-Syndrom erkennbar wird.

"Als Medienplatz befinden wir uns im Vergleich zu Hamburg, Berlin oder Düsseldorf in einer Randlage, ohne Metropole, in einem abgelegenen Raum. Unsere Medien haben höchstens regionale, normalerweise aber nur lokale Bedeutung. Nicht einmal die Kieler Nachrichten sind wirklich landesweit verbreitet. Kiel, Lübeck, Flensburg, jeder hat seine Zeitung. Jeder wurschtelt vor sich hin. Es gibt auch keinen Wettbewerb. Die Verbreitungsgebiete liegen fest. Einen Verdrängungskampf von außen gibt es nicht. Die Zeitungen sind dem Mehrheitsbesitz nach immer noch in Familienbesitz, wobei jeweils die andere Hälfte einem der großen Medienkonzerne gehört (z.B. Springer, Burda). Die Politik vermittelt sich schon über die Zeitung, aber nur Landespolitik. Wenn Politiker hier wirklich was rüberbringen wollen, machen sie das über Bonn".

"Radio Schleswig-Holstein hat wirklich Leben in die Bude gebracht. Wenn möglich, sollte ein weiterer Privatsender entstehen. ... Im Printbereich haben wir allerdings offene und verdeckte Beherrschungsgefahren".

"Die Zeitungen in Schleswig-Holstein sind ausreichend. Wem das nicht reicht, der hat ja immer die Möglichkeit, auf überregionale Zeitungen auszuweichen".

"Bei den Printmedien haben wir eine vernünftige Abdeckung. Da ist nicht mehr so viel Hofberichterstattung für die Kommunalpolitiker. Wichtig dabei war auch die Gründung des Schleswig-Holstein Zeitungsverlages. ... Im Rundfunk spielt Radio Schleswig-Holstein eine herausragende Rolle. ... Es müßten noch mehr private Sender kommen, vielleicht mit einer stärkeren kulturellen Ausrichtung und noch mehr Regionalbezug. Für uns, die wir Radiowerbung machen, ist Radio Schleswig-Holstein ein interessanter Werbeträger, weil die sich selbst auch gut verkaufen".

"Im Medienbereich in Schleswig-Holstein wird es keine weitere Regionalisierung geben. Privatsender und elektronische Medien stoßen bald an ihre Grenzen, insofern es zwar vielleicht noch einen kleinen Boom geben wird, dann aber einen Einbruch, weil das Werbeaufkommen viel zu klein ist. Es muß deshalb einen Verdrängungskampf zwischen zu vielen Privatanbietern geben. Kleines Land, kleine Wirtschaft, kleiner Werbekuchen, deshalb auch nur wenig Medienpotential".

Zusammenfassende Darstellung von Befunden

Faßt man die bisher getroffenen Feststellungen unter der Fragestellung zusammen, ob die K-Faktoren in Schleswig-Holstein im Vergleich zu anderen Ländern der Bundesrepublik ebenso gut, weniger oder besser entfaltet sind, so kann man zu einer Gesamt-Evaluation gelangen, wie sie in Abb. 63 festgehalten ist.

Abb. 63 : Gesamt-Evaluation der K-Faktoren in Schleswig-Holstein

(+) = überdurchschnittlich, strategischer Vorteil
(0) = normal gut, entspricht dem für die Bundesrepublik erwartbaren Standard
(-) = Defizite vorhanden, strategischer Nachteil

	(-)	(0)	(+)
- Leistungsfähige Verkehrs-Infrastruktur	x		
- Leistungsfähige Telekommunikations-Infrastruktur		x	
- Ausstattung mit IuK-Technik	x		
- Hohes Bildungsniveau		x	
- Hochqualifizierte Arbeitskräfte	x		
- Wohlstand, Lebensstandard		x	
- Urbanität	x		
- Hohe Umweltqualität, Freizeitwert			x
- Intensive Forschung	x		
- Innovationsdynamik und Präsenz in technologischen Schlüsselbereichen	x		
- Investitionsniveau		x	
- Präsenz von finanzstarken Großunternehmen und Kooperation mit florierenden Klein- und Mittelbetrieben	x		
- Hochstehendes Verwaltungs- und Rechtswesen		x	
- Kooperatives Führungsklima, Kontakt unter den Eliten in Parteien, Verbänden, Unternehmen, Verwaltung, Wissenschaft, Medien, Kultur etc.			x
- stabile Sozialpartnerschaft		x	
- freiheitlich-demokratischer Grundkonsens		x	
zusammen	7	7	2

Schleswig-Holstein entspricht in 7 von 16 unterschiedenen K-Faktoren dem hohen Niveau, das man in einem A-Land wie der Bundesrepublik erwarten kann, nämlich in punkto Telekommunikations-Infrastruktur,

Bildungsniveau, Lebensqualität, Investitionsniveau, Verwaltungs- und Rechtswesen, Sozialpartnerschaft und freiheitlich-demokratischer Grundkonsens. Strategische Vorteile gegenüber anderen Regionen besitzt das Land besonders bei der Umweltqualität, jedoch ein Stück weit auch unter dem Gesichtspunkt der kurzen Wege und eines engen Kontaktes unter den Eliten. In sieben Punkten sind Defizite festzustellen: der Verkehrs-Infrastruktur, dem Verbreitungsgrad von IuK-Technologien, der Verfügbarkeit hochqualifizierter Arbeitskräfte, einer urbanen Agglomerationsbildung, der Forschung, der Innovationsdynamik und dem Vorhandensein finanzstarker Großunternehmen, mit denen zusammen wiederum ein Umfeld von Mittel- und Kleinunternehmen florieren kann.

Dieser Befund könnte als zweideutig empfunden werden. Zum einen situiert sich das Land aufgrund dieser Faktorenausprägung nicht als K-regionales Zentrum. In Schleswig-Holstein befindet sich keine metropolitane Agglomeration. Zum anderen sind viele der K-Faktoren zu entwickelt, um von einer peripheren Lage zu sprechen. Die Lage läßt sich somit als *subzentral* für die städtisch-industriellen Kerne, und als *semiperipher* für die ländlichen Gebiete charakterisieren. Es stellt sich die berühmte Frage, ob das Glas halb leer oder halb voll sei. Aufgrund der Feststellung, daß strukturkrisenhafte Umbrüche im Land die Talsohle durchschritten haben, und daß in einigen Bereichen eine vorläufig zwar bescheidene aber zukunftsträchtige Innovationsdynamik eingesetzt hat, kommen wir zu der Einschätzung, daß - um weiter in diesem Bild zu sprechen - das Glas halb voll ist und das Land gute Chancen besitzt, es in den kommenden Jahren weiter aufzufüllen. Dies setzt voraus, sich seiner Stärken und Schwächen bewußt zu sein und ein strategisches Gesamtkonzept zu verfolgen, das von der Mehrheit der Bevölkerung und der Führungseliten unterstützt wird im Bemühen, Defizite abzubauen und die Stärken zur Realisierung der vorhandenen Chancen zu bündeln.

Was die Stärken und Schwächen betrifft, so ist es, ergänzend zu der obigen analytisch-empirischen Evaluation, interessant zu sehen, was die schleswig-holsteinischen Teilnehmer der Befragung selbst dazu denken. In Abb. 64 sind die hierzu gemachten Aussagen stichwortartig zusammengefaßt.

Wie daraus hervorgeht, stimmen wichtige analytisch-empirische Feststellungen mit vielen der selbstzugeschriebenen Stärken und Schwächen in der Aussagetendenz gut überein. Allerdings fällt auf, daß einige der Schwächen sehr prononciert werden, während die tatsächlich vorhandenen Anknüpfungspunkte für ein innovatives Erstarken der Region - high-tech-gewerbliche Sektoren, neue Forschungsansiedlungen, wachsende Lebensstil-Attraktivität bei gleichzeitig verbesserter verkehrlicher und urbaner Erschließung - offenbar noch nicht gesehen werden, vielleicht auch, noch nicht geglaubt werden.

Im Verlauf der bisherigen Untersuchung wurden bereits eine Vielzahl von Statements zitiert, die auch Empfehlungen enthalten, worauf ein besonderes Augenmerk zu richten sei und Maßnahmen welcher Art ergriffen werden sollten, um Defizite abzubauen und vorhandene Chancen zu realisieren. Im folgenden sind sämtliche Empfehlungen, die von den Umfrageteilnehmern ausgesprochen wurden, stichwortartig aufgelistet. Diejenigen Empfehlungen, die häufig und nachdrücklich vorgebracht wurden, sind durch Fettschrift hervorgehoben.

Abb. 64 :	Selbstzugeschriebene Stärken und Schwächen in Schleswig-Holstein
nachdrücklich	= wurde besonders oft und mit Betonung vorgebracht
häufig	= wurde oft vorgebracht
wiederholt	= wurde von verschiedenster Seite erwähnt
vereinzelt	= wurde nur vereinzelt genannt
Stärken	
Natur/Umwelt gesundes Klima, gute Luft, schöne Landschaft, heiles, nicht zersiedeltes Land ohne Altlasten und Investitionsruinen	nachdrücklich
Freizeit und Fremdenverkehr Hoher Freizeitwert, Segeln, Radwanderwege, Land hat Muße, Tourismus, Urlaubs- und Erholungsland	häufig
Gute Arbeitskräfte Gutes Ausbildungsniveau, zuverlässige Arbeitskräfte, machen wenig krank, geringe Fehlzeiten, hohe Arbeitsmoral, evangelische Disziplin	wiederholt
Günstige Grund- und Lebenshaltungskosten Verfügbarkeit von preiswertem Grund und Boden, viel Platz, niedrige Grundstückspreise, hohe Wohnqualität, Lebenshaltungskosten billiger als in München, Stuttgart oder Berlin	wiederholt
Zuverlässige freundliche Menschen zuverlässige, freundliche, sparsame, fleißige Leute, starke Identifikation der Menschen mit dem Land, bodenständiger verläßlicher Menschenschlag	wiederholt
Gutes Kooperationsklima zwischen Wirtschaft und Wissenschaft, kurze Kommunikationswege, schnelle informelle Kanäle, gute Verwaltung, Nähe zu politischer Führung	wiederholt
Nähe zu Skandinavien sollte bei deren EG-Beitritt oder EG-Angleichung zu Vorteilen führen	wiederholt
Nähe zu Hamburg ohne die Nachteile von Hamburg	wiederholt
Produktive Landwirtschaft	vereinzelt

Abb. 64 (Forts.) Selbstzugeschriebene Stärken und Schwächen in Schleswig-Holstein	
Schwächen	
Schwierige Wirtschaftsstruktur Keine Konzerne im Land, zu wenig Industrie, zu wenig Großunternehmen mit regionalem Entwicklungspotential, kein vielseitig entfaltetes produzierendes Gewerbe, zu einseitige Abhängigkeit von Werften, Wehrtechnik und Bundeswehr, landwirtschaftliche Strukturlastigkeit, Abhängigkeit von fernen Zentren, unausgewogener Mix von Groß- und Kleinunternehmen, Klein- und Mittelunternehmertum teilweise träge	nachdrücklich
Schlechte Verkehrserschließung Mangelhafte Verkehrsinfrastruktur, lange Wegezeiten wegen schlechter Verkehrsverbindungen, katastrophale verkehrliche Erschließung	nachdrücklich
Randlage Mangel an Urbanität, kein Zentrum, Marktferne, Abkopplung von der Bundesrepublik, Provinzialismus, Gastronomie nicht auf Niveau für gehobenes Tourismus- und High-Tech-Publikum	nachdrücklich
Unzureichende Forschungseinrichtungen Keine technikwissenschaftliche Infrastruktur, mangelhafte Forschungsinfrastruktur	nachdrücklich
Schwierige Mentalität Provinzielle desinteressierte Mentalität, Mangel an Interesse und Initiative, Mangel an Technikbegeisterung, fehlendes Technologiebewußtsein, nordische Zurückhaltung, zurückgezogene kommunikationsarme Leute, sturer Menschenschlag	häufig
Ungünstiges Image Kein Image als technologischer und industrieller Standort, Stigma des Niedergangs, Kühe-und-Wiesen-Image, Imageproblem "Nordlicht", Land zu unbekannt	wiederholt
Dünn besetzter Arbeitsmarkt Keine Karrierevielfalt, Abwanderung von Arbeitskräften, zu geringes Potential an Hochqualifizierten und Führungskräften, Standort nicht im Bewußtsein von Leuten, die Karriere machen wollen	wiederholt
Verwaltung Langsam arbeitend, unzureichend, unpräzise	vereinzelt
Führungslosigkeit der gesamten Küstenregion wegen zersplitternder Staatsgrenzenbildung und lokaler Egoismen	vereinzelt

Regionalplanerische Perspektiven

- Koordinierte Zusammenarbeit mit Hamburg
- Mit Hamburg eine enge symbiotische Beziehung eingehen
- Unterelbe als zusammenhängenden Wirtschaftsraum behandeln
- Bildung eines "Nordstaats"

- Entwicklungsgesamtkonzept für Schleswig-Holstein formulieren
- Umfassendes Technologie- und Industriekonzept für Schleswig-Holstein erstellen
- In Schleswig-Holstein technologieorientierte Kernregion definieren
- Landesweiten Ressourcenkatalog erstellen, Technologieraster in Verbindung mit Großprojektmanagement

- Offensivere Ausrichtung nach Skandinavien
- Neurorientierung nach Osten
- Beziehungen nach Leningrad und baltischen Staaten pflegen
- Medienkooperation im baltischen Raum
- Kontakte mit Dänemark intensivieren, auf institutionelle Grundlagen stellen
- Chancen mit Mecklenburg, Schweden, Baltikum wahrnehmen

Lebensqualität, Urbanität, Umwelt

- Kiel als Landeszentrum stärker herausstreichen
- Städtische Zentrenbildung fördern
- **Chancen durch Mittellage zwischen teuren Metropolen und Provinz herausstellen: Wohn- und Lebensstil-Gelegenheiten, hoher Freizeitwert**
- Erhöhung des Freizeitwerts und der touristischen Attraktivität durch interessant aufgezogene "Disneyparks", populäre Museen, Unterhaltung usw.
- **Die hohe Lebens- und Umweltqualität als den strategischen Hauptvorteil des Landes nicht durch veraltete Fehlindustrialisierung aufs Spiel setzen (nicht Schornsteinindustrien ansiedeln)**
- Land nicht künstlich als Altersruhesitz anpreisen
- Gastronomie im Land auf Topniveau bringen
- Kulturangebot des Landes besser vermarkten
- Radwege, auch für Fremdenverkehr, besser beschildern
- Kurorte sollen als autofreie Städte für sich werben

Leistungsfähige Verkehrs-Infrastruktur

Straße
- **erforderliche Straßenausbauten zügig vorantreiben**
- Autobahn Kiel-Lübeck-Schwerin-Rostock-Danzig
- A7 ausbauen
- Elbtunnel vierte Röhre
- weitere Elbquerungen westlich und östlich von Hamburg
- Verkehrsflußoptimierung durch IuK-gestützte Optimierungs-Systeme

Schiene

- **Schnellbahn-Anbindungen der Ostküstenstädte nach Hamburg, möglichst über Flughafen Fuhlsbüttel oder Kaltenkichen**
- ICE bis Flensburg, mindestens bis Kiel
- Magnetbahn Hamburg-Neumünster-Kiel
- Transrapid nach Norden
- spezielle Zugverbindungen in frequentierte Ferienorte verbessern
- Straße-Schiene-Verbund verbessern, Autobahnen als Bahnstrecken nutzen

Luft

- **Kaltenkirchen als Option aufrecht erhalten, auf weitere Planung drängen**
- Park-and-Ride von A7 nach Fuhlsbüttel: Parkhaus mit Pendelbahn
- Regionalflughafen Sonderburg für Norden Schleswig-Holsteins besser nutzen
- Regionalflughäfen besser ausbauen zugunsten des komfortableren interregionalen Subzentren-Verkehrs

See, Binnenschiffahrt

- Esbjerg als Fährhafen der Region anerkennen
- Seehafen Flensburg nicht verlanden lassen
- Binnen-Wasserwege wieder stärker zu Massengütertransport nutzen

Stadtverkehr

- mehr verkehrsfreie Bereiche in Innenstädten
- Verbundtickets einführen

Telekommunikations-Infrastruktur und Ausstattung mit IuK-Technik

- **ISDN zügig ausbauen**
- ISDN und danach Breitband baldmöglichst auch in der Fläche
- Spezialbedarf an schnellen TK-Verbindungen zügiger abdecken
- Any-to-any-Netzwerke in der öffentlichen Verwaltung sowie zwischen Wirtschaft und öffentlicher Verwaltung
- Zusammenhängendes Elektronisches Landesverwaltungsnetzwerk aufbauen
- Erheblich bessere Ausstattung der öffentlichen Verwaltung und der Schulen mit Computern und anderen IuK-Techniken
- Post soll noch flexibler werden, Postmonopol noch weiter aufheben
- Post soll ihr neues Leitbild nicht nur propagieren, sondern auch praktizieren (Behördenmentalität der Postmitarbeiter statt Selbstverständnis als Dienstleistungsunternehmen)

Unternehmen und Wirtschaftstruktur

- **Klein- und Mittelunternehmen als natürlicher Ansatzpunkt der landeseigenen Wirtschafts- und Technologieentwicklung**
- Mittelstandsförderung an Struktur*wandel*, nicht Strukturerhalt ausrichten
- Mittelstand weniger wie bisher nach Gieskannenprinzip fördern ("für alles ein bißchen was und damit immer zu wenig"), sondern Mittel bündeln zur Förderung technologie-orientier, exportorientierter, innovativer KMU

- Für neue Selbständige, Ausgründungen u.ä. Starthilfen ausbauen. Dabei nicht nur finanzielle Hilfe geben, sondern auch Beratungs- und Forschungsressourcen zugänglich machen, Markterkundungs- und Markterschließungshilfen u.a.
- Interessensunabhängige Beratung für KMU ausbauen

- Entwicklung folgender Branchen schwerpunktmäßig betreiben:
  Werften, Meerestechnik
  Umwelttechnik, Meeresumwelttechnik
  Maschinenbau
  Mikroelektronik
  Feinmechanik, Optik
  Nachrichtentechnik
  EDV, Software, Beratung, Schulung
  Medizintechnik
  Landwirtschaft, Biomasse, nachwachsende Rohstoffe
  Nahrungsmittelindustrie
  Fremdenverkehr

- Land nicht künstlich Technologien/Industrien/Industriezentren aufpfropfen, stattdessen vorhandene Kerne als Anknüpfungspunkte des High-Tech-Strukturwandels nutzen
- **Schnittstellen, Wissenstransfer und Personaltransfer Wirtschaft-Verwaltung und Wirtschaft-Wissenschaft umfassend ausbauen**
- Kontaktfelder Wissenschaft-Wirtschaft-Verwaltung pflegen
- Chancen für kleinere aufstrebende Unternehmen als Zulieferer für mittlere und größere Unternehmen nutzen (infolge Tendenz zur verringerten Fertigungstiefe)
- Zulieferverband der Elektronik-Industrie anregen oder organisieren
- Regionale EDV-Betriebe durch Bildung eines regionalen EDV-Unternehmensverbandes zusammenfassen, um Abwanderung von Kompetenz und Know-How entgegenzuwirken
- Einheitliches Buchungssystem des schleswig-holsteinischen Fremdenverkehrs allgemein verbreiten
- Private TV- und Radio-Produktionsstätten in Nähe Hamburgs aufbauen

Öffentliche Verwaltung

- Any-to-any-Netzwerke in der öffentlichen Verwaltung sowie zwischen Wirtschaft und öffentlicher Verwaltung
- Zusammenhängendes Elektronisches Landesverwaltungsnetzwerk aufbauen
- Beamten statt eines hoheitlichen Verhaltens die Dienstleistungs-Funktion nahelegen
- Leitbild der Verwaltung als Entwicklungs-Katalysator: fungibel, kompetent, rasch, freundlich

Wissenschaft und Forschung

- In Kiel Nukleus für IuK-technische Forschung schaffen, dadurch IuK-Kompetenz ausweiten
- Private Forschungsinstitute und Beratungseinrichtungen begünstigen
- Universitäten als "Profit Centers" führen
- Forschung wirtschaftsnah orientieren

- Wissenstransfer Forschung-Wirtschaft weiter organisieren
- Verbesserter Technologie- und Wissenstransfer durch Aufhebung oder Revision der Nebentätigkeits-Verordnung für Angehörige des wissenschaftlichen und sonstigen Personals im öffentlichen Dienst
- **Einrichtungen des Wissens- und Technologietransfers noch intensiver ausbauen**
- Das Modell der Steinbeis-Stiftung zwecks Technologietransfer übernehmen
- Berliner Modell der Innovationsassistenten an den Fachhochschulen Schleswig-Holsteins anwenden. Dazu alle Hochschulen mit Technologiebeauftragten ausstatten
- **Begonnenen Auf- und Ausbau der Technischen Fakultät zügig fortsetzen**
- Gründung weiterer Lehrstühle bzw. Institute für:
  - Medizintechnik
  - Tiefsee-Ingenieurwesen
  - Maritime Fernerkundung
  - Internationale Graduiertenschule für maritime Geowissenschaften
  - Biochemie
  - Biotechnische Verfahren in der landwirtschaftlichen Erzeugung
  - Biomassenutzung in der chemischen und pharmazeutischen Industrie
  - Wirtschaft nachwachsender Rohstoffe
  - Informationswirtschaft
  - Fremdenverkehr
- TH Nord als Perspektive wachhalten
- Erneute Anläufe für eine TH Nord mit verbessertem Konzept unternehmen
- Elektronische Zentralbibliothek mit dezentraler Nutzung durch IuK-Technik
- Wissenschaftleraustausch mit ehemaliger DDR durch Spezialprogramm organisieren

Bildung und qualifizierte Arbeitskräfte

- Weiterbildung des Personals im öffentlichen Dienst und Privatwirtschaft im Umgang mit IuK-Technik
- IuK-technische Qualifizierungsoffensive
- Pädagogen-Studium statt einseitig aufs staatliche Lehramt auch auf privatwirtschaftliche Fort- und Weiterbildungswege orientieren, insbesondere zur IuK-technischen Schulung und Beratung
- Mehr Praxisorientierung und Projektstudium
- Vorlesungsfreie Zeit nicht für Ferien, sondern für Praktika in der Wirtschaft nutzen
- Vermittlungsstelle für Praktika einrichten
- Mehr berufsbegleitende Weiterbildung
- Lebenslange berufliche Fort- und Weiterbildung noch besser und umfangreicher verankern
- TH Nord als Perspektive wachhalten
- Technische Fakultät und technische FHS weiter ausbauen (siehe unter Wissenschaft und Forschung)
- Biochemie-Studium einrichten
- Qualifizierte Leute mit attraktiven Angeboten im Land halten bzw. ins Land holen
- Abgewanderte Schleswig-Holsteiner mit attraktiven Angeboten ins Land zurückholen
- Führungskräfte-Akademie gründen
- Hotel- und Gastronomiefachschule einrichten
- Erlernen von Fremdsprachen stimulieren
- Vernetztes Denken fördern

Betriebsorganisation, Arbeitnehmerstatus

- Modelle betriebsnaher, ergebnisorientierter Tarifgestaltung erproben
- Mitunternehmerische Initiative stimulieren (Intrapreneure)
- Mitarbeiterbeteiligung (am Kapital und Unternehmensergebnis)
- Entkopplung von Betriebs- und Arbeitszeit mit Hilfe betriebsnaher Verträge der Arbeitszeitflexibilisierung und "Zeitsouveränität" arbeitnehmerfreundlich und betriebsdienlich zugleich regeln
- Konzepte innerbetrieblicher Kommunikation entwickeln, nicht dem Zufall überlassen

Führungs-Kooperation und Diskurs

- Offensiven Zukunftsdialog führen, Modernisierungsdiskurs moderieren
- Nicht auf den Staat fixiert sein, selbst was tun
- Sich nicht zu viel von der Regierung erwarten ("die kann doch gar nicht"), statt dessen aktive Kooperation der vorstaatlichen Akteure in ihrem Bereich: Wirtschaftsverbände, Gewerkschaften, IHKs, Berufsverbände, Verbraucherverbände, Vereine, Bürgerinitiativen, Medien, Kirchen u.a.
- Aufklärung über Biotechnologie, Risikodiskurs über Biotechnologie und ihre potentiell große Bedeutung für das Land führen

Schleswig-Holstein und Hamburg als dreigegliederte Region in Westeuropa

Führt man sich die Geographie und die vorhandene wirtschafts- und sozialräumliche Strukturierung des Landes Schleswig-Holstein vor Augen, und verbindet man diese mit den herausgearbeiteten k-regionalen Perspektiven im Hinblick auf die Standorte der zukunftsträchtigen Wirtschaftsbereiche, die Standorte der zugehörigen Bildungs- und Forschungseinrichtungen, die nötigen Verkehrs-Infrastrukturen sowie die Wohnorte der Arbeits- und Führungskräfte und ein ihnen angemessenes Wohn- und Lebensumfeld, so ergibt sich hieraus eine kohärente räumliche Konzeption. Geographisch ebenso wie wirtschafts- und sozialräumlich betrachtet, stellt sich Schleswig-Holstein *mit Hamburg* als eine zusammenhängende, topologisch dreigegliederte Region dar[170]. In Abb. 65 sind die drei Teilräume wiedergegeben.

Region Ib wird vom Hamburger Umland gebildet. Das Hamburger Umland hatte in den zurückliegenden Jahren die größte Entwicklungsdynamik zu verzeichnen. Als metropoles Erweiterungsgebiet steht es in einem direkten unauflöslichen Zusammenhang mit dem metropolen Agglomerationskern Hamburg (Region Ia). Zwar hat Hamburg im Zuge der neuerlichen industriellen Revolution und des damit einhergehenden relativen Bedeutungsrückgangs von Seehäfen seine Position als A-Zentrum von Weltrang eingebüßt. Dennoch stellt Hamburg immer noch und erneut eine der fortgeschrittensten urbanen Agglomerationen Westeuropas dar (vgl. Abb. 4 im zweiten Kapitel).

Stärker als Hannover oder Bremen, bildet Hamburg den einzigen Ansatzpunkt in der gesamten Nordregion, um gegen die süddeutschen A-Zentren von Weltrang Frankfurt, München und Stuttgart ein Gegengewicht zu setzen. Hamburg kann als Powerhouse für eine k-regionale Entwicklung Norddeutschlands fungieren, vorausgesetzt, es wird in die-

---

170 Vgl. auch das Denkfabrik-Gutachten des Institut für Stadtforschung 1990, 6ff.

Abb. 65 :	Wirtschaftsräumliche Dreigliederung Schleswig-Holstein/Hamburgs als einer K-Region

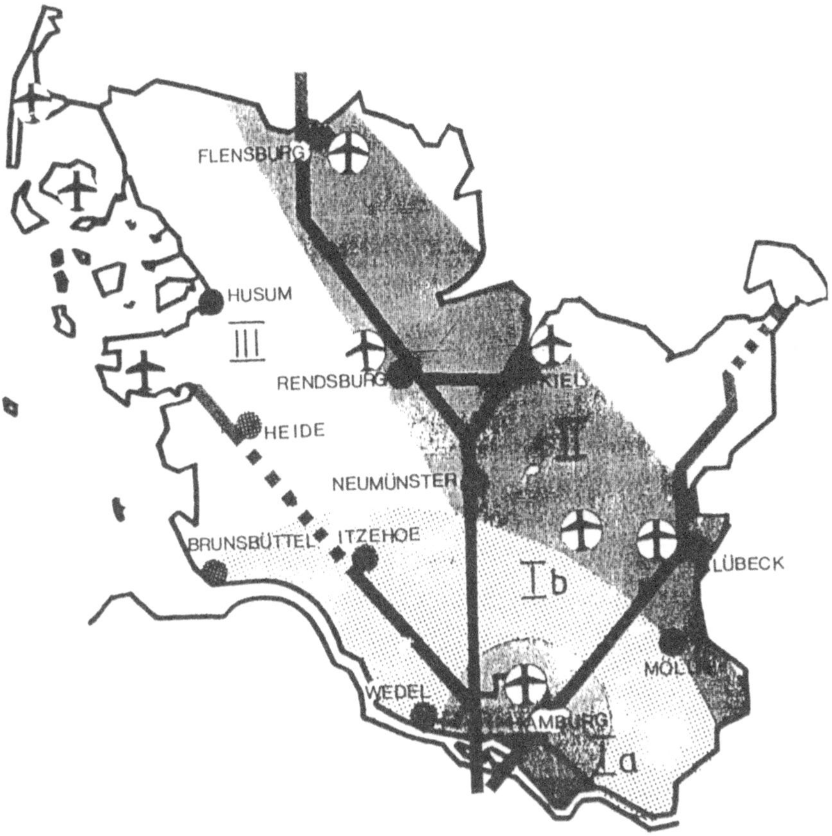

Region Ia	Hamburg
Region Ib	Hamburger Umland
Region II	High-tech-gewerbliche Subzentrums-Achsen
Region III	Agrikulturell-rekreativ hochentwickelte Semiperipherie

ser Funktion nicht durch kurzsichtigen Lokalpatriotismus beeinträchtigt, und gleichfalls vorausgesetzt, Hamburg selbst nutzt seine privilegierte Position nicht dazu aus, seiner weiteren Umgebung in nicht minder kurzsichtiger Weise wichtige Schnittstellen und Ressourcentransfers vorzuenthalten.

Man kann sagen, daß Schleswig-Holstein ohne eine engverzahnte und institutionalisierte Kooperation mit Hamburg sein k-regionales Potential nur unterdurchschnittlich zum Blühen würde bringen können, daß aber auch Hamburg ohne organische Integration in den norddeutschen, insbesondere unterelbischen Raum seine Spitzenposition gegenüber vergleichbaren A-Zentralregionen mangels Größe, Masse und Erweiterungsmöglichkeiten nicht würde halten können. Da die Agglomerationskerne mittlerweile unter Überlastung, Überteuerung und verschiedenen Streßsymptomen leiden, haben sich nicht nur Wohnbesiedlungen, sondern auch gewerbliche und forschungsintensive High-Tech-Ansiedlungen in den zurückliegenden Jahren zunehmend auch in Agglomerationsrändern mit überdurchschnittlicher Lebensqualität niedergelassen[171]. Hierin liegen beträchtliche Chancen nicht nur für das Hamburger Umland (auch 'Speckgürtel' genannt), sondern ebenso für die städtischen Zentren Schleswig-Holsteins in der Region II.

Region II wird von den Städten der Ostseeküste bestimmt. Topologisch lassen sich drei Subzentrums-Achsen unterscheiden:

(1) die Achse Hamburg-Lübeck
(2) die Achse Hamburg-Neumünster/Rendsburg-Kiel
(3) die Verbindungsachse entlang der Ostsee Lübeck-Seengebiet-Kiel-Eckernförde-Schleswig-Flensburg

Die Städte und andere Ortschaften im Einzugsbereich dieser Korridore stellen die bisherigen Industrialisierungsgebiete dar. Sie bilden ein Subzentrums-Geflecht, das aussichtsreiche Ansatzpunkte für ein innovatives High-Tech-Gewerbe bietet. Die Gewerbechancen liegen zunächst in den Bereichen Medizintechnik, Mikroelektronik, Feinmechanik, Op-

---

171 Grabher 1988, 64

tik, nachrichtentechnische Geräte u.a. im hochtechnologischen Komponenten-, Werkzeug-, Geräte- und Maschinenbau. Des weiteren liegen Chancen für höherwertige und Spitzen-Produktionen auch in Zukunft im spezialisierten Schiffbau und überhaupt der Meerestechnologie, insbesondere auch der Meeresumwelttechnik, sowie nicht zuletzt im Bereich der IuK-technischen Software & Services. Ein weiterer für Schleswig-Holstein zukunftsträchtiger Gewerbezweig liegt in einer neu aufzubauenden biomaterialverarbeitenden Industrie mit dem Zweck der chemisch-biotechnologischen Veredelung landwirtschaftlicher Grundprodukte. Die schon bestehende Nahrungsmittelindustrie würde von einer solchen Verbindung ebenfalls profitieren können.

Ein derweise ausreichend verzweigtes High-Tech-Gewerbe kann getragen werden von den vorhandenen Großunternehmen und einer dynamisch wachsenden Zahl von forschungsintensiven Mittelstands- und Kleinunternehmen. Letztere können mittels gemeinsamer Netzwerk-Organisationen kooperieren, um am europäischen und Weltmarkt besser zu bestehen. Die selbständige Zusammenarbeit und Vernetzung mit deutschen und multinationalen Konzernen muß hierbei ebenfalls gesucht werden, jedoch nicht im Sinne der Ansiedlung umweltbelastender oder geringqualifizierter "ausgelagerter Werkbänke", die wenig zur Anhebung der Standortqualität beitragen.

Die agierenden Unternehmen ebenso wie die öffentliche Verwaltung müssen hinreichend mit IuK-Technik ausgestattet sein und verstehen, diese optimal einzusetzen. Sie bedürfen der Unterstützung durch Einrichtungen des Personal-, Wissens-, Technologie- und Kapitaltransfers, der Einbettung in eine weiterhin stark auszubauende Forschungslandschaft und einer erheblich zu belebenden kulturellen Animation und urbanen Erschließung, die mit dem Interesse an Naturschutz einen akzeptablen Kompromiß findet. Jedenfalls sollten die Subzentren dem Leitbild folgen, attraktive urbane Kerne mittlerer Größe darzustellen, mit den entsprechenden Gewerbeflächen und Wohnmöglichkeiten, Forschungs- und Bildungseinrichtungen, entwickelten Verkehrs- und

Telekommunikations-Infrastrukturen, mit vielfältigem Gewerbe, Handwerks- und Dienstleistungen, einer effizienten und fungiblen öffentlichen Verwaltung, Finanzdiensten, sozialen Diensten, einem interessanten Kulturangebot, hohem Freizeit- und Rekreationswert, dies alles bei hoher Umweltqualität.

Die maßgebliche Orientierung für die schleswig-holsteinischen Subzentren liegt - wie die jedes anderen - vor allem im Triaden-Gefüge. Fernost und Nordamerika sind so wichtig wie Europa. Obschon der EG-Binnenmarkt aus aktuellem Anlaß verständlicherweise Aufmerksamkeit bindet, wird man sich einen EG-Binnenmarkt-Provinzialismus nirgendwo leisten können.

Region III wird im wesentlichen von den bisher ländlichen und teilweise auch schon vom Fremdenverkehr geprägten Gebieten der Westküste, des Landesnordens, aber auch Ostholsteins gebildet. Es sind dies die als semiperipher einzustufenden Gebiete. Sie bilden einen natürlichen rekreativen Ergänzungsraum zum Zentrum Hamburg und seinem Umland als auch den städtischen Subzentren der Ostküste. Ihre Funktion sollte künftig noch stärker als in Ansätzen heute schon darin liegen, hochentwickelte "primäre" und "tertiäre" Leistungen zu erstellen. Die "primären" Leistungen bestehen in landwirtschaftlichen und landschaftspflegerischen Tätigkeiten auf fortgeschrittenem agrikulturellem Produktionsniveau. In Verbindung mit einer biomaterialverarbeitenden Industrie kann eine nachwachsende Rohstoffe erzeugende und dabei zugleich landschaftsgestaltende Agrikultur der ländlichen Bevölkerung eine tragfähige erneuerte ökonomische Grundlage erschließen.

Eine solche Agrikultur ergänzt sich zudem auf vorteilhafte Weise mit den "tertiären" Ansprüchen und Erfordernissen, die ein rekreativer Naherholungsraum und ein Fremdenverkehr auf mittlerem und gehobenem Niveau stellen. Zukunftsweisender als das Bild vom großen Ackerland dürfte hier die Vision vom großen grünen Park werden. Dieser wird agrikulturell bewirtschaftet und vermag dabei Dienste für

Rekreations- und Wohnzwecke zu leisten, als zentrumsnahes Siedlungsgebiet, Naherholungs- und Fremdenverkehrsgebiet sowie nicht zuletzt als Standort für Sport-, Bildungs- und Kultureinrichtungen.

Alle genannten Teilregionen - (Ia) Hamburg, (Ib) das Hamburger Umland, (II) die drei high-tech-gewerblichen Subzentrums-Achsen sowie (III) die agrikulturell-rekreativ hochentwickelten semiperipheren Gebiete - benötigen eine gut integrierte, sinnvoll aufeinander bezogene und lückenlose verkehrliche Anbindung. Dazu gehören schnelle Eisenbahnen, Autobahnen und Flugverbindungen. Diese müssen

(1) Hamburg mit dem Umland, den Subzentren und der Semiperipherie verbinden,
(2) das Umland, die Subzentren und die Semiperipherie untereinander verbinden, und
(3) - nicht zuletzt - das Umland, die Subzentren und die Semiperipherie direkt mit Niedersachsen, Mecklenburg, Dänemark und damit den weiteren europäischen Räumen verbinden, geschehe dies durch Verbindungen westlich und östlich am Hamburger Kern vorbei oder schnell und reibungslos durch diesen hindurch.

Die Regionalflughäfen im Lande sollten erhalten und möglichst ausgebaut werden. Ein internationaler Großflughafen - Fuhlsbüttel oder Kaltenkirchen - sollte von jedem Ort der Region in etwa längstens einer Stunde erreichbar sein, ohne mit der Eisenbahn und ÖPNV mehrfach umsteigen zu müssen oder auf der Straße im Stau stecken zu bleiben.

Ohne diese verkehrlichen Grundbedingungen dürfte es kaum möglich sein, Schleswig-Holstein zusammen mit Hamburg zu einer blühenden K-Region zu entfalten, ebensowenig, den Modernitätsabstand zwischen den zentralen und den peripheren Gebieten soweit zurückzuführen, daß diese zwar verschiedene, aber gleichermaßen hochentwickelte und in ihrer Art ebenbürtige Lebens- und Arbeits-Optionen zu bieten haben.

Es ist wiederholt deutlich geworden, daß eine K-regionale Entwicklung einen weiten Horizont des Denkens voraussetzt, besonders auch einen räumlich weiten Horizont. Das Motto des Zukunftsforschungs-Kongresses von Toronto 1979 "Think globally, act locally" kann durchaus als eine allgemeine Regel der K-Gesellschaft interpretiert werden - freilich nicht ohne die gleichermaßen gültige Ergänzungsregel "Think locally, act globally". Ein solches Denken mag in Brunsbüttel, Heide, Husum und Schleswig beginnen, aber es muß seine Rückbindung in den Kontext des A-B-C-D-Weltgefüges finden, den Triaden-Kontext, den westeuropäischen Kontext, den gesamteuropäischen Kontext, den nordeuropäischen Kontext, den baltischen Kontext, den norddeutschen Küstenkontext, den unterelbischen Kontext.

Die "norddeutsche Gemeinschaft" zwischen Hamburg und Schleswig-Holstein, im Herbst 1988 von beiden Regierungen als richtungweisende Perspektive lanciert, tut sich in der Praxis schwer, Tritt zu fassen. Es scheint leichter, strittige Angelegenheiten zu benennen als reibungslose Kooperationen. Dennoch wird für beide Seiten viel davon abhängen, einer solchen Gemeinschaft durch informelle und institutionelle Kanäle Gestalt zu geben. Im folgenden wieder eine Reihe von Statements zum Verhältnis Schleswig-Holstein/Hamburg:

"Es gibt ja die These, daß die Regionen entlang des Rheinverlaufs, einschließlich Benelux und Frankreich, immer mehr zum Herzstück der EG werden. Schleswig-Holstein liegt da sicherlich etwas abseits, aber nicht im EG-Maßstab, auch nicht wegen der Nähe zu Hamburg. Da sind andere Regionen schlechter dran, auch wenn die Kürzungen jetzt Schleswig-Holstein empfindlich treffen sollten. Dafür wird wegen der EG Deutschland für Skandinavier interessant, und da sollte doch für uns was drin liegen".

"Das Denken in größeren Wirtschaftsräumen müssen wir noch lernen. Die Bayern sprechen jetzt schon von einem Nord-Süd-Gefälle, sie meinen damit aber etwas anderes als wir, nämlich den Süden der EG mit Frankreich, Italien und Spanien mit ihren enormen Potentialen. Aus dieser Perspektive würde auch Bayern zum Norden gehören. ...
Schleswig-Holstein ist nicht die Drehscheibe des Nordens. Wir müssen hier größere politische Räume schaffen mit Hamburg als Zentrum. Das würde auch Entscheidungen hinsichtlich der Flughafenmisere erleichtern. Stadtstaaten alleine haben ja auch keine Zukunft. Die brauchen das Hinterland. Es hat ja auch keinen Sinn, wenn wir Hamburger Betriebe in den Speckgürtel abwerben, wenn der Saldo an Arbeitsplätzen im Norden null ist".

"Aus schleswig-holsteinischer Sicht muß man einfach sehen, daß das regionale Netz von Hamburg aus gesponnen wird. Die Frage lautet, in welchem Verhältnis steht Kiel zu Hamburg bzw. Schleswig-Holstein zu Hamburg. Jede andere Fragestellung scheint mir unrealistisch in dem Sinne, daß sie Gefahr laufen würde, Provinzillusionen zu züchten. Es gibt keine Entwicklung an den vorhandenen Netzwerken bzw. Netzwerk-Knoten vorbei".

"Strukturwandel in Schleswig-Holstein ist nur mit Hamburg denkbar".

"Hamburg und sein Umland bleibt der Ballungsraum Nummer eins und das wird sich verstärken. Daneben entsteht wohl eine neue Achse Hamburg-Lübeck. Das Technologiedreieck Neumünster-Rendsburg-Kiel läuft nicht von selbst. Das ist eine politische Gestaltungsaufgabe. Dienlich könnte ein Großflughafen unmittelbar südlich davon sein, oder wenn der Elbmündungsbereich, die Unterelbe, ein größerer zusammenhängender Wirtschaftsraum wird. Das setzt eine oder mehrere Elbquerungen entlang der Westküste voraus".

"Hamburg ist im Grunde die Hauptstadt von Schleswig-Holstein. Eigentlich ist nur Verwaltung hier oben. Nach Niedersachsen liegt die Elbe dazwischen. Niedersachsen hat auch nicht die Bezüge zu Hamburg wie wir. Durch die Elbe geht der ganze Schub, der von Hamburg kommt, Richtung Norden".

"Wir haben ja das Unternehmerkuratorium Nordeutschland. Da geht man nett und freundlich miteinander um, aber Gemeinsamkeiten gibt's keine. Niedersachsen denkt in Ost-West-Richtung. Bremen spielt kaum eine Rolle, die sind ja auch zu klein. Hamburg denkt immer Hamburg-bezogen, und Schleswig-Holstein hat zu Hamburg immer noch zu wenig Verbindungen. ... Die unmittelbare Ausstrahlung von Hamburg reicht eigentlich nur bis zum Südende von Neumünster. Das übrige Schleswig-Holstein muß unbedingt Anschluß an den Wirtschaftsraum Hamburg finden".

"An den Nordstaat glaube ich nicht, obwohl er sinnvoll wäre. Es gibt da einen Konflikt in der Landesplanung. Hamburg hat wegen seiner Achsenplanung und Naherholungsgrün-Planung andere Ziele als das ohnedies grüne Schleswig-Holstein, das im Hamburger Umland eigentlich so ziemlich alles ansiedeln möchte, was es kriegen kann".

"Der Nordstaat ist eine verlockende Idee, aber nicht machbar, weil zu viele lokale und regionale Sonderinteressen dagegen stehen. Die Claims sind hier einfach fest abgesteckt. Wenn es zum Schwur kommt, überwiegen die lokalen Egoismen. ... Im übrigen sind wir mit Hamburg auf eine Kooperation auf Gedeih und Verderb angewiesen. Hamburg umgekehrt auch, was den Speckgürtel angeht, in der Abfallwirtschaft, beim Flughafen, in der gemeinsamen Wirtschaftsvertretung auf internationaler Ebene usw."

"Da spielen Mentalitätsfragen eine Rolle, die rational nicht faßbar sind. Aber wir brauchen unbedingt eine gemeinsame Regionalplanung. Der Nordstaat wird wohl nicht kommen, aber wenigstens das sollten wir haben, auch eine gemeinsame Interessensvertretung der Küstenländer. Schleswig-Holstein muß Hamburg neidloser die Rolle der Metropole im Norden zugestehen. Konkurrenzlagen bestehen sicherlich, aber das dürfen wir nicht ängstlich beklagen, sondern müssen das als Ansporn begreifen".

"Ich verstehe die Diskussion häufig nicht. Hamburg ist nun mal da, wo es ist, und Schleswig-Holstein ist da, wo es ist. Die Ballungszentren sind auf das Umland angewiesen und umgekehrt. Es ist müßig, darüber zu diskutieren. Wir können eigentlich von Hamburg nur profitieren".

Schleswig-Holsteins nachbarliche Verhältnisse zu Dänemark und Mecklenburg-Vorpommern

Aus naheliegenden historischen und geographischen Gründen spielen in Schleswig-Holstein Überlegungen zum Verhältnis mit dem Nachbarn Dänemark und Mecklenburg-Vorpommern eine nicht unwesentliche Rolle. Bemerkenswert ist, daß Beziehungen zu Niedersachsen und Bremen demgegenüber nur selten Erwähnung finden, ebenso, daß sich die Einstellungen und Erwartungen gegenüber Dänemark und Mecklenburg als recht widersprüchlich darstellen.

Was Dänemark anbelangt, so sehen manche Teilnehmer unserer Befragung bedeutende Wirtschaftschancen, und andere sehen so gut wie keine Chancen. Manche stellen im Hinblick auf Habitus und Mentalität eine Übereinstimmung fest, andere eine Distanz. Man sieht Kooperationen und drohende Konkurrenz zugleich:

"Der Austausch von Waren und Dienstleistungen ist mit den skandinavischen Ländern, insbesondere Dänemark, schon immer sehr hoch gewesen. Das läuft alles sehr positiv. Da ist insgesamt ein großes Einzugsgebiet, auch was moderne Technologie angeht. Für uns ist auch positiv, daß die Leute des Nordens alle sehr umweltbewußt sind".

"Mit Dänemark sehe ich keine großen Perspektiven. Die haben doch nur fünf Millionen Einwohner. Lokal, etwa im Schleswiger Raum, gibt es schon Möglichkeiten. Die Dänen sind darüber hinaus nicht gerade ein wagemutiges Volk. Das mit dem Mare Balticum ist ja sehr romantisch, aber nicht besonders konkret. Auch die Schweden haben sich jahrelang gegenüber der Welt abgekapselt und merken erst jetzt, daß sie sich etwas isoliert haben. Unter anderm beginnt nun langsam eine gewisse Internationalisierung der Universitäten".

"Heute sind die Beziehungen gut. Es gibt da aber eine gewisse Distanziertheit aufgrund unterschiedlicher Kulturen. Ich halte dementsprechend nichts von einem Mare Balticum. Das wird sich im Sande verlaufen. Vielleicht tut sich noch mehr in der Wissenschaft und eventuell was in der bildenden Kunst, aber in der Wirtschaft entscheiden nur Preis und Qualität auf den Weltmärkten, und da wird in bezug auf Zusammenarbeit nicht viel passieren".

Spekulationen zur "Nordschiene" werden gegenwärtig durch die Perspektive einer faktischen Ausdehnung des EG-Raumes über ganz Skandinavien angeregt. Jedoch sind auch in diesem Zusammenhang die Erwartungen ambivalent. Da die bisherigen EFTA-Länder nun Zugang zur EG haben, besitzen sie, zumindest standortmäßig, einen Anreiz weniger, Standortpartner in EG-Ländern zu suchen. Wenn doch, warum sollte dann gerade Schleswig-Holstein interessant sein, das sozusagen nur kurz hinter der eigenen Tür liegt? Denken Skandinavier dann nicht eher an Orte weiter im südwestlichen Kerngebiet der EG, oder neuerdings auch an Orte in Mitteldeutschland entlang der Achse Stockholm-Malmö-Kopenhagen-Berlin-Prag-Wien-Budapest-Venedig?

"Vielleicht wäre Schleswig-Holstein nicht mehr so in einer Randlage, wenn ganz Skandinavien in der EG wäre".

"Schleswig-Holstein ist die Brücke nach Skandinavien. Man ist sich auch mental sehr ähnlich".

"Schleswig-Holstein ist nicht die Drehscheibe des Nordens".

"Mit Dänemark passiert viel weniger als man denken könnte. Wir haben da doch nur so eine Art Brückenfunktion für den Durchgangsverkehr. Man sagt ja auch, wir seien das 'Tirol des Nordens'. Wir erbringen sehr viele Vorleistungen, von denen wir nichts haben".

"Jede Durchgangszone hat ihre Chancen, doch ist die Rückfrage erlaubt, ob tatsächlich Warenströme oder eben nur Warenflüßchen durch Schleswig-Holstein fließen".

Aus der Summe der Statements läßt sich schließen, daß in der wirtschaftlichen Zusammenarbeit mit Dänemark und Skandinavien über das bestehende Maß hinaus keine großen zusätzlichen Potentiale mehr erwartet werden. Dagegen besteht offenbar ein gewisses Potential für weitere und engere Kooperationen auf dem Gebiet der Wissenschaft und Forschung.

"Die Dänen und anderen Skandinavier haben eine erstklassige Forschungslandschaft und sind sehr offen für einen Austausch, weil die sich ihrerseits in einer Randlage befinden. Die Perspektive ist positiv. Wir arbeiten viel mit Kopenhagen zusammen".

"Wir haben eine traditionell gute Freundschaft zu unseren dänischen Kollegen. Bei verschiedenen Pilotprojekten der Datenverarbeitung arbeiten wir eng zusammen".

"Der ganze Wissenschafts- und Technikbereich der Meeresforschung ist auf Internationalität angelegt. Da hat Kiel ein heißes Eisen im Feuer. In Skandinavien gibt es nichts mit GEOMAR vergleichbares. So kann Kiel tatsächlich zum europäischen Knotenpunkt der maritimen Geowissenschaft und -technik werden, zumindest in Nord-, Nordost- und Mitteleuropa".

"Die Hochschulkontakte bzw. Fachhochschulkontakte laufen schon sehr gut. Es kommen sogar schon dänische Unternehmen ins CIM-Centrum an der Fachhochschule

Kiel. Auch die FHS Flensburg könnte sich noch mehr in dänische bzw. skandinavische Diskussionsprozesse einbinden. Das läuft sehr erfreulich, und da ist auch noch mehr drin. Die Randlage für Schleswig-Holstein und für die Dänen läßt sich so etwas relativieren".

Aus dem letztgenannten Grund sollte sich in einem Europa der Regionen die deutsch-dänische Zusammenarbeit in der Grenzregion weiter positiv entfalten. Im nördlichen Schleswig-Holstein erwartet man dies.

"Die Voraussetzungen einer engen Zusammenarbeit sind hier oben weiter gut. Wir haben hier keine grenzpolitischen Probleme. Auch die Zweisprachigkeit ist ein Vorteil. Skandinavische Unternehmen siedeln sich hier gerne an. Diese Verbindungen sind allerdings durch die Öffnung Osteuropas nun etwas ins Hintertreffen geraten".

"Das Institut für theoretische und angewandte Informatik ist ein deutsch-dänisches Zwillingsprojekt beiderseits der Grenze. Wir benutzen auch mehr den dänischen Regionalflughafen Sonderburg. Die Gründung des deutsch-dänischen Handelstages ist auch sehr gut".

"In Nordschleswig (Süd-Jütland) und Südschleswig bestehen doch die selben Probleme, für die man gemeinsame Lösungen entwickeln müßte, etwa durch eine abgestimmte Ansiedlungspolitik. Das ist doch auch wünschenswert hinsichtlich eines gemeinsamen europäischen Marktes".

"Die Arbeitsämter Flensburg und Sonderborg wollen eine gemeinsame Stellenvermittlung aufbauen".

"Auf dem Gebiet der Telekommunikation gibt es eine knallharte Konkurrenz mit unseren dänischen Nachbarn. Die drängen auf den deutschen Markt mit ihrer halbstaatlichen Telefongesellschaft. Die sind billiger als unsere Post und sehr effizient. Die konkurrieren auch sonst mit deutschen Anbietern, auch Ericsson will auf deutscher Seite Netzwerke anbieten".

Als schwierig wird inzwischen das Verhältnis zu den neuen Bundesländern empfunden. Dies äußert sich nicht nur in den schon erläuterten Befürchtungen bezüglich des politischen Konsens und der sozialen Integration. Vor allem rückt zunehmend eine Länderkonkurrenz Schleswig-Holsteins zu Mecklenburg-Vorpommern in den Vordergrund. Zwar wird die Öffnung des Ostens begrüßt und als verheißungsvolle Chance gedeutet. Diese Auffassung wird ganz allgemein vorgebracht und nicht nur auf den offiziellen Verlautbarungsebenen gepflegt. Unternehmen der Wirtschaft berichten positiv über eine Vielzahl von Aktivitäten, die sie in Mecklenburg-Vorpommern und sonst in der ehemaligen DDR begonnen haben. Die Verwaltung berichtet von gezielten Hilfsmissionen und die Wissenschaft von Personalaustausch und sonstigen Kontakten. Teilweise bestanden diese schon vor der Maueröffnung, haben sich seither aber bedeutend intensiviert. Und dennoch, sobald aus der Perspektive des Landes Schleswig-Holstein gesprochen wird, ist im konkreten und einzelnen praktisch nur noch von Problemen und Gefährdungen der eigenen Position die Rede. Der unversehens eingetretene Rollenwechel vom Empfängerland zum Geberland im neuen nationalen Lastenausgleich erzeugt offenbar gemischte Gefühle. Der Gesprächsverlauf führt von der positiven Zusammenarbeit über Ambivalenz zur Konkurrenz. Zur positiven Zusammenarbeit:

"Wir sind da drüben momentan stark engagiert als Modell- und Softwarelieferant für die dortige Verwaltung. In Schwerin und überall, die kriegen das gratis. Es gibt da die Kieler Beschlüsse: Was in öffentlichen Institutionen durch Steuermittel erarbeitet wurde, das wird auch kostenlos an andere öffentliche Einrichtungen weitergegeben".

"Die Zusammenarbeit mit Schleswig-Holstein gestaltet sich sehr fruchtbar. So sind in Mecklenburg-Vorpommern vier Technikzentren auf Initiative aus Schleswig-Holstein gegründet worden. Man muß die Gesamtregion der Küste betrachten. Die Zusammenarbeit zwischen Mecklenburg-Vorpommern und den alten Bundesländern klappt ganz gut".

"Mecklenburg-Vorpommern bietet die Gelegenheit zur Entwicklung und Erprobung neuer Umwelt- und Sanierungstechniken. Wir führen mittlerweile eine Gesellschaft in Schwerin, eine Zweigstelle in Rostock und eine Betriebsstätte in Neubrandenburg. Andere Unternehmen aus Schleswig-Holstein machen das auch so. Die Zusammenarbeit klappt schon auf vielen Ebenen sehr gut".

Zur Ambivalenz:

"Wir arbeiten auf wissenschaftlicher Ebene mit Instituten in Mecklenburg-Vorpommern zusammen. Wir machen Fortbildungsveranstaltungen und wollen uns auch noch mehr um die Betriebe dort kümmern. Aber durch die Grenzöffnung wird die Randlage für Schleswig-Holstein noch schwieriger als vorher schon. Durch Mecklenburg-Vorpommern wird das wenige Potential hier im Norden noch weiter aufgeteilt, und insofern geraten wir in Konkurrenz zueinander".

"Mecklenburg-Vorpommern wird sich den Nordstaaten anschließen, weil die auch dieselben Probleme haben. Schleswig-Holstein ist aber auch nicht mehr allein der Brückenkopf zum Norden Europas. Kurz- und mittelfristig kann es da zu Konkurrenzsituationen kommen, aber langfristig werden die gemeinsamen Interessen die Oberhand gewinnen. Für Schleswig-Holstein ist schwierig, daß man es gerade geschafft hat, das Land ein wenig bekannt zu machen, und in diesem Moment kommt der große Problemberg mit Mecklenburg-Vorpommern".

"Hamburg und Schleswig-Holstein haben im Vergleich zu früher eigentlich gute Jahre hinter sich. Ansiedlungserfolge und zurückgegangene Arbeitslosigkeit dürfen jetzt nicht dadurch verspielt werden, daß eine Zusammenarbeit mit Mecklenburg-Vorpommern wieder zum früheren Image des 'Armenhauses im Norden' führt, das wir doch endlich ein wenig abgestreift haben".

"Die Allianz mit Mecklenburg-Vorpommern ist nur aus einer gemeinsamen Not geboren".

"Wenn sich zwei Kranke ins Bett legen, dann werden sie noch lange nicht gesund. Eine gewisse Abstimmung ist aber notwendig, damit kein unseliger Wettlauf stattfindet".

"Bei aller Freude über die Wiedervereinigung, das wird ein Konkurrenzverhältnis. Für uns ist das schwierig, weil ja eine moralische Verpflichtung zur Hilfe besteht. Zum Beispiel die Küstenautobahn nach Rostock. Wenn die gebaut wird, stehen die nördlichen Landesteile, also Schleswig, im Windschatten. Lübeck ist natürlich dafür, die waren in der Gegend früher so eine Art Hauptstadt und können es dadurch wieder werden".

Zur Konkurrenz:

"Trotz der vielen Sonntagsreden gibt es jetzt schon eine Konkurrenz. Mecklenburg-Vorpommern hat noch mehr Platz als Schleswig-Holstein und viele Arbeitskräfte, die bereit sind zur Umschulung. Das kann eine Sogwirkung mit sich bringen, weg von Schleswig-Holstein, hin zu Mecklenburg-Vorpommern. Schleswig-Holstein hat durch die Vereinigung auch das wichtige Monopol des schnellen Wegs nach Skandinavien verloren".

"Mecklenburg war früher schon Konkurrenz zu Schleswig-Holstein, und das wird es in Zukunft auch wieder werden. Denn beide Länder haben eine vergleichbare Wirtschaftsstruktur: Meer, Hafenplätze, früher auch Fischerei, Schiffbau, Landwirtschaft, Fremdenverkehr. Wir helfen jetzt zwar beim Aufbau da drüben, das ist auch in Ordnung so. Aber aus dem gleichartigen Angebot kann nur Konkurrenz erwachsen. Denen ihr Vorteil ist jetzt, daß sie ein Billiglohnland sind, solange sie das noch sind. Dafür ist die Qualität und das Niveau schlecht. Da haben wir wahrscheinlich doch noch für längere Zeit klare Vorsprünge".

"Beide Länder haben äußerst ähnliche Strukturprobleme, besonders in der Landwirtschaft und der Verkehrsinfrastruktur. Beide wollen mit dem Skandinavienverkehr und im Fremdenverkehr Geld verdienen, beide schielen auf die gleichen Kundengruppen. Mecklenburg ist wie Schleswig-Holstein auf Hamburg ausgerichtet, weniger auf Berlin. Damit haben wir auch denselben Ballungsraum im Visier. Alles das ergibt eine hohe Konkurrenzsituation".

"Mecklenburg-Vorpommern hat eine noch unglücklichere Wirtschaftsstruktur als Schleswig-Holstein. Schleswig-Holstein ist da ein geschätzter Hilfepartner, aber Mecklenburg-Vorpommern wird im Fremdenverkehr bald zum Konkurrenten werden. ... Das Mecklenburg-Vorpommern Musikfestival ist schon ein Beispiel für diese Konkurrenzlage".

"Es zeichnet sich ab, daß nicht nur die Verkehrsströme nach Schweden und Finnland, sondern auch viele Investitionen aus dem Norden an Schleswig-Holstein vorbei nach Mecklenburg-Vorpommern und andere Länder der ehemaligen DDR fließen. Die Schweden sind aufgewacht und betrachten die baltischen Republiken wieder als ihr natürliches Bezugsgebiet. Aber im Augenblick noch mehr schon Mecklenburg-Vorpommern. Die tummeln sich da schon kräftig".

"In Mecklenburg-Vorpommern fehlt zwar noch viel. Aber zum Beispiel ein Großflughafen zwischen Lübeck und Rostock wäre eine Gefahr für Schleswig-Holstein".

"Mit Mecklenburg-Vorpommern besteht eine Standortkonkurrenz. Die Förderquote liegt dort bei 30 Prozent, davon ein Drittel steuerfrei. Bei uns sind es etwa 15 Prozent. Die Abwanderung bzw. das Nichtzustandekommen von Ansiedlungen geht jetzt schon los. Wir müssen da aufpassen, daß uns nicht gerade die weglaufen, die wir meinen und haben wollen".

Angesichts der dargelegten Verhältnisse kommt man nicht ganz umhin, sich an historische Fragen der deutschen Kleinstaaterei erinnert zu fühlen. Im Unterschied zu damals ist der aktuelle Kontext jedoch kein deutsch-mitteleuropäischer mehr, sondern ein gesamteuropäisch-weltweiter. Wenn subzentrale bis periphere Gebiete einander zu überbieten versuchen, so besteht eine gewisse Wahrscheinlichkeit, daß letztlich keines von ihnen Vorteile erlangt, sondern sie zugunsten der Zentren den kürzeren ziehen. Paradox erscheint, daß allen Beteiligten diese Problematik offenbar bewußt ist, und sie sich dennoch, jeder wegen der anderen, außerstande fühlen, etwas an der Situation zu ändern - ein klassischer Fall von Gefangenendilemma:

"Ich habe die Befürchtung, daß sich die Norddeutschen so lange Knüppel zwischen die Beine werfen, bis eines der Länder mal endlich Pleite geht. Da wirbt man sich gegenseitig Unternehmen ab, da baut man jetzt Rostock als Fährhafen aus, und Schleswig-Holstein will Kiel und Lübeck auch ausbauen. Auch Hamburg versucht, Rostock über den Tisch zu ziehen. Anstatt zig Millionen und Milliarden parallel auszugeben, sollte man sich doch lieber auf einen Hafen einigen und den dann neidlos als *den* Skandinavienhafen nach oben bringen.

Das ist nur eines von vielen Beispielen. Es gibt auch niemanden, der das nicht beklagen würde. Das hängt auch überhaupt nicht von der Partei- oder sonstigen Zugehörigkeit ab. Aber hier oben wird eben nur der kurzfristige Vorteil gesehen. Es wird nur was für den eigenen Schiffbau gemacht, der andere zehn Kilometer weiter soll ruhig auf die Nase fallen. Am Ende fallen alle auf die Nase. Man begreift sich nicht als Küstenregion. Es kann nicht so weitergehen. Es konkurrieren doch nicht Lübeck gegen Rostock, sondern die gesamte Nord- bzw. Küstenregion gegen das Ruhrgebiet oder Baden-Württemberg oder sonst europäische Regionen. Das sind doch die wirklichen Konkurrenten".

Drei Szenarien

Die Entwicklungsperspektiven, die im Vorangegangenen gewonnenen wurden, lassen ein gewisses Muster erkennen, das in sich jedoch widersprüchliche Elemente enthält. Ein Verfahren der Zukunftsforschung, solche widersprüchlichen Elemente von Trendanalysen zu sortieren, besteht darin, sie in Form von Szenarien zusammenzufassen. Da die Perspektiven notwendigerweise immer ein Stück weit offen, damit auch ein Stück weit widersprüchlich bleiben, erlauben Szenarien, widersprüchliche Elemente zu jeweils einer Vorstellungsrichtung zu vereinen, ebenso, sich naheliegende Kombinationen verschiedener Elemente auszumalen.

Ein Szenario stellt keine Prognose dar. Ein Szenario gibt auch keine Empfehlungen für Programme und Maßnahmen. In einem Szenario wird versucht, die Perspektiven eines von jeweils mehreren möglichen Entwicklungspfaden zu beschreiben: "was wäre, wenn..." Sofern ein Szenario auf fundierten empirischen Analysen beruht, handelt es sich um eine Projektion des Wahrscheinlichen. Ansonsten sind Szenarien Projektionen des Möglichen. Sie zeichnen ein Bild vom Spektrum der vorhandenen Entwicklungspfade. Auf diese Weise versucht man, bestimmte Entwicklungen zu Ende zu denken und sich eine Vorstellung davon zu verschaffen, was dann der Fall sein könnte. Unter normativen Gesichtspunkten kann man Szenarien auch als Leitbilder oder Schreckbilder begreifen, als Beschreibung wünschenswerter und unerwünschter Zukünfte.

Was sich von programmatischen Leitbildern wie weit realisiert, hängt nicht zuletzt von der politischen Meinungs- und Willensbildung in den verschiedensten Handlungsfeldern ab. Die Zukunft kommt nicht auf uns zu, sondern wir gehen in die Zukunft. Indem wir dazu beitragen, Möglichkeiten zu verwirklichen, führen wir die Zukunft als Gegenwart herbei. Freilich unterliegt dieses Herbeiführen, auch wenn es menschengemacht ist, nur zum geringeren Teil unserer Willkür. Die Wirklichkeit führt sich in einem übermenschlich komplexen Prozeß der Selbstorganisation durch Interaktion und Kommunikation selbst herbei. Weil wir jedoch als handelnde Subjekte die Träger und Überträger der herbeiführenden Interaktion und Kommunikation sind, tragen wir die Verantwortung für die eintretende Wirklichkeit, und zwar faktisch ebenso wie moralisch.

Im folgenden werden für Schleswig-Holstein auf dem Weg zur K-Gesellschaft und K-Region drei Szenarien geschildert.

Szenario I
Stagnation durch nicht bewältigten Strukturwandel:
Wachsender Rückstand

Szenario II
Einseitige Modernisierung:
Gespaltener Aufbruch

Szenario III
Ausgewogene Erneuerung:
Integrierter Anschluß

Es handelt sich hierbei um spezifische Destillate des bisher erarbeiteten Materials. Die Elemente der Szenarien stammen aus den durchgeführten Trendanalysen sowie aus den Interviews, die im Rahmen unserer Befragung durchgeführt wurden. Für alle drei Szenarien liegen somit empirische Anhaltspunkte vor. Die Fakten und Trends lassen Elemente aus den Szenarien II und III jedoch wahrscheinlicher als die Elemente aus Szenario I erscheinen. Szenario I stellt die unerwünschte, Szenario III die wünschenswerte Zukunft dar.

Der Zeithorizont, der zugrunde gelegt wird, ist ein längerfristiger. Er liegt etwa bei 15 - 25 Jahren, also im ersten und zweiten Jahrzehnt des nächsten Jahrtausends - was immer noch einen gewissen futuristischen Klang hat, obwohl es bereits unmittelbar vor der Tür steht.

Szenario I
Stagnation durch nicht bewältigten Strukturwandel: Wachsender Rückstand

Die Herausforderungen des Strukturwandels werden häufig nur schleppend, vielfach überhaupt nicht bewältigt. Verstärkt durch die fortgesetzten Wirtschaftsprobleme der östlichen Länder, beherrschen Stagnation und eine teils gedrückte, teils aggressive Stimmung die Szene. Schiffbau und Landwirtschaft schrumpfen weiter. Viele Bundeswehrstandorte wurden ersatzlos geschlossen. Für die Gebäude und Anlagen konnten keine alternativen Verwendungen gefunden werden. Vereinzelte Ansätze zu einer innovativen Spezialisierung der Altsektoren sind mangels Resonanz und nachdrücklichem Durchsetzungswillen stecken geblieben. Gewöhnliche Schiffe und Container werden in B-C-Ländern genau so gut und billiger produziert. Der Landwirtschaft ist es nicht gelungen, eine Umstellung auf neue Produkte und auf boden- und gewässerschonende Produktionsweisen zu vollziehen. Infolge der offenkundig werdenden Degradation der Böden und Gewässer, zusammen mit der weiter verschlimmerten Verschmutzung von Nord- und Ostsee, verliert das Land seinen Ruf als einer ökologischen Oase. Frische Luft alleine ist kein Argument mehr. Der Fremdenverkehr stagniert. Einzig ein eher belastender als bereichernder Würstchenbuden-Tourismus breitet sich weiter aus.

Notwendige verkehrliche Ausbaumaßnahmen, in den 80er Jahren aus verschiedensten Gründen unterlassen, können nun noch weniger durchgeführt werden. Inzwischen steht eine Vielzahl halbverfallener Scheunen unter Denkmalschutz, aber es fehlt das Geld, auch nur einen morschen Balken darin zu sanieren. Die Streckenführung der Bahn entspricht in etwa noch immer dem Ausbaustandard aus der Zeit des dänischen Königshauses. Die unausgebaute Nord-Süd-Autobahn (A7) ist ständig überfüllt, desgleichen eine Reihe von Bundesstraßen, deren Ausbau zwar begonnen, aber nicht zu Ende geführt wurde. Schnelle Ost-West-Verbindungen gibt es weiterhin keine. An Hamburg ist immer noch kein Vorbeikommen, ein Durchkommen erst recht nicht. Die Elbquerung wurde längst zur täglichen müde-kommentarlos hingenommenen Verkehrskatastrophe. Der Flughafen Fuhlsbüttel ist chronisch überlastet, was einen allerdings auch nicht mehr sonderlich aufregt, weil alle Flugbewegungen unberechenbar unpünktlich geworden sind und man ohnedies Mühe hat, den Flughafen irgendwie zu erreichen. Für Unternehmen, die exportorientiert agieren und schnellen Zugang zu den Zentren Europas und der Welt benötigen, ist die Lage unhaltbar geworden.

Aufgrund dieser Situation ist auch ein Teil der zuliefernden Klein- und Mittelunternehmen, angewiesen auf Just-in-time-Pünktlichkeit und berechenbare Wegezeiten, nach südlich der Elbe abgewandert. Sofern sie mit VW kooperieren, haben sie sich in Niedersachsen, Sachsen-Anhalt, Brandenburg und Mecklenburg angesiedelt. Ansonsten sind sie gleich tiefer in den Süden und Westen ins unmittelbare Einzugsgebiet der "Euro-Banana" gezogen. Den verbleibenden Unternehmen fällt es immer schwerer, gegen die deutschland-, europa- und weltweite Konkurrenz zu bestehen. Die Konkurrenz ist gut organisiert und kooperiert in ausgebauten Netzwerken. Die Klein- und Mittelunternehmen im Lande haben derartiges nur vereinzelt zustande gebracht. Inzwischen fehlt auch das nötige Know-How, denn Kapital ist keines da, und die kompetenten Spezialisten mit dem nötigen Sachverstand sind ebenfalls nicht mehr da oder sind zum Kommen nicht zu bewegen.

Auch fehlt es an einem lebendigen Forschungsumfeld. Die Universitäten und Fachhochschulen sind nurmehr Massenschulen. Sie händigen älter gewordenen Jugendlichen Zertifikate aus, deren Grenznutzen am Arbeitsmarkt rapide sinkt. Das Lehrpersonal kämpft um den Anschluß an den Stand der Forschung. Der Bestand an Forschungsinstituten ist lückenhaft. Die bestehenden Institute sind schlecht ausgestattet. Sie verzeichnen eine hohe Fluktuation. Es sind dort überwiegend Anfänger tätig, die auf die nächste Gelegenheit warten, sich nach München, Aix-en-Provence oder Barcelona zu verbessern.

Die Städte leiden unter Brain Drain, die Fläche unter Landflucht. Einheimische Studenten zieht es weg, auswärtige aber nicht hin. Die Arbeitslosigkeit hat zugenommen, das allgemeine Einkommensniveau ist gesunken. Mit den niedrigen Einkommen sinken auch die Steuereinnahmen des Landes und der Kommunen. Dafür steigen ihre Schulden. Öffentliche Investitionen durchzuführen, wird immer schwieriger, private Investitionen sind ebenfalls rar und bewegen sich im Rahmen der Bestandserhaltung.

Immer mehr Straßenzüge in den Städten beginnen zu verfallen. Manche Häuser und öffentliche Anlagen zeigen ein ungepflegtes Erscheinungsbild. Man sieht blinde und eingeworfene Fensterscheiben, von den Fassaden bröckelt der Putz. Sogar Alkoholismus, Drogenkonsum, Verwahrlosung, Gewalt und Kriminalität haben selbst in mittleren Städten in einer Weise zugenommen, die man früher für unmöglich gehalten hätte. Man möchte nicht unbedingt seine Kinder dort aufwachsen sehen.

Es wird immer schwieriger, hochqualifizierte Kräfte zum Aufbau von High-Tech-Produktionen in Schiffbau, Maschinenbau, Elektrotechnik, Mikroelektronik usw. ins Land zu holen bzw. einheimische Kräfte im Land zu halten. Die hochentwickelste Qualifikation im Land besteht inzwischen darin, in Bonn/Berlin und in Brüssel Erhaltungssubventionen für obsolete Tätigkeiten in strukturschwachen Randgebieten zu beschaffen. Politiker und Verbandsfunktionäre haben die Kunst des Jammerns perfektioniert. Das routinierte Gejammer übertrifft nur dann noch sich selbst, wenn jemand es wagt, Verbesserungsvorschläge zu machen.

Der Kontakt und die Kommunikation unter den Führungseliten drohen unter Resignation und gegenseitigen Anschuldigungen immer wieder zusammenzubrechen. Von Kompromißbereitschaft und Grundkonsens keine Spur, dafür Hauen und Stechen über alle Medienkanäle. Man versucht, die Felle, die einem nicht weggeschwommen sind, zu hüten. Klientelismus und Vetternwirtschaft haben sich stark ausgebreitet, öffentlich kaum sichtbar, aber allgegenwärtig.

Die Bildung des EG-Binnenmarktes hat dem Land eher Nachteile als Vorteile gebracht. Infolge der freiwilligen Ausrichtung praktisch aller Länder von Skandinavien bis zum Ural, vom Bosporus und dem Roten Meer bis Nordafrika an der EG, hat eine schubartige Orientierung auf die großen Agglomerationskerne Westeuropas eingesetzt. Das Gefälle zwischen Zentrum und Peripherie hat sich entsprechend vergrößert. Geld-, Güter- und Menschenströme aus dem Norden und Osten kommen, aber sie kommen nicht ins Land, nur durchs Land hindurch. Während Tirol im Süden vergleichbare Transitprobleme kennt, aber als EG-Kernregion auch prosperiert, mag dies im "Tirol des Nordens" nicht gelingen. Aus der Mittellage heraus, in der man sich ursprünglich befunden hat, wird man nicht immer mehr Teil der EG-Zentrumsregionen, sondern immer mehr Teil der EG-Peripherie.

Die Lokalfürsten betreiben eine Art Landes-Außenpolitik auf eigene Faust. In Flensburg und Schleswig denkt man, bei den Dänen sei doch alles viel besser, zumal jetzt mit ihrem glänzend aufsteigenden Kometen Örestad (Kopenhagen/Malmo/Lund verbunden durch die neue Sundquerung). In Lübeck wiederum ist man selber wieder wer, hat man doch wieder mecklenburgisches Hinterland und macht sich Hoffnungen auf eine Neubelebung des "Mare Balticum" als einem zusammenhängenden Wirtschaftsraum. Ohne das schnöde Hamburg versteht sich. Da ist man sich sogar mit Kiel einig. Das "Mare Balticum", verklärte Erinnerung, wird zur undeutlichen Erwartung. Immerhin möchte ja Malmö die baltische Ausstellung vom Beginn des Jahrhunderts wiedererstehen lassen. Über Mecklenburg wird mit den Schweden schon was laufen. Und auch wenn die Polen und Russen kein Geld haben, so sind sie doch nette Menschen. In Flensburg ebenso wie in Lübeck verspricht man sich somit Sondervorteile von Sonderbeziehungen zu Dänemark/Südschweden. Man kehrt Hamburg enttäuscht den

Rücken, entzweit sich untereinander - um sich dort vor der selben Tür wiederzufinden. Dafür denken die Dänen und Schweden nicht daran, ihre neuen ECU-Aktiva in Flensburg, Lübeck oder Kiel zu verausgaben. Sie haben inzwischen in Estland, Lettland und Litauen eine florierende Zulieferindustrie aufgebaut und halb Mecklenburg aufgekauft. Über Rostock und Sassnitz ziehen ihre Karawanen über Berlin hinaus tiefer hinein nach Mittel- und Südwesteuropa. Kühles Wetter und kurze Sommer haben sie selbst. Aber die Adria da unten, das wäre noch was ...

Szenario II
Einseitige Modernisierung:
Gespaltener Aufbruch

Man hat die Herausforderungen des Strukturwandels und des europäischen und internationalen Wettbewerbs angenommen und eine Vielzahl von Infrastrukturvorhaben und Fördermaßnahmen eingeleitet. Kiel ist zunehmend in die Rolle eines international anerkannten Zentrums der Meeresforschung und Meerestechnologie hineingewachsen. Die ehemalige Werftenindustrie hat sich zu einem maritimen High-Tech-Komplex fortentwickelt. Von Spezialschiffen über Anlagen der Off-Shore-Technik und des Unterwasserbaus bis zu Spezialcontainern und Geräten der unbemannten orbitalen und submarinen Meeresfernerkundung wird eine internationale Nachfrage bedient, die in Alaska und Sachalin ebenso akquiriert wurde wie in Santiago de Chile und Wellington auf Neuseeland.

Teilweise in Zusammenhang damit, teilweise in gänzlich eigenständigen Bahnen hat sich im Maschinenbau, der Elektrotechnik und Mikroelektronik, der Nachrichtentechnik, der Feinmechanik, Optik und verwandten Zweigen ein High-Tech-Gewerbe herausgebildet, das eine breite Palette von international wettbewerbsfähigen Produkten der höherwertigen und Spitzenklasse zu bieten hat. Auch die Medizintechnik, früher schon gut vertreten, hat von diesem Umfeld weiter profitiert. Die Medizinische Universität wurde ausgebaut und beherbergt eine Reihe von Koryphäen. Die Zusammenarbeit zwischen Forschung und Praxis klappt, und dies gilt nicht nur auf medizintechnischem Gebiet. Von Einmalspritzen bis zu schlüsselfertigen vollintegrierten OP-Stationen gibt es kaum etwas, wofür die Region Lübeck-Hamburg nicht namhaft wäre.

Die Brachen am Kieler Ostufer sind verschwunden, die Erschließung zusätzlicher Gewerbeflächen für die Vielzahl der sich ansiedelnden mittleren und kleineren Produktions-, FuE-, Beratungs- und Service-Firmen wird immer dringender. Auch die Technische Fakultät der Universität, fortwährend um zusätzliche Lehrstühle und Forschungsinstitute mit Praxisbezug bereichert, hat inzwischen die Ausmaße einer eigenständigen Technischen Hochschule angenommen und meldet ständig neuen Raumbedarf in möglichst zentraler Lage an. Schließlich wollen auch die jungen Off-Springs nicht weit vom Stamm fallen. Der begehrte Platz in den zentralen Lagen wird knapp und teuer. Vorbei die Zeiten, als Grundstücke noch für 200 - 250 Mark den Quadratmeter zu haben waren. Jetzt muß das Doppelte bis Dreifache veranschlagt werden. Vorbei auch die Zeiten, als die Stewardess auf dem Flug von Berlin nach Kiel sagen konnte "Beehren Sie uns wieder, hier gibt's noch Parkplätze".

Man spricht immer noch vom Mittelstand, aber die ehemaligen innovativen Kleinunternehmen beschäftigen selbst schon ein bis mehrere hundert von gut- bis hochqualifizierten Kräften, während sich manche der ehemaligen Mittelbetriebe im Maschinenbau und der Mikroelektronik allmählich großindustriellen Dimensionen nähern. Dies fällt nur äußerlich wenig auf, weil sie sich auf eng vernetzte mittelgroße Betriebsstätten verteilen, die ihrerseits mit einem filigranen Netz von mittleren und kleineren Zulieferfirmen kooperieren. Sie liegen überwiegend entlang der Technologie-Korridore Hamburg-Neumünster-Kiel, Hamburg-Lübeck und Lübeck-Kiel-Flensburg.

Es sind auch diese Korridore, denen ein zügiger Ausbau der Verkehrswege zugute kam. Die A7 führt sechsspurig von Flensburg bis zum Anschluß an die A1 bei Hamburg südlich der Elbe. Die Teilstücke der ehemaligen B 404 und B 206 verbinden jetzt als Autobahn Kiel über Bad Segeberg direkt mit Lübeck um das Seengebiet der Holsteinischen Schweiz herum. Die Bundesstraßen von und nach Plön, Malente und Eutin wurden großzügig ausgebaut, da sich diese Gegend, u.a. ein Schwerpunkt der Mikroelektronik und anderer Nicht-Schornstein-Gewerbe, auch als Siedlungs- und Gewerbegebiet zunehmender Beliebtheit erfreut. Mit dem fertiggestellten vierspurigen Ausbau der B 404 von Schwarzenbek bis Bad Segeberg und der B 206 von da über Bad Bramstedt bis Itzehoe und Brunsbüttel ist der früher fehlende Autobahnring um das Hamburger Umland faktisch hergestellt. Desgleichen der Zugang zu Fuhlsbüttel. Gegenüber verschiedenen Vorschlägen, zum Beispiel einem Park-and-Ride-Betrieb zwischen A7 und Flughafen, wurde schließlich doch der direkte Autobahnzubringer südlich von Garstedt realisiert. Parallel dazu wurden die Intercity-Bahnverbindungen im ganzen Land erheblich verbessert. Die Elektrifizierung der Nord- und Nordost-Strecken ist kein Thema mehr. Der Anschluß ans ICE-Netz allerdings blieb bisher aus.

Hamburg, das Hamburger Umland und die schleswig-holsteinischen Subzentren begreifen sich praktisch als *ein* zusammenhängendes Gebiet, als den unterelbischen Wirtschaftsraum. Auch von außen wird der gesamte Raum inzwischen so gesehen. Für junge Leute, die sich ausmalen, wo sie vielleicht gerne einmal leben möchten, gehört die Gegend zu den relevanten Optionen. Wer den Norden liebt, der kommt an der K-Region Hamburg/Schlewig-Holstein nicht vorbei. Kulturfreunde und Medienfreaks halten es immer noch mehr mit dem Hamburger Agglomerationskern, Natur-, Sport- und Freizeitfreaks mehr mit dem Umland und den schleswig-holsteinischen Städten, und auch dort muß man ein reichliches Kulturangebot und schicke Nobelrestaurants keineswegs missen. Man kann da ein angenehmes Leben führen, wenn man entsprechend beschäftigt ist und über das nötige Einkommen verfügt.

Es gibt eine Reihe von Hamburg/Schleswig-Holsteinischen Politikergremien und Experteneinrichtungen, in denen Planungsprozesse aufeinander abgestimmt werden. Sie funktionieren leidlich gut. Die alten Rivalitäten und Eifersüchteleien bestehen fort, aber es sind die Sachfragen einer K-Region (deren Dynamik sich aus Quellen speist, die auf Landes- und Lokalebene kaum beeinflußbar sind), die immer wieder zur Kooperation und zum Kompromiß zwingen. Man geht etwas förmlich aber recht manierlich miteinander um. Eine wirklich freundschaftliche Stimmung will jedoch nicht aufkommen. Dazu sind die Divergenzen und die Probleme zwischen und innerhalb der beiden "Halbländer" denn doch zu groß.

Der neue Glanz hat seine Schattenseiten, das Hoch im Norden kommt nicht ungetrübt. Allzu sehr, und von politischer Seite auch allzu einseitig durch staatliche Maßnahmen, ist die Modernisierung forciert worden. Die enormen öffentlichen Investitionen für Verkehrs-Infrastruktur, für die Universitäten und Fachhochschulen, für die kommunalen Kultur- und Freizeiteinrichtungen, oder für die anfänglichen Gewerbeflächen- und Ansiedlungs-Subventionen, haben zwar ihren beabsichtigten Zweck erfüllt, aber auch zu unbeabsichtigten Folgen geführt. Wirtschaftszweige und Bevölkerungsgruppen außerhalb der high-tech-gewerblichen Szene sind zunehmend vernachlässigt worden. Die Einrichtungen zur Vermittlung von Spitzenqualifikationen sind mit meßbarem Erfolg erheblich ausgebaut, aber die Breite der gewöhnlichen Fachqualifikationen dafür vernachlässigt worden. Im Bemühen, für hochqualifizierte Kräfte ein ansprechendes und interessantes urbanes Umfeld zu schaffen, bleibt für andere landes- und städteplanerische Vorhaben kein Geld mehr.

So hat man erleben können, wie bestimmte Straßenzüge in den Städten durch ein neues Mittelschichts-Publikum aufgewertet worden sind. Mit der kaufkräftigen Nachfrage dieser meist höherwertig gebildeten Leute mittleren Alters, in technischen, kaufmännischen und Verwaltungs-Berufen ebenso wie in Sozial- und Kulturberufen, haben sich diese Gegenden gefällig herausgeputzt, mit gut sortierten Läden mit frischen Sachen, Boutiquen, Buchhandlungen, Kinos, Galerien und Cafés. Gleichzeitig jedoch sieht es in anderen Straßenzügen, gar nicht weit davon, nicht so schick aus. Mit der neuen Gentry kommt auch die neue Armut, jene nicht unbeträchtliche Minderheit von randständigen Menschen, die für die großartige Hochleistungskonkurrenz der Starken, Gebildeten, Eloquenten und Gerissenen zu schwach, zu unerzogen, zu einfältig oder zu grob sind, oder die einfach nur das Pech hatten, nicht gesund und schön genug zu sein. Früher hatte man immer über die

Zwei-Drittel-Gesellschaft gesprochen. Jetzt ist sie da, und keiner redet mehr sehr laut darüber. Auch die Gewerkschaften mucken nicht mehr viel. Allzu sehr sind sie damit beschäftigt, ihre Mehrheitsklientel der mittleren und gehobenen Arbeitnehmerschichten bei der Stange zu halten. Zum 25jährigen Jubiläum des Kieler Semmel-Verlags prostet ein stadtbekannter Schickimicki, als "Werner" verkleidet, mit seinem "Flaschbier" der anwesenden Prominenz zu. Wer allerdings die Party verläßt, wird auf der Straße von einer Gruppe abgerissener Gestalten angepöbelt.

Nicht zuletzt in den ländlichen Gebieten fühlt man sich in dem Maß bedrückt, wie man in den städtischen Zentren erleichtert darüber ist, das frühere Kühe-und-Wiesen-Image endlich losgeworden zu sein. Im Zuge der Neugestaltung des Welthandels im GATT, ist die EG eine Reihe von Abkommen mit B-C-D-Ländern eingegangen. Diese Abkommen laufen darauf hinaus, handelspolitische Zugeständnisse im Gegenzug für währungs-, wirtschafts- und umweltpolitische Verpflichtungen zuzugestehen. Die "Festung Europa", im wesentlichen der EG-Agrarmarkt, wurde geschliffen. Die Bauern und ihre Funktionäre demonstrierten in gewohnt deftiger Weise, aber allen war klar, daß da nichts mehr zu machen war und mit der Mißwirtschaft des EG-Agrarmarktes einmal Schluß sein mußte. Den Landwirten wurden von Beginn an Stillegungs-Angebote gemacht. Auch wurden landschaftspflegerische Tätigkeiten einkommenssubventioniert sowie Beihilfen zur Erfüllung der inzwischen sehr strengen Umweltrichtlinien in der Landwirtschaft gewährt. Doch damit war die fortgesetzte Landflucht und relative Verarmung der übrig gebliebenen ländlichen Bevölkerung nicht aufzuhalten.

Dies führte zu fatalen Folgen auch für den Fremdenverkehr. Auf den Nordseeinseln und in den alteingeführten Ostseebädern bestand er zunächst zwar wie gehabt weiter. Diese Orte sind aber unterdessen so überlaufen und übernutzt, daß sie nun für gewisse geschmacksbildende und meinungsführende Schichten immer unattraktiver werden, während die anderen ländliche Gebiete verarmen und veröden, und sie aus diesem Grund unattraktiv geblieben sind. Weitere touristische Erschließungen finden kaum mehr statt. Zwei wichtige Pfeiler der regionalen Wirtschaft, die Landwirtschaft und der Fremdenverkehr, tragen daher kaum noch, und auch mit der einst bedeutenden Nahrungsmittelindustrie ist mangels Masse kein Staat mehr zu machen. Was wäre man froh, das frühere Kühe-und-Wiesen-Image noch zu besitzen...

Die doppelt gespaltene Entwicklung - dynamische Subzentrenbildung aber Verödung in der Fläche, neue Mittelschichten aber auch neue Armut in den Städten - macht dem Land einen Strich durch die schöne Rechnung. Zwar sind die neuen Industrien und ihre neuen Mittelschichten kräftige Steuerzahler, aber auch kräftige Inanspruchnehmer. Die anderen, die Abgekoppelten und Abgeschobenen, sind ohnedies Zuwendungsempfänger. Die öffentliche Haushaltslage ist deshalb weiterhin angespannt, die Verschuldung weiterhin überdurchschnittlich, auch wenn man nach außen einen besseren Schuldner als früher abgibt.

Szenario III
Ausgewogene Erneuerung:
Integrierter Anschluß

Das Land besitzt alle K-regionalen Errungenschaften wie in Szenario II geschildert. Jedoch sind die Spaltungsprobleme der Zwei-Drittel-Gesellschaft von Beginn an erkannt und bearbeitet worden, so daß sie jetzt, wenn überhaupt, nur in milder Ausprägung und in fast vernachlässigbarer Größenordnung vorhanden sind. Der K-regionale Anschluß ans A-Zentren-Weltniveau gelang stattdessen auf gesellschaftlich gut integrierte Weise. Die strukturelle Erneuerung des Landes stellt sich als ausgewogene dar und schließt auch die ländliche Fläche mit ein. Dies ist dem Zusammenwirken mehrerer Gründe zu verdanken.

Die Bewältigung des Strukturwandels wurde zwar als öffentliche, aber nicht als rein staatliche Aufgabe angegangen. Die politische Führung initiierte einen Zukunftsdialog mit allen relevanten Akteuren im Land, einen Prozeß der gesellschaftlichen Kommunikation, den sie fortlaufend moderiert. Die Opposition versucht nicht, die Regierung und ihre Ziele schlecht zu machen, sondern praktiziert kritische Kooperationsbereitschaft und sucht ihre Chance dort, wo sie der Regierung nachweisen kann, daß diese die guten Ziele nicht gut genug umsetzt und sie, die Opposition, es soundso besser machen würde.

Industrie- und Bauernverbände, Bundesbahn und Telekom, Arbeitgeber und Gewerkschaften, Berufsverbände und Standesorganisationen, Verbraucher- und Bürgerinitiativen, die Medien, die Kirchen, die Wissenschafts- und Kultureinrichtungen, sie alle wurden nicht nur an ministeriellen Planungen "beteiligt", sondern erkannten schnell, daß sie die Dinge, die sie betreffen, selbst in die Hand nehmen mußten, wenn etwas Gescheites daraus werden sollte. Sie "beteiligten" dann ihrerseits die öffentliche Verwaltung an ihren Planungen und versicherten sich deren Einvernehmen und Unterstützung. Der Kontakt und die Kommunikation unter den Führungseliten, früher schon gut, wurde dadurch noch enger und vertrauensvoller. Der Grundkonsens und das Gefühl der Zusammengehörigkeit und gemeinsamer Interessen in der Region, trotz anderweitig teilweise beträchtlicher Einstellungs- und Interessensdivergenzen, haben sich so gut entwickelt, daß man sich auch öffentlich einmal geradeheraus die Meinung sagen und unangenehme Wahrheiten aussprechen kann, ohne damit gleich eine Staatskrise auszulösen.

Eine wichtige Rolle spielen die neuen Selbstorganisationen der Wirtschaft. Marktmacher und Zulieferer in den verschiedensten Branchen haben sich zu Zweckverbänden zusammengeschlossen. In ihren Gremien sind fast immer auch Angehörige der öffentlichen Verwaltungen und der Forschung vertreten. Eine halb staatliche halb private Investitionsbank wurde gegründet. Durch gewisse rechtliche Rahmenänderungen auf Bundesebene wurde die Bildung von Wagniskapital weiter erleichtert. Die Wirtschaft und die Sozialpartner haben, in Abstimmung mit den staatlichen Stellen, eigene überbetriebliche Ausbildungsgänge eingerichtet, um ihren speziellen Bedarf an qualifizierten Kräften und Spezialisten verschiedenster Art zu decken. Gemischtparitätische Vereinigungen des Wissens- und Technologietransfers wurden erheblich ausgebaut, und zwar in allen Branchen und in allen geographischen Richtungen, und stets mit einer gemischten Finanzierung. Innovative und exportorientierte Kleinunternehmen kooperieren in Netzwerken. Sie schaffen sich so Zugang zu teuren Informationen, fernen Märkten und der gemeinsamen Akquisition von Großaufträgen.

Die Gewerkschaften, nach anfänglicher Unschlüssigkeit beiderseits, sind mittlerweile in all diese Aktivitäten voll integriert und haben so das Betätigungsfeld gefunden, um zur Verwirklichung ihrer auch früher schon vorgebrachten Vorschläge der gemeinwohlorientierten Landesentwicklung beizutragen. Die Kapitalbeteiligung der Arbeitnehmer liegt überdurchschnittlich hoch. Immer öfter werden, in tarifpartnerschaftlich ausgehandelten Grenzen, Formen der betriebsnahen, am Unternehmensergebnis orientierten Gehaltsfindung praktiziert.

Das Verhältnis zu Hamburg sowie den anderen Nachbarländern der Nordregion hat sich positiv entwickelt. Einen "Nordstaat" gibt es weiterhin nicht, und offensichtlich braucht ihn auch niemand. Dafür gibt es eine auf allen Ebenen gut koordinierte und wirksame Zusammenarbeit. Man hat den kultivierten Kuhhandel zur Staatskunst erhoben, und in den "Beamtenbaggern" in Hamburg und Kiel, den Paster-Noster-Aufzügen der Dienstgebäude, herrscht lebhafte Stimmung.

Besonders die Planungen der Hochschulen beider Länder erfolgen in gemeinsamer Absprache. Es gibt keine "TH Nord", aber zweckmäßig aufeinander abgestimmte Planungen an den Hochschulstandorten Hamburg, Hamburg-Harburg, Lübeck und Kiel. Schleswig-Holstein und Hamburg besitzen gut verbundene elektronische Landesverwaltungsnetzwerke mit Schnittstellen in die Wirtschaft und Forschung. Die Bearbeitungszeit behördlicher Vorgänge hat sich spürbar verkürzt. Unter Investoren hat dies der Region den Ruf eingebracht, daß sich dort mit den Behörden gut zusammenarbeiten läßt.

Auch die Landes- und Verkehrsplanung beider Länder erfolgt eng aufeinander abgestimmt. Der ICE fährt bis Flensburg. Fuhlsbüttel wurde für den öffentlichen Flugverkehr geschlossen und dafür der internationale Großflughafen Kaltenkirchen an der A7 zwischen Neumünster und Hamburg nach zehnjähriger Bauzeit eröffnet. Der Flughafen bildet einen Bahnhof auf der Schnellbahnstrecke zwischen Neumünster und Hamburg und besitzt einen direkten Bahnanschluß nach Lübeck.

Schon jetzt, nach nur zehn weiteren Jahren, zeigt sich die Boomwirkung auf die gesamte Region. Das "Technologie-Dreieck" Kiel - Eckernförde - Rendsburg - Neumünster (KERN), das man früher propagiert hatte, ist jetzt praktisch von alleine Wirklichkeit geworden. Die ideale Lage - optimale verkehrliche Erschließung am Agglomerationsrand, im Umland einer ansonsten vielfach naturgeschützten und agrikulturell gepflegten Parklandschaft - zusammen mit der inzwischen ausgezeichneten Bildungs- und Forschungs-Infrastruktur und dem gesamtregional gut entwickelten Arbeitsmarkt erzeugen eine beträchtliche Anziehungskraft.

Der Brain Drain hat aufgehört. Die Wanderungsbilanz ist ausgeglichen. Der Anteil der Auswärtigen und Ausländer hat generell etwas zugenommen, und zwar auf der Ebene der geringqualifizierten Hilfskräfte ebenso wie auf der Ebene der Hochqualifizierten. Die Steuereinnahmen sind zufriedenstellend, die Haushalte sind ausgeglichen. Öffentliche und private Investitionen bewegen sich auf einem ansehnlichen Niveau.

Auch die mittlerweile gut entwickelten semiperipheren Landwirtschafts- und Tourismusgebiete tragen zu diesem Wohlstand bei, wie sie umgekehrt von der Modernisierung und verbesserten Erschließung des Landes profitiert haben. Durch den vorausblickenden Ausbau der vorhandenen und die Gründung von zusätzlichen biochemischen, biotechnologischen und nahrungsmitteltechnischen Forschungsinstituten, sowie durch ihren engen Kontakt mit der Praxis, ist es gelungen, die Landwirtschaft auf den Weg einer ebenso landschaftspflegerischen wie produktiven High-Tech-Agrikultur zu bringen.

Verschiedenste Pflanzenprodukte werden auf umweltfreundliche Weise erzeugt und von der neuen, sich rasch entwickelnden biomaterialverarbeitenden Industrie weiterverarbeitet - zu Pharmaka, Spezialchemikalien, Kunststoffen, Faserstoffen, Baustoffen usw. Ein Teil der Biomasse geht in die regionale Energiegewinnung. Dank dem wachsenden Markt an nachwachsenden Qualitäts-Rohstoffen sind Landwirtschaft und Landschaftspflege rentabel geworden. Dies geschieht zwar auch nicht ganz ohne Subventionen, aber im Unterschied zu früher dienen sie nicht mehr dem Strukturerhalt, sondern dem innovativen ökologisch-biotechnologischen Strukturwandel. Damit blieb dem Land nicht nur seine traditionsreiche und nunmehr wieder hochentwickelte Landwirtschaft erhalten, sondern es hat mit der biomaterialverarbeitenden Industrie auch ein neues Standbein hinzugewonnen.

Dem Fremdenverkehr und der Naherholungs- und Freizeitindustrie kam das nur zu pass. Das gepflegte parkartige Landschaftsbild mit seinen charakteristischen Häusern und Bauten nach Landesart gilt Urlaubern und Ausflüglern als Attraktion. Dies umso mehr, als auch in die Modernisierung des Hotel- und Gaststättengewerbes beträchtlich investiert wurde. Die Gastronomie steht im Ruf, eine hervorragende landeseigene Küche zu kultivieren. An bestimmten Orten der Westküste wurde der Ausbau bzw. die Neuansiedlung von Heim- und Bildungsstätten gefördert zusammen mit der Eröffnung großangelegter Sport- und Freizeitparks. Segeln, Reiten, Golf, Tennis usw., Saunen-, Bäder- und Massageprogramme, Gruppendynamik, autogenes Training, Atemtherapie usf. Außer Hochgebirgswandern und Go-Car-Rennen gibt es nur wenig, was dort nicht angeboten wird. Die Orte sind autofrei, besser gesagt, benzinautofrei. Man kann Elektrowagen und Solarmobile mieten und zwischen bestimmten Punkten verkehren E-Busse. Die Planer- und Architektenwettbewerbe für diese Vorhaben sorgten seinerzeit weithin für Furore und gelten noch heute als Modellfall für eine großprojektierte und zugleich behutsame und ökologisch angepasste Erschließungs- und Bebauungspolitik. Die Preise in der Gegend sind freilich nicht die billigsten. Nicht alle Urlauber können sich den Aufenthalt an den beliebten Orten beliebig oft leisten. Aber eben darin äußert sich gehobene Qualität nun einmal.

In den hübschen und interessanten Ferien- und Freizeitorten haben sich auch eine größere Zahl von Software-, Beratungs- und Weiterbildungs-Firmen niedergelassen. Die Freizeitparks sind zugleich Ausbildungsparks und auch Gewerbeparks für bestimmte produktionsorientierte Dienstleistungen und ortsangepaßte Tätigkeiten. Die Verluste durch Schließung von Bundeswehr-Standorten sind so mehr als wettgemacht worden, und einige der ehemaligen Kasernen, nach gewissen Umbauten, haben dadurch eine neue Widmung gefunden. Nach amerikanischem und skandinavischem Vorbild sind Telestuben eingerichtet worden. Sie öffnen den Besuchern ebenso wie der Bevölkerung Zugang zu verschiedensten Telekommunikations-Diensten. Unter anderem kann man von mietbaren Plätzen in den Telestuben aus elektronisch fernarbeiten. Immer mehr Schulen sind dazu übergegangen, ihre Klassen für bestimmte Curriculum-Perioden "ins Grüne" zu schicken. Jedoch sind an die Stelle des ehemaligen Landschulheims die Bildungsstätten mit Heim- oder Hotelanschluß in den Ferien- und Freizeitorten getreten.

Die IuK-Software&Service-Firmen an diesen Orten forschen und applizieren gleichermaßen. In ihren Software&Service-Ports werden Informatiksysteme entwickelt, Organisations- und Prozeßplanungen erarbeitet, Datenverarbeitungs- und Maschinen-Programme geschrieben, Tagungen abgehalten und Schulungskurse durchgeführt. Die Mitarbeiter von Firmen in Hannover, Halle, Dresden, Nürnberg, Düsseldorf und Stuttgart reißen sich darum, auch einmal eine Woche dorthin geschickt zu werden. "Auf dem Land" zu sein, ist nicht mehr Zeichen für Rückständigkeit, sondern für die Verbindung des Nützlichen mit dem Angenehmen, der K-gesellschaftlichen Wissensarbeit mit einer niveauvollen Freizeitgestaltung. Für die Milch braucht man die meisten Kühe nicht mehr, aber fürs Image. Ihr Marketingwert ist nachgerade unbezahlbar.

In einem Software&Service-Port konferiert gerade Silke Janssen in Niebüll mit ihrem Kollegen Spiro Poulantzas in Athen mittels PECONET, dem permanent global computer conferencing network. Spiro Poulantzas in Athen teilt mit: "Wir waren heute den ganzen Tag damit beschäftigt, die Grundzüge des Programm-Designs für den neuen Auftrag von Bull Paris festzulegen. Sind aber nicht fertig geworden. Zur Zeit ist es hier wieder einmal fürchterlich heiß und stickig, draußen ist ein Höllenlärm, und der ewig saublaue Himmel macht mich fertig". Darauf Silke Janssen in Niebüll: "Wenigstens habt Ihr schon einmal angefangen. Komme gerade von einem herrlichen Spaziergang an der frischen Luft. Schöner Tag heute. Sonnenschein und Schauerwolken wechseln sich ab. Du weißt ja, gute Softwaredesigner können wir hier immer brauchen ... ".

Kontrastierendes Szenario der Verheißungen und Bedrohungen der Informationsgesellschaft

Anfang bis Mitte der 80er Jahre hatte der Verfasser im Rahmen eines Forschungsprojektes am Wissenschaftszentrum Berlin Gelegenheit, über 400 Schriften zur Technik im allgemeinen und den neuen Informations- und Kommunikationstechniken (IuK-Techniken) im besonderen auszuwerten. Dabei ergaben sich eine Reihe von charakteristischen Erwartungen und Einstellungen gegenüber der Informations- und Kommunikationstechnik. Ihr Grundmuster bildet die Topologie eines bipolaren Sinn- und Bedeutungsraumes, ein kontrastierendes Szenario.

Im folgenden ist dieses Szenario in siebzehn Kontrastpaaren wiedergegeben*. Die in positiver und negativer Bewertung einander entgegengesetzten Auffassungen heißen hier *eutop* und *dystop*. Eutop kommt von Eudämonismus (der westlichen Philosophie der Glückseligkeit und Nützlichkeit) und Utopie. Dystop ist ein Anglizismus und steht für Schreckensutopien der Art von Orwells "1984".

IuK-Techniken als Schlüsseltechnologien

Eutop: In der technischen Zivilisation entscheiden der Besitz und die Beherrschung der jeweiligen Schlüsseltechnologien über die wirtschaftliche und politisch-militärische Stärke, und damit auch über den Weltrang einer Nation (bzw. einer Weltregion wie Westeuropa, Nordamerika, Ostasien usw.). Wer im industriellen Entwicklungswettbewerb nicht mithält, gerät in einseitige Abhängigkeiten von den jeweiligen Großmächten und verzichtet in sinnloser Weise politisch auf Einfluß und wirtschaftlich auf Einkommen.

* Entnommen aus: Huber 1989, 60-71

Dystop: Der endlose Wettlauf um immer neue Vorsprünge auf wissenschaftlich-technischem Gebiet bedeutet nicht nur militärische, sondern auch wirtschaftliche Hochrüstung. Er perpetuiert den politischen und wirtschaftlichen Verdrängungswettbewerb, der jederzeit in offenen Krieg umschlagen kann.

IuK-Techniken und Weltwirtschaft/Weltgemeinschaft

Eutop: Durch weltweiten Handel und andere Formen des Austauschs kommen die IuK-Techniken rasch allen zugute. Sie helfen insbesondere auch den Entwicklungsländern, ihre Probleme besser zu lösen. Dies dient der Friedenssicherung. Gerade die globale IuK-Vernetzung bringt uns einer gemeinsamen Weltkultur um große Schritte näher. Die "network nations" bilden ein "global village".

Dystop: IuK-Techniken sind kapital-, bildungs- und forschungsintensiv. Die reichen Länder haben darauf ein Oligopol. Dieses vergrößert den Abstand zwischen reichen und armen Ländern und verfestigt die Abhängigkeit der armen von den reichen. Der Technologietransfer gerät zum wirtschaftlichen, politischen und, nicht zuletzt, kulturellen Neokolonialismus.

IuK-Techniken als Militärtechnologie

Eutop: Computer können schneller und umfassender Informationen verarbeiten als Menschen. Deshalb sind computergestützte Waffensysteme effizienter und sicherer als herkömmliche.

Dystop: Es besteht eine gewisse Wahrscheinlichkeit, daß durch Computerirrtümer ein Atomkrieg oder vergleichbare militärische Apokalypsen ausgelöst werden.

IuK-Techniken und qualitatives Wirtschaftswachstum

Eutop: Als Schlüsseltechnologien sind IuK-Techniken Träger eines neuerlichen langfristigen Wirtschaftsaufschwunges. Neue Branchen, neue Märkte und neue Einkommensquellen werden erschlossen. Dazu gehört auch die Umweltindustrie und die technisch intelligente Vermeidung von Umweltbelastungen. Gerade elektronische Meß- und Regeltechnik, Umweltbeobachtung per Satellit u.a. sind eine unabdingbare Voraussetzung für ein umweltverträgliches, qualitatives Wirtschaftswachstum. Mit IuK-Techniken kann man mit weniger genauso viel noch besser machen.

Dystop: Auch das Wachstum auf Grundlage der IuK-Techniken ist kontraproduktiv. Das Industriesystem profitiert von seinen Mißständen, indem die Wirtschaft zuerst verdient, indem sie zerstört, und dann noch einmal, indem sie das Zerstörte repariert und entsorgt. Defensive Aufwendungen nehmen gegenüber produktiven immer mehr zu. Mit IuK-Techniken wird mit noch mehr Aufwand noch mehr Verschwendung und Verschleiß produziert.

IuK-Techniken als Rationalisierungs-, Verstärker- und Beschleunigungstechnologie

Eutop: Als Rationalisierungs-, Verstärker- und Beschleunigungstechnologie erhöhen IuK-Techniken Produktivität und Wohlstand noch mehr als bisher schon. IuK-Techniken tragen dazu bei, Arbeit und Leben besser, schöner, sauberer und komfortabler zu machen.

Dystop: Als Rationalisierungs-, Verstärker- und Beschleunigungstechnologie führen IuK-Techniken zu noch mehr Durchsatz und erhöhtem Verschleiß der Umwelt, Gesundheit und Arbeitskraft. Arbeit und Leben werden außerdem komplizierter und stressiger.

IuK-Techniken und Siedlungsformen, Verkehr, Energieverbrauch, Luftverschmutzung

Eutop: Telekommunikation - z.B. in Form von Telearbeit (elektronische Fernarbeit) - kann und soll Transport von Menschen und Sachen vielfach ersetzen. Arbeits- und Wohnstätten werden dezentralisiert. Man braucht weniger Flächen. Der Verkehr, vor allem der Autoverkehr, nimmt ab, damit auch der Energieverbrauch und die autoverkehrsbedingte Luftverschmutzung.

Dystop: Durch Telekommunikation nimmt die organisatorische Zentralisierung noch weiter zu, während Arbeits- und Wohnorte noch weiter verstreut werden. Das bedeutet Zersiedelung und weiter zunehmenden Flächenverbrauch, damit auch eine Zunahme des beruflichen und privaten Autoverkehrs mitsamt seiner Luftverschmutzung.

IuK-Techniken und Arbeitsgesellschaft

Eutop: Mit neuen Wirtschaftszweigen und der Modernisierung alter schafft IuK-Technik auch neue Berufe und neue Beschäftigungsmöglichkeiten.

Dystop: Computer, Roboter und sonstige Automaten übernehmen immer mehr Arbeit. Der Arbeitsgesellschaft geht die Arbeit aus. Massenarbeitslosigkeit und Massenarmut verbreiten sich. Der Sozialstaat bricht zusammen, mit ihm vielleicht die gesamte Erwerbs- und Geldwirtschaft.

IuK-Techniken und Arbeitswelt

Eutop: IuK-Techniken befreien den Menschen von schwerer und monotoner Plackerei. Der Mensch wird für interessantere politische und kulturelle Tätigkeiten freigesetzt. Die verbleibende Arbeit wird leichter und interessanter. Sie eröffnet neue Möglichkeiten der Selbstverwirklichung. Taylorismus wird überwunden. Das Qualifikationsniveau hebt sich allgemein.

Dystop: IuK-Techniken entwerten berufliche Qualifikationen. Der Computer denkt und lenkt. Die Arbeit wird mehr denn je taylorisiertes Stückwerk, und der Mensch mehr denn je zum knöpfchendrückenden Anhängsel der Maschinerie, dazu gezwungen, sich selbst zunehmend computerhaft zu verhalten. Die Arbeit wird weiter sinnentleert und intensiviert. Die Qualifikationsstruktur polarisiert sich, wobei die Masse absinkt.

IuK-Techniken und Klassenstruktur

Eutop: Die allgemeine Anhebung des Qualifikations-, Berufs- und Einkommensniveaus bedeutet die Festigung einer gehobenen Mittelschichtsgesellschaft. In dieser sind Chancen, Rechte, Freiheiten und Kompetenzen innerhalb einer gewissen Bandbreite relativ gleich verteilt. Auf dieser Grundlage einer allgemeinen Gleichwertigkeit von Positionen wird Demokratie weiter gefestigt und kann auch in Richtung einer völlig klassenlosen Gesellschaft weiter ausgebaut werden.

Dystop: Die Entwertung und Polarisierung von Qualifikationen bedeutet eine Ausdünnung und tendenziell Auflösung der Mittelschichten. Es kommt zu einer neuen Klassenpolarisierung. Vergleichsweise kleine industriell-politisch-wissenschaftliche Eliten bilden als "Techno-Lords" die neuen herrschenden Klassen, während die marginalisierten, weil für die Ausübung der Systemfunktionen entbehrlichen Massen das neue Proletariat bilden ("Techno-Peasants").

IuK-Techniken und neue Sklavengesellschaft

Eutop: Automaten und Roboter, mit ihren künstlichen Sinnen und ihrer künstlichen Intelligenz, begründen eine zweite Population. Mehr noch als herkömmliche Maschinen sind sie unsere Technosklaven, die alles, was wir wollen und ihnen befehlen, für uns tun. Damit erschließt sich praktisch allen die Möglichkeit einer neuaristotelischen Kulturexistenz.

Dystop: Künstliche Intelligenz von Maschinen bedeutet eine schubartige Verstärkung der technokratischen Sachzwangsherrschaft. Mit der IuK-Technik versklavt der Mensch sich und die Natur vollends.

IuK-Techniken und Bildung/Wissenschaftsgesellschaft

Eutop: Bildung und relevante Informationen sind allgemein zugänglich. Die Informationsgesellschaft ist eine Wissens- und Wissenschaftsgesellschaft. IuK-Techniken verhelfen immer mehr Menschen dazu, in relevanten Angelegenheiten kompetent mitzureden und mitzuentscheiden. Voraussetzung ist jedoch, die Bildungskatastrophe eines Computer-Analphabetismus zu vermeiden. Jeder Staatsbürger muß über "computer literacy" verfügen.

Dystop: IuK-Techniken verfestigen die Etablierung einer wissenschaftlich-technischen Expertokratie. Experten aller Art sind die neuen "Priester" und "Schriftgelehrten". Sie haben ein weitgehendes Thematisierungs- und Definitionsmonopol erlangt, dem bald auch ein Sanktionsmonopol folgen wird. Im Interesse der Sicherung von Macht und Herrschaft verwirklichen sie die Informationsgesellschaft als Desinformationsgesellschaft.

IuK-Techniken und Informationsdemokratie

Eutop: Die Begründung der Informationsgesellschaft durch IuK-Techniken bedeutet, daß mehr und besseres Wissen geschaffen wird, und immer mehr Menschen immer besser informiert sein werden. Neue Medien bringen alle nur denkbaren Nachrichten aus den entlegensten Gebieten auf Wunsch direkt ins Haus. Damit wird Demokratie gestärkt und erweitert. Durch Telekommunikations-Einrichtungen wie den

"Konsensor" - einem Gerät, um einer Moderationszentrale per Telephon oder Kabelfernsehen seine Meinung mitzuteilen - können jederzeit Meinungsbilder erstellt und Abstimmungen durchgeführt werden: direkte Demokratie per Knopfdruck.

Dystop: Als Ware ist Information knapp und teuer. Je wichtiger und besser die Information, umso mehr wird sie zum Privileg derer, die sie sich leisten können. Was für die meisten Menschen übrig bleibt, ist "information overload" und "informationelle Umweltverschmutzung" durch ebenso massenhaft verbreitete wie nichtssagende Billiginformation. Die Menschen verlieren ihre Urteilsfähigkeit, weil sie in der sekundären Realität der Medien mit einem Ersatz- und Scheinwissen aus zweiter Hand leben. Diese Situation bewirkt ungewollte und begünstigt gewollte Fehlinformation. Möglichkeiten wie der "Konsensor" werden allenfalls zur plebiszitären Manipulation mißbraucht. Es kommt zu einer "Umweltkrise zweiter Ordnung": außer der Natur wird nun auch noch das Geistesleben und die Kultur "verschmutzt".

IuK-Techniken und freiheitlicher Rechtsstaat

Eutop: Technisch-organisatorische Vorkehrungen machen Computer sicher gegen Einbruch und Mißbrauch. Datenschutz, und damit auch die Garantie der bürgerlichen Freiheiten, ist gewährleistet. Gezielte Datenerfassung und -weitergabe jedoch wird helfen, die richtigen Menschen auf die richtigen Positionen zu bringen und überhaupt, im Interesse der Menschen, richtige Entscheidungen zu treffen.

Dystop: Gegen Computerkriminalität ist kaum etwas zu machen. Sie verstärkt eine allgemeine Kriminalisierung. Auch von Seiten der Behörden und Unternehmen kommt es zu immer mehr Datenvergehen, und darüber hinaus auch zu einer legalen Totalerfassung der Menschen. Privatsphäre und bürgerliche Freiheiten werden ausgehöhlt und schließlich aufgehoben. Der Mensch wird ein "gläserner", "verkabelter" Mensch, eine bloße "Nummer", und jederzeit einer totalen Überwachung und Kontrolle unterworfen. Im Berufs- und Wirtschaftsleben führt der "Datenschatten" zu einem unbarmherzigen Sozialdarwinismus.

IuK-Technik und Lebensformen

Eutop: Indem IuK-Techniken von Plackerei befreien, eröffnen sich weitgehende Dispositionsspielräume und Freiräume zur selbstbestimmten Lebensgestaltung. Dazu gehören Mobilität, Zeitsouveränität, freie Verfügung über Einkommen, frei gewählte berufliche und private Festlegungen auf Zeit. Es entfaltet sich ein Pluralismus optionaler Lebensformen zugunsten vermehrter Selbstverwirklichung und Persönlichkeitsentfaltung.

Dystop: Der Computer ist nichts anderes als eine autoritäre Bürokratie en miniature. Ihre Sachzwänge diktieren eine allgemeinen Normierung, Standardisierung, Formalisierung, Vereinheitlichung auch der Lebensweise. Der technisch induzierte Konformitätszwang duldet keine Eigentümlichkeiten. Die Wahl zwischen Pepsi-Cola und Coca-Cola wird zum oberflächlichen Scheinersatz für vorenthaltene wahre Lebensentscheidungen. Konsumverhalten tritt an die Stelle echter Lebenserfüllung. Auch Mobilität wird zum Zwang und führt zu Entwurzelung und Vereinzelung.

IuK-Techniken und Haushaltszentrierung/Gemeinschaftsbindung, Verhältnis der Geschlechter und Generationen

Eutop: IuK-Techniken machen die allgemeine Flexibilisierung der Arbeits- und Lebenswelt ebenso möglich wie erforderlich. Durch Telekommunikation wird mehr Arbeit, und auch mehr Konsumarbeit - wie Einkaufsbestellungen, Abwicklung von Geld- und Verwaltungsangelegenheiten, elektronische Post o.ä. - nach Hause rückverlagert. Die Grenzen zwischen Arbeits- und Wohnstätte, Arbeits- und Freizeit, Berufs- und Familienleben werden durchlässiger gemacht und womöglich überhaupt wieder aufgehoben. Familie und Nachbarschaft bekommen einen höheren Stellenwert und rücken wieder ins Zentrum des Lebens. Männer und Frauen, Eltern und Kinder, Junge und Alte, Freunde und Nachbarn können wieder mehr füreinander da sein. Die Emanzipation der Geschlechter kann dadurch weiter voranschreiten, ebenso wie die Reintegration der Jungen und Alten ins öffentliche, berufliche und familiäre Leben.

Dystop: Im Zusammenhang mit den negativen Arbeitsmarkt- und Lebensweltwirkungen der IuK-Techniken werden die Ungleichstellung der Frau und die Ausgrenzung von Jungen und Alten fortgesetzt. Darüber hinaus werden mit den IuK-Techniken nun auch noch die letzten Lebenswelt-Reservate - Heim, Familie, Nachbarschaft - vom Industriesystem kolonisiert. Das ganze Leben verwandelt sich in entfremdete (vom System kontrollierte) Arbeit. Arbeitszeit ist latent jederzeit. Angesichts der zunehmenden Vereinzelung kann Wiederverhäuslichung hierbei nur Isolierung und Vereinsamung bedeuten. Neben ihren handwerklichen Qualifikationen verlieren die Menschen nun auch ihre "sozialen Qualifikationen". Sozialverfall und psychosoziales Elend nehmen zu. An die Stelle zwischenmenschlicher Kommunikation treten Medikamenten-, Alkohol-, Drogen- und Medienkonsum.

IuK-Techniken und menschliche Psyche

Eutop: Der Computer ist ein "Denkwerkzeug". Mit seiner Hilfe werden die kognitiven Fähigkeiten des Menschen eine ungeahnte Potenzierung erfahren. Der Computer befähigt den Menschen zu ungeahnten geistigen Leistungen. Mit der Macht der Denkmaschine wird der Mensch zum Übermenschen (ironisch: Superman).

Dystop: Durch den Umgang mit Computern und Robotern werden die Menschen selbst wie Computer - zu Robopathen und computersüchtigen Hackern, die statt mit Menschen mit Maschinen leben. Sie denken und verhalten sich zunehmend in der gleichen formal-widerspruchsfrei-exakt-perfektionsheischenden Weise wie der Computer.

Alle anderen geistigen, emotionalen, sensitiven und sonstigen körperlichen Fähigkeiten werden unterdrückt und verkümmern. Mit der Denkmaschine macht sich der Mensch zum Krüppel.

IuK-Techniken und kulturelle Evolution

Eutop: Mit der künstlichen Intelligenz und der absehbaren Verbindung von Elektronik und Optik sowie Computer- und Biotechnik tritt in der Evolution des Lebens eine superiore Intelligenz auf den Plan. Der Mensch tut einen quasi kosmischen Schritt und erhebt sich zu unvergleichlicher Überlegenheit, indem er mit der "zweiten Population" oder dem "intelligenten technischen System" eine innige Mensch-Maschine-Symbiose eingeht.

Dystop: Zu guter letzt entwerten und übernehmen die Computer auch noch das Denken. Gegenüber der geballten Macht des verselbständigten technokratischen Megasystems wird der Mensch null und nichtig. Die Sachzwangshaftigkeit des Systems wird in Selbst- und Weltzerstörung enden.

Wie im Text ausgeführt, relativieren sich diese gelegentlich recht extrem vorgebrachten Erwartungen durch den erfahrbaren Umgang mit IuK-Technik. Gleichwohl bewegen sich auch ausgewogene Technikbilder jederzeit in dem Spannungsfeld, das durch die eutopen und dystopen Elemente dieses bipolaren Sinn- und Bedeutungsraums konstituiert wird.

Literatur

Acs, Zoltan J., David B. **Audretsch**: Kleine Unternehmen, Schaffung von Arbeitsplätzen und Technologie in den USA und der Bundesrepublik Deutschland, in: J.Berger et al (Hg) 1990

Alemann, Ulrich von, Heribert **Schatz**: Mensch und Technik.Grundlagen und Perspektiven einer sozialverträglichen Technikgestaltung, Opladen (Westdeutscher Verlag) 1986

Alemann, Ulrich von: Sozialverträgliche Technikgestaltung, in: Perspektiven des Demokratischen Sozialismus, 5.Jg., Heft 2, 1988

Altner, Günter: Ökologisierung der Technik?, Wissenschaftszentrum Berlin, IIUG dp 1985-17

Anders, Günther: Die Antiquiertheit des Menschen, Bd.II (Über die Zerstörung im Zeitalter der dritten industriellen Revolution), München (Beck) 1987 (1980)

Andersson, Ake E.: Creation, Innovation, and Diffusion of Knowledge, Institute for Future Studies, Stockholm, hekt.Papier, 1990a

Andersson, Ake E.: Infrastructure and the Metropolis, Institute for Future Studies, Stockholm, hekt.Papier, 1990b

Andersson, Ake E.: The four logistical revolutions, in: Papers of the Regional Science Association, vol.59, 1986

Bahm, Archie: Computocracy: our new global government, in: Forum for Correspondance and Contact, 14:4, September 1984

Bahr, Hans-Dieter: Über den Umgang mit Maschinen, Tübingen (Konkursbuch) 1983

Balkhausen, Dieter: Die dritte industrielle Revolution, Düsseldorf (Econ) 1978

Balkhausen, Dieter: Die elektronische Revolution, Düsseldorf (Econ) 1985

Balla, Bálint: Technik-Gesellschaft-Knappheit, in: R.Jokisch (Hg) 1982

Ballerstedt, Eicke: Telearbeit, in: Neue Gesellschaft/Frankfurter Hefte, 32.Jg., 1985, Nr.3, März

Bammé, Arno et al: Maschinen-Menschen, Mensch-Maschinen, Reinbek (rowohlt) 1983

Bechmann, G., H.**Brückner-Gärtner**, G.**Fredericks**, F.**Gloede**: Sozialer Umgang mit Technologien, Projektskizze Kernforschungszentrum Karlsruhe (AFAS), März 1986

Beck, Heinrich: Kulturphilosophie der Technik, Trier (Spee-Verlag) 1979

Beck, Ulrich: Risikogesellschaft.Auf dem Weg in eine andere Moderne, Frankfurt (suhrkamp) 1986

Becker, Horst: Bürger in der modernen Informationsgesellschaft. Einstellungen zur Technik und zum Datenschutz, in: Informationsgesellschaft oder Überwachungsstaat, Gutachten zum gleichnamigen Symposium der Hessischen Landesregierung, hg.v. Hessendienst der Staatskanzlei, Wiesbaden 1984

Becker, Thomas A.: Holzwege und Chancen im Risikodialog, in: Neue Zürcher Zeitung, 28.7.1990

Bell, Daniel: The Coming of Post-Industrial Society, New York (Basic Books) 1973

Berger, Johannes, Volker **Domeyer**, Maria **Funder** (Hg): Kleinbetriebe im wirtschaftlichen Wandel, Frankfurt (Campus) 1990

Berger, Jörg, Dieter **Fuchs**: Die Akzeptanz moderner Technik in der Bevölkerung, in: K.Lompe (Hg), Sozialwissenschaft und Technik, Opladen (Westdeutscher Verlag) 1987

Berger, Peter, Brigitte **Berger**, Hansfried **Kellner**: Das Unbehagen in der Modernität, Frankfurt (Campus) 1975

Berger, Roland: Auswirkungen des EG-Binnenmarkts auf die Wirtschaft Schleswig-Holsteins, in: Denkfabrik 1989

Berger, Roland Forschungsinstitut für Markt- und Systemforschung: Image Schleswig-Holstein, Gutachten erstellt im Auftrag der Wirtschaftsförderungs-Gesellschaft Schleswig-Holstein, München Juni 1990

Best, Fred: Technology and the Changing World of Work, in: Futurist, April 1984

Beuschel, Werner, Sabine **Gensior**, Arndt **Sorge**: Mikroelektronik, Qualifikation und Produktinnovation, Berlin (edition sigma) 1988

Biedenkopf, Kurt H.: Technik 2000 - Chance oder Trauma ?, in: M.Miegel (Hg) 1982

BITT Schleswig-Holstein, Beratungsstelle für Innovation und Technologie-Transfer: Forschungskatalog 1990, Kiel 1990

Blaschke, Dieter: Soziale Qualifikationen von Erwerbspersonen im Berufsleben, in: MatAB 7/1986

Blasius, Jörg, Jens S. **Dangschat** (Hg): Gentrification.Die Aufwertung innenstadtnaher Wohnviertel, Frankfurt (Campus) 1990

Blasius, Jörg: Gentrification und Lebensstile, in: Blasius/Dangschat (Hg) 1990

Blum, Udo: Technisch-soziale Pflichtenhefte erarbeiten, um Arbeit und Technik vorausschauend zu gestalten, in: Kamp (Hg) 1989

Bobbio, Norberto: Die Zukunft der Demokratie, Berlin (Rotbuch) 1988

Boden, Margaret A.: Impacts of Artificial Intelligence, in: Futures, February 1984

Bögenhold, Dieter: Professionalisierungs- und Deprofessionalisierungstendenzen im Widerstreit, in: Littek et al (Hg) 1991

Böhm, Wolfgang, Josef **Wehner**: Computer als Experten, in: Weingarten (Hg) 1990

Bolter, David: Turing's Man, London (Duckworth) 1984

Bossel, Hartmut, Karl-Heinz **Simon** (Hg): Computer und Ökologie, Karlsruhe (C.F.Müller) 1986

Bossel, Hartmut: Ökologie und Computer, in: Bossel/Simon (Hg) 1986

Boulding, Kenneth E.: Ecodynamics.A new theory of social evolution, Beverly Hills (Sage Publ.) 1978

Braun, Ingo: Wieviel PS hat der soziale Wandel?, Wissenschaftszentrum Berlin (IIUG dp 86-13) 1986

Brzezinski, Zbig: Between two Ages. America's Role in the Technotronic Era, New York 1970

Brod, Craig: Technostress.The human cost of the computer revolution, Menlo Park (Addison-Wesley) 1984

Brödner, Peter: Fabrik 2000, Berlin (edition sigma) 1986

Brödner, Peter: Technikzentrierte und menschzentrierte Produktion.Alternative Entwicklungspfade in die Fabrik von morgen, in: Kamp (Hg) 1989

Brunn, Anke: Wissenschafts- und Forschungspolitik und technologische Entwicklung, in: Zöpel (Hg) 1988

Büchtemann, Christoph F., Helmut **Neumann** (Hg): Mehr Arbeit durch weniger Recht? Chancen und Risiken der Arbeitsmarktflexibilisierung, Berlin (edition sigma) 1990

Bugliarello, George: Hyperintelligence.The next evolutionary step, in: E.Cornish (Hg) 1985

Büllingen, Franz: Technikfolgen-Abschätzung und -Bewertung beim amerikanischen Kongreß, in: Aus politik und Zeitgeschichte, B19-20, 1987

Bullinger, Dieter: Mikroelektronik - Ökotronik?, in: Öko-Institut (Hg), Arbeiten im Einklang mit der Natur, Freiburg (Dreisam) 1985

Bundesministerium für Forschung und Technologie: Zur technologischen Wettbewerbsfähigkeit der deutschen Industrie, hg.v. Pressereferat, Bonn Nov. 1990

Bundesministerium für Forschung und Technologie: Faktenbericht zum Bundesbericht Forschung, Bonn 1990 (b)

Bungart, Walter, Hans **Lenk** (Hg): Technikbewertung, Frankfurt (suhrkamp) 1988

Burdack, Heinrich: Nordrhein-Westfalen in Zahlen.Daten und Analysen, Köln (Deutscher Instituts-Verlag) 1990

Burmeister, Klaus, Weert **Canzler**, Rolf **Kreibich** (Hg): Netzwerke.Vernetzungen und Zukunftsgestaltung, Weinheim (Beltz) 1991

Burnham, David: The rise of the computer state, New York (Vintage/Random) 1980

Cakir, Ahmet, Gisela **Cakir**, Eckhard **Fuchs** (Hg): Neue Technologien - neue Arbeitsformen, Berlin (Ergonomie Institut für Arbeits- und Sozialforschung) 1985

Capra, Fritjof: Wendezeit.Bausteine für ein neues Weltbild, München (Scherz) 1983

Caspari, Angelika, Walter **Dörhage** (Hg): Beschäftigung für die Region.Arbeitsmärkte im Strukturwandel, Berlin (edition sigma) 1990

Castells, Manuel: Towards the informational city?, Institute of Urban and Regional Development, University of California, Berkeley, Working Paper no.430, August 1984

Catenhusen, Wolf-Michael: Technikentwicklung und Staat, in: Zöpel (Hg) 1988

Conti, Sergio, Giorgio **Spriano**: Strutture urbane, innovazione tecnologica e reti urbane internazionali: prospettive per L'Europa alle soglie degli anni '90, Fondazione Giovanni Agnelli, Torino, aprile 1989

Cornish, Edward (Ed): Careers Tomorrow, Bethesda (WFS) 1983

Cornish, Edward (Ed): Communications Tomorrow, Bethesda (WFS) 1982

Cornish, Edward (Ed): The Computerized Society, Bethesda (WFS) 1985

Coy, Wolfgang: Industrieroboter.Zur Archäologie der zweiten Schöpfung, Berlin (Rotbuch) 1985

Cramer, Friedrich: Chaos und Ordnung.Die komplexe Struktur des Lebendigen, Stuttgart (dva) 1988

Cramer, Ulrich: Kleinbetriebe als Hoffnungsträger der Beschäftigung, in: mat aktuell 2/1987

Cramer, Ulrich: Der Trend zu kleineren Betrieben, in: J.Berger et al (Hg) 1990

DATAR (Délégation à l'Amenagement du Territoire et à l'Action Regionale): Les villes européennes, Paris (DATAR) 1989

Datta, Asit: Ursachen der Unterentwicklung, München (Beck) 1982

Davidson, Frank: Macro.Big is beautiful, London (A.Blond) 1986

Delschen, Karl-Heinz, Jochem **Gieraths**: Philosophie der Technik, Frankfurt (Diesterweg) 1982

Denkfabrik Schleswig-Holstein: Auswirkungen des EG-Binnenmarktes auf die Wirtschaft Schleswig-Holsteins, Gutachten der Roland Berger & Partner GmbH München, hg.v. Ministerpräsidenten des Landes Schleswig-Holstein, Kiel Nov. 1989

Denkfabrik Schleswig-Holstein: Chancen einer stärkeren Einbindung Schleswig-Holsteins in den Ostseeraum, Abschlußbericht der 2.Projektgruppe der Denkfabrik Schleswig-Holstein, hg.v. Ministerpräsidenten des Landes Schleswig-Holstein, Kiel 1990

Denkfabrik Schleswig-Holstein: Die Auswirkungen des EG-Binnenmarktes auf Schleswig-Holstein, Gutachten des IFO-Institut für Wirtschaftsforschung München, hg.v. Ministerpräsidenten des Landes Schleswig-Holstein, Kiel März 1990

Denkfabrik Schleswig-Holstein: EG-Binnenmarkt '92: Chancen für Schleswig-Holstein, Abschlußbericht der 1. Projektgruppe der Denkfabrik Schleswig-Holstein, hg.v. Ministerpräsidenten des Landes, Kiel 1989

Denkfabrik Schleswig-Holstein: Verbesserung der Informationsinfrastruktur in Schleswig-Holstein, Dokumentation des 1.Workshops der Denkfabrik, hg.v. Ministerpräsidenten des Landes Schleswig-Holstein, Kiel Mai 1990

Denkfabrik Schleswig-Holstein: Struktur und Entwicklungsperspektiven der Wirtschaft Schleswig-Holsteins, Gutachten des Institut für Weltwirtschaft an der Universität Kiel, Mai 1990

Denkfabrik Schleswig-Holstein: Verbesserung der wirtschaftspolitischen Kooperation in den Regionen Schleswig-Holsteins, Gutachten des Institut für Stadtforschung und Strukturpolitik GmbH Berlin, hg.v. Ministerpräsidenten des Landes Schleswig-Holstein, Kiel Nov. 1990

Dessauer, Friedrich: Streit um die Technik, Frankfurt (J.Knecht) 1958, Erstveröffentlichung 1927

Deutsche Bundesbank: Einkommen und Einkommensverwendung der Produktionsunternehmen seit Anfang der 80er Jahre, in: Monatsberichte der Deutschen Bundesbank, 42.Jg., Nr.5, Mai 1990

Deutsche Bundesbank: Patent- und Lizenzverkehr mit dem Ausland sowie sonstiger Austausch von technischem Wissen durch Dienstleistungen in den Jahren 1988 und 1989, in: Monatsberichte der Deutschen Bundesbank, 42.Jg., Nr.5, Mai 1990

Dostal, Werner: Arbeit im Übergang zur nachindustriellen Gesellschaft, in: Mat.zur Politischen Bildung, Nr.3, 1983

Dostal, Werner: Datenverarbeitung und Beschäftigung, in: MittAB, Nr.4, 1984a

Dostal, Werner: Telekommunikation und Beschäftigung, in: MittAB, Nr.8, 1984b

Dostal, Werner: Telearbeit, in: MatAB 4/1986

Dostal, Werner: Die Datenverarbeiter, in: MatAB 6/1987

Dostal, Werner: Arbeitsmarktwirkungen moderner Technologien, in: MittAB, 22.Jg., Heft 2, 1989

Dräger, Christian: Unternehmerische Anpassungsstrategien für den Binnenmarkt, in: Denkfabrik, EG-Binnenmarkt '92, 1989

Durth, Werner: Phasen der Stadtentwicklung und des Wandels städtebaulicher Leitbilder, in: Wildenmann (Hg) 1989

Eisbach, Joachim: Gründer- und Technologiezentren - ein überschätztes Instrument der regionalen Wirtschaftsförderung, in: Caspari/Dörhage (Hg) 1990

Ellul, Jacques: Le système technicien, Paris (Calmann-Lévy) 1977

Engelbrecht, Gerhard, Ingeborg **Warnhagen**: Frauen in Teitzeitarbeit, in: MatAB 5/1987

Feigenbaum, Edward A., Pamela **McCorduck**: The fifth generation. Artificial Intelligence, New York (Signet) 1984

Feingold, S.Norman: Emerging Careers, in: Cornish (ed) 1985

Fels, Gerhard: Strategien und Handlungsspielräume der Bundesrepublik im internationalen Standortwettbewerb, in: Kantzenbach/Mayer (Hg) 1990

Fiehler, Reinhard: Kommunikation, Information und Sprache, in: Weingarten (Hg) 1990

Fleck, James: Artificial intelligence and industrial robots, in: Mendelsohn/Nowotny (Eds) 1984

Forrester, Tom: Die High-Tech-Gesellschaft, Stuttgart (dva oktogon) 1990

Frederichs, G.: Technikmeinungen in der Bevölkerung (Primärbericht), Kernforschungszentrum Karlsruhe, Abtlg. f. angewandte Systemanalyse (AFAS), Dez. 1986

Frewer, Richard: Planning and Designing the Place of Work, in: Wildenmann (Hg) 1989

Frey, James H., Gerhard **Kunz**, Günther **Lüschen**: Telefonumfragen in der Sozialforschung, Opladen (Westdeutscher Verlag) 1990

Fritsch, Michael: Die Bedeutung des kleinbetrieblichen Sektors für die Regionalpolitik, in: J.Berger et al (Hg) 1990

Fuchs, Dieter, Jörg **Berger**, Ekkehard **Mochmann**: Technik zwischen Distanz und Nähe zur Alltagswelt, in: Zentralarchiv für empirische Sozialforschung, Köln, ZA-Info Nr.19, November 1986

Galtung, Johan: Strukturelle Gewalt, in: Senghaas (Hg) 1972

Galtung, Johan: Development, environment and technology, New York (United Nations) E-78-II-D-11, 1979

Galtung, Johan: History Accelerating.Two Scenarios for Europe, in: ifda dossier 79, oct./dec. 1990

Gartner, Alan, Frank **Riessman**: Der aktive Konsument in der Dienstleistungsgesellschaft, Frankfurt (suhrkamp) 1978

Gehlen, Arnold: Anthropologische und sozialpsychologische Untersuchungen, Reinbek (rowohlt) 1986, zuerst als: Die Seele im technischen Zeitalter (1957) und Anthropologische Forschung (1961)

Gelowizc, Manfred: Die moderne Produktion.Zur Computerautomatisierung von Produktion und Verwaltung, München (Accedo Verlagsgesellschaft) 1990

Gergely, Stefan M.: Mikroelektronik, München (Piper) 1983

Gershuny, Jonathan: After industrial society.The emerging self-service economy, London (Macmillan Press) 1978

Getzels, Jacob W., Philip W. **Jackson**: Creativity and Intelligence, London (Wiley) 1962

Giese, Heinz, Franz **Januschek**: Das Sprechen, das Schreiben und die Eingabe.Spekulationen über Entwicklungstendenzen von Kommunikationskultur, in: Weingarten (Hg) 1990

Glaser, Hermann: Neue Stadtkultur.Von der Arbeitsgesellschaft zur Tätigkeitsgesellschaft, in: Wildenmann (Hg) 1989

Glismann, Hans H., Ernst-Jürgen **Horn**, Sighart **Nehring**, Roland **Vaubel**: Weltwirtschaftslehre, 2 Bde., Göttingen (Vandenhoeck & Ruprecht) 1986

Goergens, Berthold: Fabrik der Zukunft.Scheitert CIM ?, in: InfoTech, Heft 1, 1991

Göb, Rüdiger: Die Stadt auf dem Weg in die Informationsgesellschaft, in: Wildenmann (Hg) 1989

Gottschall, Karin: Frauenarbeit und Bürorationalisierung, Frankfurt (Campus) 1990

Grabher, Gernot: De-Industrialisierung oder Neo-Industrialisierung ? Innovationsprozesse in traditionellen Industrieregionen, Berlin (edition sigma) 1988

Großklaus, Götz, Ernst **Oldemeyer** (Hg): Natur als Gegenwel, Karlsruhe (Loeper) 1983

Habermas, Jürgen: Theorie des kommunikativen Handelns, 2 Bde., Frankfurt (suhrkamp) 1981

Haefner, Klaus: Die neue Bildungskrise, Basel (Birkhäuser) 1982

Haefner, Klaus: Mensch und Computer im Jahre 2000, Basel (Birkhäuser) 1984

Häfele, Wolf (Hg): Energiesysteme im Übergang, Landsberg (mi Poller) 1990

Hafemann, Michael, Detlef **Schlüpen** (Hg): Technotopia, Weinheim (Beltz) 1986

Härtel, Hans-Hagen: Strukturwandel und Wettbewerbsfähigkeit der Bundesrepublik Deutschland, in: Kantzenbach/Mayer (Hg) 1990

Harenberg: Lexikon der Gegenwart, Dortmund (Harenberg Verlag) 1989

Hartwich, Hans-Hermann, (Hg): Politik und die Macht der Technik, Opladen (Westd.Verlag) 1986

Hatch, C. Richard: The Power of Manufacturing Networks, in: Transatlantic Perspektives, No.22, Winter 1991

Häußermann, Hartmut: Der Einfluß von ökonomischen und sozialen Prozessen auf die Gentrification, in: Blasius/Dangschat (Hg) 1990

Hawrylyshyn, Bohdan: Technik 2000 - Das Trauma, in: Miegel (Hg) 1982

Hegner, Friedhart: Hohes Beschäftigungsniveau und anhaltende Arbeitslosigkeit, in: Hubert Oppl et al (Hg): Soziale Beschäftigungsformen, München (minerva) 1991

Heinemann, Hermann: Technikentwicklung und Sozialverträglichkeit, in: Zöpel (Hg) 1988

Heinzel, Walter: Förderkonzepte für technologieorientierte Unternehmensgründungen, in: J.Berger et al (Hg) 1990

Henckel, Dietrich: Die räumliche Verteilung von Unternehmen der Biotechnik und der Informationstechnik. Bundesforschungsanstalt für Landeskunde und Raumordnung, Bonn 1989

Henckel, Dietrich, Busso **Grabow**, Christa **Knopf**, Erwin **Nopper**, Nizan **Rauch**, Wolfgang **Regitz**: Produktionstechnologien und Raumentwicklung, Stuttgart (Kohlhammer/Deutscher Gemeindeverlag) 1986

Henckel, Dietrich, Erwin **Nopper**, Nizan **Rauch**: Informationstechnologie und Stadtentwicklung, Schriften des DIFU, Bd.71, Stuttgart (Kohlhammer) 1984

Herlyn, Ulfert: Die räumliche und soziale Segregation und ihre Folgen, in: Wildenmann (Hg) 1989

Hilpert, Kornelia: Staatliche Modernisierungspolitik und soziale Marginalisierung, in: Perspektiven des Demokratischen Sozialismus, Heft 3, 1989

Hilpert, Ulrich: Archipel Europa ? Modernisierungspolitik zwischen Wachstumsinseln und gesellschaftlicher Orientierung, in: Leo Kißler, Thomas Kreuder (Hg): Der halbierte Fortschritt.Modernisierungspolitik am Ausgang des 20. Jahrhunderts, Marburg (SP-Verlag) 1989

Hilpert, Ulrich: Region zwischen Innovation und Marginalisierung, in: Perspektiven des Demokratischen Sozialismus, Heft 3, 1989

Hiltz, Starr Roxanne, Murray **Turoff**: The network nation, Reading Mass. (Addison-Wesley) 1978

Hoffmann, Edeltraud: Dienstleistungssektor läßt hoffen, in: mat aktuell 1/1986

Hoffmann, Gerd E.: Dialektik des Fortschritts am Beispiel der neuen Medien, in: Wachstum kostet immer mehr, Magazin Brennpunkte, Heft 19, Frankfurt (Fischer) 1980

Hoffmann, Gerd E.: Erfaßt, registriert, entmündigt, Frankfurt (Fischer) 1979

Hofstede, Geert: Culture's consequences.International differences in work-related values, Beverly Hills 1980

Horkheimer, Max, Theodor W. **Adorno**: Dialektik der Aufklärung, Frankfurt (S.Fischer) 1986 (1944)

Huber, Joseph: Die verlorene Unschuld der Ökologie.Neue Technologien und superindustrielle Entwicklung, aktual.Ausgabe, Frankfurt (S.Fischer) 1986

Huber, Joseph: Die zwei Gesichter der Arbeit, Frankfurt (S.Fischer) 1984

Huber, Joseph: Telearbeit, Opladen (Westdeutscher Verlag) 1987

Huber, Joseph: Technikbilder.Weltanschauliche Weichenstellungen der Technologie- und Umweltpolitik, Opladen (Westdeutscher Verlag) 1989

Huber, Joseph: Arbeit morgen.Zu einigen langfristigen Entwicklungstrends am Arbeitsmarkt und im Berufsleben, in: Caspari/Dörhage (Hg) 1990

Huber, Joseph: Unternehmen Umwelt. Weichenstellungen für eine ökologische Marktwirtschaft, Frankfurt (S.Fischer) 1991

Huws, Ursula: The new homeworkers.New technology and the changing location of white-collar work, London (Low Pay Unit) 1984

Hudson, Lionel: Contrary Imaginations, London (Methuen) 1966

IG Chemie-Papier-Keramik Nordmark-Berlin: Projekt ZINS - Zukunft im Norden sichern, Hamburg, Dezember 1985

IHK Kiel: Strukturanalyse 1991

Institut für Zukunftsstudien und Technologiebewertung: Chancen und Risiken der Vernetzung von Informations- und Kommunikationstechnologien für Klein- und Mittelbetriebe, Studie im Auftrag des RKW durchgeführt von R.Gaßner, Berlin, Dezember 1990

Irsch, Norbert: Regionale Unterschiede in den Investitionszielen und im Innovationsverhalten mittelständischer Unternehmen, in: Informationen zur Raumentwicklung, Heft 1, 1990

Jann, Werner: Staatliche Programme und Verwaltungskultur, Opladen (Westdeutscher Verlag) 1983

Jann, Werner: Vier Kulturtypen, die alles erklären ? Kulturelle und institutionelle Ansätze der neueren amerikanischen Politikwissenschaft, in: Politische Vierteljahresschrift, 27.Jg., 1986, Heft 4, 361-377

Jänicke, Martin: Erfolgsbedingungen von Umweltpolitik im internationalen Vergleich, in: Zeitschrift für Umweltpolitik, Heft 3, 1990

Jantsch, Erich: Die Selbstorganisation des Universums, München (dtv) 1978

Jaufmann, Dieter, Ernst **Kistler**: Technikfreundlich? Empirische Ergebnisse im nationalen und internationalen Vergleich, in: Aus Politik und Zeitgeschichte, B 48/ 29.Nov. 1986

Jochimsen, Reimut: Technikentwicklung und Wirtschaftspolitik, in: Zöpel (Hg) 1988

Joerges, Bernward: Computer und andere Dinge, in: Rammert (Hg) 1990

Johansen, Robert: Teleconferencing and beyond, New York (McGraw-Hill) 1984

Jokisch, Rodrigo (Hg): Techniksoziologie, Frankfurt (suhrkamp) 1982

Jonas, Hans: Das Prinzip Verantwortung, Frankfurt (suhrkamp) 1984; zuerst Frankfurt (Insel) 1979

Jones, Barry: Sleepers, wake! Technology and the Future of Work, Brighton (Harvester Press) 1982

Kahn, Herman: Technik 2000.Die Chance, in: Miegel (Hg) 1982

Kamp, Lothar (Hg): Arbeit in der Fabrik der Zukunft, Marburg (SP-Verlag) 1989

Kantzenbach, Erhard, Otto G. **Mayer** (Hg): Perspektiven der weltwirtschaftlichen Entwicklung und ihre Konsequenzen für die Bundsrepublik Deutschland, Hamburg (Verlag Weltarchiv) 1990

Keck, Otto: Der naive Souverän.Über das Verhältnis von Staat und Industrie in der Großtechnik, Wissenschaftszentrum Berlin, IIUG-pre-84-13, 1984

Keck, Otto: Die Macht der Technik als Erscheinungsform kollektiver Unvernunft, in: H.H.Hartwich (Hg), Politik und die Macht der Technik, Opladen (Westd.Verl.) 1986a

Keck, Otto: Die gesellschaftliche Steuerung der Technik, in: G.Bechmann, F.Meyer-Krahmer (Hg), Technologiepolitik und Sozialwissenschaft, Frankfurt (Campus) 1986b

Kern, Horst, Michael **Schumann**: Das Ende der Arbeitsteilung?, München (Beck) 1984

Kilian, Wolfgang, Wolfgang **Borsum**, Uwe **Hoffmeister**: Telearbeit und Arbeitsrecht, Forschungsbericht im Auftrag des Bundesministers für Arbeit und Sozialordnung, Band 139, Bonn 1986

Klems, Wolfgang Z.: Geschichte und Kontinuität der Technikkritik, Diss. J.W.Goethe-Universität Frankfurt, FB Arbeitslehre, 1987

Klipstein, Michael von, Burkhard **Strümpel**: Der Überdruß am Überfluß, München (Olzog) 1984

Knödgen, Gabriele: Klein- und Mittelbetriebe werden bei der Auswahl umweltverträglicher Produktionsverfahren beraten, in: Handelsblatt, 23.11.1988

Kofler, Leo: Beherrscht uns die Technik?, Hamburg (VSA) 1983

Koopmann, Georg: Regionalisierungstendenzen und regionale Wachstumspole, in: Kantzenbach/Mayer (Hg) 1990

Krämer, Sybille: Technik, Gesellschaft und Natur, Frankfurt (Campus) 1982

Kreibich, Rolf: Die Wissenschaftsgesellschaft, Frankfurt (suhrkamp) 1986

Kreibich, Rolf: Grundlinien politischer Technikgestaltung, in: Zöpel (Hg) 1988

Kubicek, Herbert, Peter **Berger**: Was bringt uns die Telekommunikation ? ISDN - 66 kritische Antworten, Frankfurt (Campus) 1990

Kunz, Werner: Künstliche Intelligenz: Golem oder Krücke?, in: Handelsblatt, 27.12.1990

Land Schleswig-Holstein: Abschlußbericht des vorläufigen Regionalausschusses des Landes Schleswig-Holstein und der Bezirke Rostock, Schwerin, Neubrandenburg, hg.v. Ministerpräsidenten des Landes Schleswig-Holstein, Kiel Dez. 1990

Land Schleswig-Holstein: Förderleitfaden.Verzeichnis der Förderprogramme in Schleswig-Holstein, hg. v.d. Pressestelle der Landesregierung, Kiel Jan. 1990

Lange, Klaus: Das Image des Computers in der Bevölkerung, Gesellschaft für Mathematik und Datenverarbeitung, Studien Bd.80, Bonn-St.Augustin, März 1984

Laszlo, Erwin: Evolution.Die neue Synthese, Wien (Europaverlag) 1987

Lay, Gunter: Wie kann CIM sozialverträglich gestaltet werden ?, in: Kamp (Hg) 1989

Lenk, Hans: Zur Sozialphilosophie der Technik, Frankfurt (suhrkamp) 1982

Linde, Hans: Soziale Implikationen technischer Geräte, in: Jokisch (Hg) 1982

Littek, Wolfgang, Ulrich **Heisig**, Hans-Dieter **Gondek** (Hg): Dienstleistungsarbeit, Berlin (edition sigma) 1991

Lorenz, Detlef: Regionale Entwicklungslinien in der Weltwirtschaft, in: Kantzenbach/Mayer (Hg) 1990

Löw, Reinhard, Peter **Koslowski**, Philipp **Kreuze**, (Hg): Fortschritt ohne Maß ?, München (Piper) 1981

Luhmann, Niklas: Ökologische Kommunikation, Opladen (Westdeutscher Verlag) 1986

Luhmann, Niklas: Soziale Systeme, Frankfurt (suhrkamp) 1984

Lutz, Burkart (Hg): Technik und sozialer Wandel, Frankfurt (campus) 1987

Lutz, Christian: Die Kommunikationsgesellschaft.Ein Leitbild für die Politik und Wirtschaft Westeuropas, gottlieb duttweiler institut, Rüschlikon bei Zürich, dgi-Schrift Nr.45, 1986

Lutz, Christian: Optionen des Informationszeitalters, in: Weingarten (Hg) 1990

Lutz, Christian: Unsere Zukunft - die Kommunikationskultur, in: IBM Nachrichten 39 (1989) Heft 296

Lutz, Christian: Unternehmensführung im Zeitalter der Kommunikationskultur, hekt.Papier, gottlieb duttweiler institut, Rüschlikon bei Zürich, 1990

Macrae, Norman: The 2024 Report.A concise history of the future, London (Sidgwick & Jackson) 1984

Mankin, Don, Tora **Bikson**, Barbara **Gutek**: The office of the future.Prison or Paradise?, in: Cornish (ed) 1983

Marchetti, Cesare: Environmental Problems and Technological Opportunities, in: Technological Forecasting and Social Change, Vol.30, No.1, August 1986

Mason, Roy: Xanadu.The computerized home of tomorrow, Washington (Acropolis) 1983

Masuda, Yonehi: The Information Society, Bethesda (World Future Society) 1981

Maturana, Humberto R., Francisco J. **Varela**: Der Baum der Erkenntnis, München (Scherz) 1987

Matzner, Egon, Ronald **Schettkat**, Michael **Wagner**: Beschäftigungsrisiko Innovation ? Arbeitsmarktwirkungen moderner Technologien, Berlin (edition sigma) 1988

Mayring, Philipp: Qualitative Inhaltsanalyse, Weinheim (Deutscher Studienverlag) 1988

Mendelsohn, Everett, Helga **Nowotny** (Eds): Nineteen eighty-four: science between utopia and dystopia, Dordrecht/Boston (D.Reidel Publ.) 1984

Mesarovic, Mihailo, Eduard **Pestel**: Menschheit am Wendepunkt. 2.Bericht an den Club of Rome, Stuttgart (DVA) 1974

Menzel, Ulrich, Dieter **Senghaas**: Indikatoren zur Bestimmung von Schwellenländern, in: F.Nuscheler (Hg), Dritte Welt-Forschung, Politische Vierteljahresschrift Sonderheft 16/1985, Opladen (Westdeutscher Verlag) 1985

Métayer, Gérard: Futurs en 'tique - Bureautique,informatique, robotique, télématique, Paris (édititions ouvrières) 1982

Mettler-Meibom, Barbara: Soziale Kosten der Informationsgesellschaft.Überlegungen zu einer Kommunikationsökologie, Frankfurt (S.Fischer) 1987

Mettler-Meibom, Barbara: Wie kommt es zur Zerstörung zwischenmenschlicher Kommunikation? Überlegungen über längerfristige Tendenzen und die Anwendung von Computern, in: Rammert (Hg) 1990

Meyer-Abich, Klaus M.: Wege zum Frieden mit der Natur, München (Hanser) 1984

Meyer-Abich, Klaus Michael, Bertram **Schefold**: Wie möchten wir in Zukunft leben, München (Beck) 1981

Michael, Donald N.: Governing by learning in an information society, in: ICIS Forum, New York, Vol.21, no.2, April 1991

Miegel, Meinhard (Hg): Technik 2000 - Chance oder Trauma ?, Stuttgart (Bonn aktuell) 1982

Möller, Renate: Der Weg zum "User", in: Rammert (Hg) 1990

Mosco, Vincent: Pushbutton Fantasies, Norwood, N.J. (Ablex Publ.Comp.) 1982

Münch, Richard: Dialektik der Kommunikationsgesellschaft, Frankfurt (suhrkamp) 1991

Müllert, Norbert (Hg): Schöne elektronische Welt, Reinbek (rowohlt) 1982

Müllert, Norbert: Das Räderwerk des technischen Fortschritts - Endstation: Menschen wie Computer?, in: Ders. (Hg) 1982

Mumford, Lewis: Mythos der Maschine, Frankfurt (S.Fischer) 1977; zuerst Wien (Europa Verlag) 1964-70

Naisbitt, John: Megatrends, New York (Warner) 1984

Narjes, Karl-Heinz: Europas Antwort auf die technologische Herausforderung, in: ifo-schnelldienst, Heft 23, 1986

Naschold, Frieder: Folgen der Informatisierung, in: WZB-Mitt, Heft 28, Juni 1985

Nefiodow, Leo A.: Der fünfte Kondratieff.Strategien zum Strukturwandel in Wirtschaft und Gesellschaft, Frankfurt (FAZ/Gabler) 1991

Nerb, Gernot: Auswirkungen des EG-Binnenmarktes auf Schleswig-Holstein, in: Denkfabrik 1989

Niebur, Joachim: Beschäftigungsstruktur und Arbeitsorganisation im Bereich der sozialen Dienstleistungen, in: Littek et al (Hg) 1991

Nilles, Jack: Exploring the world of the personal computer, Englewood Cliffs (Prentice-Hall) 1982

Nilles, Jack: The telecommunications-transportation trade-off, New York (John Wiley) 1976

Noelle-Neumann, Elisabeth, Burkhard **Strümpel**: Macht Arbeit krank? Macht Arbeit glücklich?, München (Piper) 1984

Nölling, Wilhelm: Strategien und Handlungsspielräume der Bundesrepublik im internationalen Standortwettbewerb, in: Kantzenbach/Mayer (Hg) 1990

Nora, Simon, Alain **Minc**: L'informatisation de la société, Paris (Documentation Francaise) 1978

Norman, Colin: Microelectronics at work, Worldwatch Institute, Paper no.39, Washington 1980

Norman, Colin: The God that limps.Science and technology in the eighties, New York/London (W.W.Norton) 1981

Nowotny, Helga: Science and utopia: on the social ordering of the future, in: Mendelsohn/Nowotny (Eds) 1984

Nowotny, Helga: The information society, eurosocial occasional papers no.5, Wien 1981

Oeing-Hanhoff, Ludger: Zur Geschichte und Herkunft des Begriffs "Fortschritt", in: R.Löw et al (Hg) 1981

Ohmae, Keinichi: Macht der Triade, Frankfurt (Gabler) 1985

Oldemeyer, Ernst: Entwurf einer Typologie des menschlichen Verhältnisses zur Natur, in: Großklaus/Oldemeyer (Hg) 1983

Olson, Margrethe: Remote office work, in: Communications of the ACM, Vol.26, No.3, March 1983

Opaschowski, Horst W.: Pädagogik und Didaktik der Freizeit, Opladen (Leske und Budrich) 1990

Opaschowski, Horst W.: Ökologie von Freizeit und Tourismus, Opladen (Leske und Budrich) 1991

Osborne, Trevor M.: Regeneration of Industrial Areas, in: Wildenmann (Hg) 1989

Oskamp, Stuart, Shirlynn **Spacapan** (Eds): People's Reactions to Technology, London (Sage) 1990

OTA (Office of Technology Assessment): Automation of America's Offices, Congress of the United States, Washington 1986, OTA-CIT-287

Otto, Peter, Philipp **Sonntag**: Wege in die Informationsgesellschaft, München (dtv) 1985

Paetau, Michael: Mensch-Maschine-Kommunikation, Frankfurt (Campus) 1990

Penzkofer, H., H.**Schmalholz**: Zwanzig Jahre Innovationsforschung im Ifo-Institut und zehn Jahre Ifo-Innovationstest, in: ifo-schnelldienst 14/1990

Petermann, Thomas, Georg **Thurn**: Polarisation and Consensus: Public Acceptance of New Technologies in the FRG, Wissenschaftszentrum Berlin (P 85-7) 1985

Petermann, Thomas: Technik und menschliche Zivilisation, Köln (Deutscher Instituts Verlag) 1984

Pflüger, Jörg, Robert **Schurz**: Der maschinelle Charakter, Opladen (Westdeutscher Verlag) 1987

Piore, Michael J., Charles F. **Sabel**: Das Ende der Massenproduktion, Berlin (Wagenbach) 1985

Piore, Michael, Charles **Sabel**: The second industrial divide, in: Transatlantic Perspectives, no.13, spring/summer 1985

Predöhl, A.: Das Ende der Weltwirtschaftskrise.Eine Einführung in die Probleme der Weltwirtschaft, Reinbek (rowohlt) 1962

Rammert, Werner (Hg): Computerwelten - Alltagswelten, Opladen (Westdeutscher Verlag) 1990

Rammert, Werner: Paradoxien der Informatisierung, in: Weingarten (Hg) 1990

Rammert, Werner: Soziotechnische Evolution, in: Jokisch (Hg) 1982

Reese, Jürgen et al: Gefahren der informationstechnologischen Entwicklung, Frankfurt (Campus) 1979

Reinecke, Ian: Electronic Illusions, Penguin Books 1984

Richter, Walter: Gentrification.Bewertung aus planerischer Sicht, in: Blasius/Dangschat (Hg) 1990

Ritchie, David: Gehirn und Computer, Stuttgart (Klett-Cotta) 1984

Rittel, Horst: Technischer Wandel und Stadtstruktur, in: Wildenmann (Hg) 1989

Röglin, Hans-Christian, Klaus von **Grebmer**: Pharma-Industrie und Öffentlichkeit, Basel (Buchverlag Basler Zeitung) 1988

Rohlinger, Harald: Zur Messung von Gentrification, in: Blasius/Dangschat (Hg) 1990

Room, Graham J., Bernd **Henningsen**: Neue Armut in der Europäischen Gemeinschaft, Frankfurt (Campus) 1990

Ropohl, Günter: Die unvollkommene Technik, Frankfurt (suhrkamp) 1985

Ropohl, Günter: Technik als Gegennatur, in: G.Großklaus, E.Oldemeyer (Hg) 1983

Rothwell, Roy, Walter **Zegveld**: Technical Change and Employment, London (F.Pinter) 1979

Schabedoth, Hans-Joachim, Ruth **Weckenmann**: Strategien für die Zukunft.Neue Technologien zwischen Fortschrittserwartung und Gestaltungsauftrag, Marburg (SP-Verlag) 1988

Schank, Roger C.: The cognitive computer, Menlo Park (Addison-Wesley) 1984

Schelsky, Helmut: Der Mensch in der wissenschaftlichen Zivilisation, Opladen (Westdeutscher Verlag) 1961

Schleswig-Holsteinischer Landtag: 1.Beteiligungsbericht des Landes Schleswig-Holstein, Umdruck 12/1557, Kiel 1990

Schumacher, Ernst Fritz: Small is beautiful, London (Blond Briggs) 1973

Schur, Gerd: Umweltverhalten von Landwirten, Frankfurt (Campus) 1990

Scientific Consulting: Informationsinfrastruktur in Schleswig-Holstein. Gutachten im Auftrag der Denkfabrik der Landesregierung Schleswig-Holstein, Köln 1990

Seliger, Günther, Burkhard **Schallock**: Entwicklungspfade zur rechnergesteuerten Fertigung, in: Kamp (Hg) 1989

Senghaas, Dieter (Hg): Imperialismus und strukturelle Gewalt, Frankfurt (suhrkamp) 1972

Senghaas, Dieter (Hg): Peripherer Kapitalismus.Analysen über Abhängigkeit und Unterentwicklung, Frankfurt (suhrkamp) 1981

Sieferle, Rolf Peter: Fortschrittsfeinde ? Opposition gegen Technik und Industrie von der Romantik bis zur Gegenwart, München (Beck) 1984

Siegel, Leonard, John **Markoff**: The high cost of high tech.The dark side of the chip, New York (Harper & Row) 1985

Siegel, Leonard: High-tech pollution, in: Sierra, November/December 1984

Simmons, William: The consensor.A new tool for decision-makers, in: Cornish (ed) 1982

Simonis, Udo-Ernst (Hg): Mehr Technik - weniger Arbeit ? Plädoyers für sozial- und umweltverträgliche Technologien, Karlsruhe (C.F.Müller) 1984

Simons, Geoff: Are computers alive? Evolution and new forms of life, Boston (Birkhäuser) 1983

Sloterdijk, Peter: Eurotaoismus.Zur Kritik der politischen Kinetik, Frankfurt (suhrkamp) 1989

Sorge, Arndt: Informationstechnik und Arbeit im sozialen Prozeß, Frankfurt (Campus) 1985

Spahn, Günter: Marktwirtschaft braucht auch große Konzerne, in: Wirtschaftskurier, April 1991, 1

Stegbauer, Christian: Telekommunikation im Verborgenen.Private Mailboxen in der Bundesrepublik, in: Rammert (Hg) 1990

Steinbeis-Stiftung für Wirtschaftsförderung: Bericht 1989, Stuttgart 1990

Steinmüller, Wilhelm: Informationstechnologien und Informationssysteme, in: Müllert (Hg) 1982

Stoleru, Lionel: La France à deux vitesses, Paris (Flammarion) 1982

Stooß, Friedemann, Lothar **Troll**, Hasso von **Henninges**: Blick hinter den Bildschirm.Neue Technologien verändern die Arbeitslandschaft, in: MatAB 1/1988

Stooß, Friedemann: Wirkungen moderner Bürotechnik auf kaufmännische Berufe, in: MitAB 8/1987

Strahm, Rudolf: Überentwicklung - Unterentwicklung, Gelnhausen (Burckhardthaus Laetare) 1981

Strümpel, Burkhard: Arbeitszeitflexibilisierung aus der Sicht der Basis, in: Büchtemann/Neumann (Hg) 1990

Szallies, Rüdiger, Günter **Wiswede** (Hg): Wertewandel und Konsum, Landsberg (mi Poller) 1990

Tessaring, Manfred: Arbeitsmarkt für Akademiker gestern, heute und morgen, in: MatAB 5/1988

Thiel, Eberhard: Strukturwandel und Beschäftigung in Norddeutschland, in: Caspari/Dörhage (Hg) 1990

Toffler, Alvin: Die Zukunftschance (Die dritte Welle), München (Bertelsmann) 1980

Toffler, Alvin: Machtbeben (Power Shift), Düsseldorf (Econ) 1990

Trautwein-Kalms, Gudrun: Arbeits- und Berufssituation qualifizierter Angestellter im Software-Bereich, in: Littek et al (Hg) 1991

Treibel, Annette: Migration in modernen Gesellschaften, München (Juventa) 1990

Troll, Lothar: Programmgesteuerte Arbeitsmittel, in: mat aktuell 1/1987

Turkle, Sherry: The second self.Computers and the human spirit, New York (Simon & Schuster) 1984

Turoff, Murray, Roxanne **Hiltz**: Exploring the future of human communication via computer, in: Technology and Society, no.4, 1984

Unesco: Perceptions and Analyses of World Problems, Synoptic Report 1984-1985, Paris (Unesco) 1986

Ullrich, Otto: Technik als Gegenstand von Hoffnung und Furcht, in: Hildebrandt, Schmidt, Sperling (Hg): High Tech Down, Kritisches Gewerkschaftsjahrbuch 1986

Ulmer, Karl, Wolf **Häfele**, Werner **Stegmaier**: Bedingungen der Zukunft, Stuttgart (problemata frommann-holzboog) 1987

Ulrich, Erhard: Betroffenheit durch Technik nach Einschätzung von Arbeitnehmern, in: MittAB, 19.Jg., Heft 1, 1986

Vester, Frederic: Unsere Welt - ein vernetztes System, Stuttgart (Klett-Cotta) 1978

Vester, Frederic: Neuland des Denkens.Vom technokratischen zum kybernetischen Zeitalter, Stuttgart (DVA) 1980

Vester, Frederic: Ausfahrt Zukunft.Strategien für den Verkehr von morgen, München (Heyne) 1990

Vobruba, Georg: Wege aus der Flexibilisierungsfalle, in: Büchtemann/Neumann (Hg) 1990

Volpert, Walter: Zauberlehrlinge.Die gefährliche Liebe zum Computer, Weinheim (Beltz) 1985

Vorjans, Bernd: Tele-Heimarbeit, Frankfurt/Bern (Peter Lang) 1987

Wand, Kurt: Neue Chancen im Norden.Vorschläge für eine Reformoffensive in der Küstenregion, in: Blätter für deutsche und internationale Politik, 33 (1988) 7

Weber, Brigitte: Regionale Mobilität.Zwischenbetriebliche Arbeitsplatzwechsel, in: MatAB 4/1988

Weingarten, Rüdiger (Hg): Information ohne Kommunikation ?, Frankfurt (S.Fischer) 1990

Weitzel, Günter: Kooperation zwischen Wissenschaft und mittelständischer Wirtschaft, in: J.Berger et al (Hg) 1990

Weizenbaum, Joseph: Die Macht der Computer und die Ohnmacht der Vernunft, Frankfurt (suhrkamp) 1977

Werle, Raymund: Telekommunikation in der Bundesrepublik.Expansion, Differenzierung, Transformation, Frankfurt (Campus) 1990

Wießner, Reinhard: Soziale und strukturelle Folgen von Modernisierungen in innenstadtnahen Gebieten, in: Blasius/Dangschat (Hg) 1990

Wildenmann, Rudolf (Hg): Stadt, Kultur, Natur.Chancen zukünftiger Lebensgestaltung, Baden-Baden (Nomos) 1989

Wittstock, Matthias: Neue Informations- und Kommunikationstechnologien in Kleinbetrieben, in: J.Berger et al (Hg) 1990

Yablonsky, Lewis: Robopaths.People as machines, Penguin Books 1972

Zapf, Wolfgang: Gesellschaftliche Entwicklungsengpässe und Innovationsmöglichkeiten, in: Wildenmann (Hg) 1989

Zeidler, Gerhard: Technologie bringt Schwung, in: Wirtschaftskurier, April 1991, 3

Zimmermann, Klaus, Volker **Hartje**, Andreas **Ryll**: Ökologische Modernisierung der Produktion, Berlin (edition sigma) 1990

Zöpel, Christoph (Hg): Technikgestaltung durch den Staat, Bonn (Neue Gesellschaft) 1988

Technik und Sozialwissenschaften

Joseph Huber

Technikbilder

Weltanschauliche Weichenstellungen der Technik- und Umweltpolitik.

1989. 182 S. Kart.
ISBN 3-531-12010-7

Im ersten Teil des Buches wird nachgezeichnet, wie sich im Verlauf der letzten 200 Jahre gegenüber Wissenschaft und Technik ein polares Einstellungsspektrum herausgebildet hat. Im zweiten Teil wird die Existenz jener Einstellung zu Technik und Umwelt empirisch anhand einer repräsentativen Erhebung unter Beamten, Ingenieuren, in Sozialberufen Tätigen und Künstlern belegt. Ingenieure und Sozialberufe bilden Antipoden i.S. der „Zwei-Kulturen"-These. Darüber hinaus zeigen sich geschlechtsspezifische und altersspezifische Besonderheiten.

Joseph Huber

Telearbeit

Ein Zukunftsbild als Politikum.

1987. 171 S. (Sozialverträgliche Technikgestaltung, Bd. 2) Kart.
ISBN 3-531-11849-8

Der Autor berichtet über die Erfahrungen aus der Praxis und mit Pilotprojekten der Telearbeit, untersucht Vor- und Nachteile für den Einzelnen, wie auch für Unternehmen und behandelt die sich abzeichnenden gesellschaftlichen Folgen in einprägsamen Beispielen. – Der Band informiert über das Konzept der Telearbeit, deren Potential und Realität, und schließt mit einem ausführlichen Ausblick „Zur Politik und Zukunft der Telearbeit".

Werner Rammert (Hrsg.)

Technik aus soziologischer Perspektive

Forschungsstand – Theorieansätze – Fallbeispiele. Ein Überblick.

1993. VI, 336 S. Kart.
ISBN 3-531-12421-8

Was haben wir uns heute unter Technik vorzustellen? Wie entstehen neue Technologien im Schnittfeld von Wirtschaft, Politik und Wissenschaft? Wer oder was steuert die technische Entwicklung? Wie vollzieht sich mit Maschinen und Medien der technische Wandel im Alltag? Anhand dieser und weiterer Fragen skizziert der Autor die Umrisse einer Techniksoziologie. In deren zentrale Begriffe und theoretische Traditionen führt er knapp und verständlich ein. Außerdem bietet das Buch einen breiten Überblick über Fragen, Felder und Ergebnisse sozialwissenschaftlicher Technikforschung. In verschiedenen Studien, u.a. zur Mechanisierung des Haushalts, zur Genese und Verbreitung des Telefons, zur gesellschaftlichen Wirkung des Computers und zur Entstehung der Hochtechnologie, werden der Reiz und der Gewinn eines soziologischen Blicks auf Werden und Wirken der Technik anschaulich vorgeführt.

WESTDEUTSCHER VERLAG
OPLADEN · WIESBADEN

GPSR Compliance

The European Union's (EU) General Product Safety Regulation (GPSR) is a set of rules that requires consumer products to be safe and our obligations to ensure this.

If you have any concerns about our products, you can contact us on ProductSafety@springernature.com

In case Publisher is established outside the EU, the EU authorized representative is:

Springer Nature Customer Service Center GmbH
Europaplatz 3
69115 Heidelberg, Germany

Batch number: 10809468

Printed by Printforce, the Netherlands